V&R

W0198030

Zugänge zur Kirchengeschichte

Herausgegeben
von Manfred Jacobs

Band 2
Manfred Jacobs
Das Christentum in der antiken Welt
Von der frühkatholischen Kirche
bis zu Kaiser Konstantin

V&R

VANDENHOECK & RUPRECHT
IN GÖTTINGEN

MANFRED JACOBS

Das Christentum in der antiken Welt

Von der frühkatholischen Kirche bis zu Kaiser Konstantin

Mit 4 Karten
im Text

V&R

VANDENHOECK & RUPRECHT
IN GÖTTINGEN

Manfred Jacobs

geb. 5. 11. 1928 in Neustrelitz/Mecklenburg. Studium der Theologie ab 1949 an der Kirchlichen Hochschule Hamburg und an den Universitäten Hamburg und Erlangen. 1958 Promotion an der Theologischen Fakultät Hamburg mit einer Dissertation über den „Kirchenbegriff bei Johann Gerhard". Seit 1960 Assistent an der Ev.-theologischen Fakultät Hamburg (K. D. Schmidt). 1966 Habilitation für Kirchen- und Dogmengeschichte mit einer Arbeit „Vom Liberalismus zur dialektischen Theologie". 1966 Universitätsdozent, 1971 Wissenschaftlicher Rat und Professor. 1971 Berufung zum ordentlichen Professor an die Pädagogische Hochschule Westfalen-Lippe für Kirchengeschichte und Konfessionskunde und ihre Didaktik. Einzelveröffentlichungen zur Kirchengeschichte Südamerikas spanischer Zunge, zur „Evangelischen Lehre von der Kirche (QKK Reihe B, H. 4, 1962) und zur „Evangelischen Staatslehre" (QKK Reihe B, H. 5, 1971) sowie Aufsätze zu den Themenbereichen: Entwicklung des deutschen Nationgedankens, zur Optionsfrage 1933, Luthers Gedanken über Obrigkeit, zum religiösen Sozialismus sowie zu Fragen des kirchlichen Lebens.

CIP-Kurztitelaufnahme der Deutschen Bibliothek

Zugänge zur Kirchengeschichte / hrsg. von Manfred Jacobs. – Göttingen : Vandenhoeck und Ruprecht

NE: Jacobs, Manfred [Hrsg.]

Bd. 2. Jacobs, Manfred: Das Christentum in der antiken Welt. – 1987

Jacobs, Manfred:
Das Christentum in der antiken Welt : von d. frühkath. Kirche bis zu Kaiser Konstantin / Manfred Jacobs. – Göttingen : Vandenhoeck und Ruprecht, 1987.
(Zugänge zur Kirchengeschichte ; Bd. 2)
(Kleine Vandenhoeck-Reihe ; 1510)
ISBN 3-525-33510-5
NE: GT

Kleine Vandenhoeck-Reihe 1510

© 1987, Vandenhoeck & Ruprecht in Göttingen. – Printed in Germany. – Alle Rechte vorbehalten. Das Werk einschließlich seiner Teile ist urheberrechtlich geschützt. Jede Verwertung außerhalb der engen Grenzen des Urheberrechtsgesetzes ist ohne Zustimmung des Verlages unzulässig und strafbar. Das gilt insbesondere für Vervielfältigungen, Übersetzungen, Mikroverfilmungen und die Einspeicherung und Verarbeitung in elektronischen Systemen.

Umschlag: Hans-Dieter Ullrich
Schrift: 9/10 Garamond auf der V-I-P
Gesamtherstellung: Verlagsdruckerei E. Rieder, Schrobenhausen

Vorwort des Herausgebers

„Zugänge zur Kirchengeschichte" zu eröffnen, erscheint notwendiger denn je. Der Kenntnisstand der Schüler in den Kollegstufen der Gymnasien und der Studienanfänger auf den Universitäten spricht eine deutliche Sprache. Was aber nützt es, dafür den Lehrern die Verantwortung allein aufbürden zu wollen? Man muß auch aus dem Raum der Universität heraus den Bildungsauftrag wahrnehmen und dafür Sorge tragen, daß Darstellungen erscheinen, die für die Gymnasien und den Studienverlauf dienlich sind. Es hilft nur wenig, sich an den Boom von großen Kunstausstellungen oder von Jubiläen anzuschließen wie Luther, Staufer, Preußen, Nofret. Das öffentliche Interesse an diesen Ausstellungen ist bald wieder erloschen – spätestens mit dem Ausräumen der Vitrinen.

Die Stellung der Kirchengeschichte im Bereich der formalen Bildung, der Lehrpläne und Richtlinien in den Schulen hat sich als wenig förderlich erwiesen. Ob man und wie man geschichtlich denken und sich geschichtlich orientieren muß, darüber gibt es mancherlei Theorien. Sicherlich muß nicht jeder ein geschichtliches Wissen auf der Höhe der Examensreife mit sich tragen. Was aber geschieht und passiert, wenn geschichtliches Wissen allmählich erlischt, das erkennen wir aus dem Folgenden: Aus mangelnder Kenntnis entsteht die Dominanz der Gegenwartsfragen. Das ist sowohl für die Kirchen als auch vergleichsweise für das politische Leben Grund dafür, daß sich ein oftmals hintergrundloses Denken einstellt. Es ist durch ein Bewußtsein von der Machbarkeit und Verfügbarkeit alles dessen gekennzeichnet, was aus der Geschichte heraus entstanden ist und seinen Ort in der Geschichte behauptet hat. Auch die Kirchen geraten in einen solchen Prozeß der Umprägung hinein. Ihr Verhältnis zur Geschichte der Kirche Christi wird dünner und damit auch ihr Verhältnis zur theologischen Substanz in dieser Geschichte.

Verfasser, Herausgeber und Verlag haben die hier angeschnittenen Fragen bedacht und in Modifizierung eines ursprünglich stärker didaktisch ausgerichteten Konzeptes die jetzige Form gefunden.

Die „Zugänge" sind Arbeits- und Lehrbuch zugleich, nicht im Sinne von Kompendien, sondern mit dem Ziel, daß der Leser angeleitet wird, selbständig mit den Quellen umzugehen. Dabei geht es in erster Linie darum, deutlich zu machen, daß die Quellen und deren Aussagen nicht ohne weiteres einem neuzeitlichen, heutigen Urteil unterstellt werden können. Sie haben vielmehr umgekehrt den Anspruch, aus ihnen selbst, aus ihrem historischen Kontext heraus befragt und verstanden zu werden. Gerade bei älteren Texten mit ihrer großen zeitlichen Distanz übt sich dabei ein Verständnis für das Fremde, das Anderartige, aber auch für das Gleichbleibende ein.

Herausgeber und Verfasser gehen von einem vermuteten Konsens dessen aus, was kirchengeschichtlich feststeht. Gleichwohl gibt es manche „Gratwanderung", wo man verschiedener Ansicht sein könnte. Die „Zugänge" sehen die Kirchengeschichte im Kontext der allgemeinen geschichtlichen Vorgänge. Kirchengeschichte war und ist stets eng in Politik-, Wirtschafts-, Kultur-, Rechts- und Sozialgeschichte verwoben. Vieles davon läßt sich auch in den „Zugängen" nur andeuten. Der Leser soll und möchte phantasievoll seine Fragen an die Darstellungen und an die Quellen herantragen, so wie das auch in der Forschung gemacht wird, über das hinaus, was direkt ausformuliert werden kann.

Umfang, Preisgrenze und auch das Format der Bände haben bei unserem Unternehmen die Möglichkeit der Darstellung begrenzt. Bei Karten mußte aller Wert auf den Überblick gelegt werden. Ein besonderes Problem war die Abgrenzung der Bände unter sich. Es kommt dabei zu Gewichtungen, hinter denen weniger Epochentheorien stehen als vielmehr die Überzeugung, daß bestimmte historische Bereiche von so großer Bedeutung sind, daß sie ein Mehr an Darstellung und Aufwand benötigen als andere.

Ein wichtiger Akzent der Konzeption liegt auf der christlichen Kulturgeschichte, und zwar gerade nicht dieser oder jener Konfession oder Kirche, sondern des Christentums als ganzem. Das ist im einzelnen sicher nur andeutbar, aber als Konzept – auch für den Benutzer – möge es darüber hinaus mehr andeuten: Trotz aller historischen Differenzierung, ja sogar Ablehnung zwischen den Konfessionen gibt es ein Ganzes der christlichen Kulturgeschichte, in Europa und weit darüber hinaus. Es gibt für diese „Kultur" noch keine Formel; vielleicht braucht man sie noch nicht einmal. Aber es gibt diese Kultur aus den Wirkungen des Christentums heraus. Wir schließen bewußt darin auch andere Kirchen ein. Kirchengeschichte ist in der Sache eine ökumenische Denkaufgabe. Inwiefern ist es den Kirchen gelungen, im Prozeß der wechselseitigen Beeinflussung mit allgemeingeschichtlichen Ereignissen und Entwicklungen ihr Kirche-Sein durchzuhalten? Über die mancherlei Fehlentwicklungen dabei läßt sich streiten. Aber das Umgekehrte, daß sich die Kirche Christi bis heute von einer großen Kontinuität getragen sieht und weiß, ist ein Schritt, der Mut macht, der von der Kirchengeschichte als Fach zum Leben in der Kirche führt, führen kann. Aber das läßt sich dann nicht mehr in ein Konzept fassen, sondern führt hinein in die Offenheit des bewußten christlichen Glaubens heute.

Inhalt

Einleitung in erste Fragestellungen

Was den modernen Menschen an der Geschichte der Kirche in der antiken Welt wohl am meisten interessiert, das ist die Frage, wie aus der Jesus-Bewegung und der Jerusalemer Urgemeinde innerhalb von rund zwei Jahrhunderten eine katholische Großkirche entsteht, eine Kirche, die über feste Ämter und Organisationen, über Synoden und einen Schriftenkanon, über Liturgien und Bußregeln verfügt, eine Kirche, die, trotz aller Verfolgungen, immer mehr in eine öffentliche Bedeutung hineinwächst, bis ihr schließlich im Jahr 313 mit der Mailänder Konstitution der Weg zur privilegierten Kirche des römisch-byzantinischen Staates und schließlich ab 380 auch der Weg zur Staats- und Reichskirche eröffnet wird.

Ist dieser Weg ein Abfall von den Ursprüngen, oder handelt es sich um eine sachgemäße Entfaltung dieser Ursprünge?

Diese Frage betrifft nicht allein die Entstehung des Papsttums, sondern schon vorher die *Entstehung der frühkatholischen Kirche* bis zum ausgehenden zweiten Jahrhundert.

Eine andere Fragestellung ist ebenso wichtig: Schon die Humanisten des 16. und 17. Jahrhunderts haben die *alte Kirche* als die gemeinsame Basis der kirchlichen und theologischen Entwicklung angesehen, als den „*Konsensus der ersten fünf Jahrhunderte*" (consensus quinquesaecularis), von dem die späteren Spaltungen und kirchlich-konfessionellen Differenzierungen abgewichen sind. Will man umgekehrt heute wieder zur ökumenischen Einheit zurück, so stellt sich die Frage, ob nicht die alte Kirche dabei ein gewisses Maß an theologischer und organisatorischer Gemeinsamkeit vorgibt, eine allen Kirchen gemeinsame Vorgeschichte. Was die Humanisten und die Helmstedter Schule des 17. Jahrhunderts als theologischen Konsens der ersten fünf Jahrhunderte vermutet haben, das wird heute erneut als Möglichkeit der Einigung oder Annäherung betrachtet.

Die alte Kirche ist auch die Zeit, in der sich die christliche Verkündigung und die *Theologie* unter den *Bedingungen des hellenistisch-römischen Denkens* entfalten. Die Wege der christlichen Verkündigung führen ebenso nach Ägypten und Nubien, nach Syrien, ins Zweistromland und nach Persien; sie sind lange Zeit noch vom Judentum bestimmt. Vielfältige Beziehungen ergeben sich zu den philosophischen Richtungen der Antike, zu antiken Gesellschaftsformen, zu antiker Sittlichkeit im Positiven wie im Negativen. Das Christentum *akkomodiert* sich seiner Umwelt, dem „Kontext". Diese Welt aber gibt es nicht mehr für uns. Sie ist in vieler Weise vergangen, aufgegangen in spätere Entwicklungen. Dennoch ist und bleibt sie gegenwärtig in den mancherlei Entscheidungen, Bekenntnissen und theologischen Entwürfen derer, die heute unsere „Väter" sind.

Wiederum: Wie verhält sich dieses geschichtlich-menschliche Wirken zu den normativen Verkündigungsinhalten des Neuen Testaments? Was ist in dieser Geschichte der Kirche in der antiken Welt aneignende Auslegung und was ist verzerrende Mißdeutung? Was ist von all dieser Geschichte für unsere heutige menschliche und christliche Orientierung hilfreich?

Eine Darstellung der Geschichte der Kirche in der antiken Welt kann diese Fragen nicht bündig beantworten. Sie kann dazu nur Reflexionsangebote unterbreiten. Von katholischer und evangelischer Seite gibt es das Fachgespräch über diese Fragen und vor allem über die dazugehörigen historischen Details bereits seit Jahrzehnten. Es führt die Forschung und die Forscher immer mehr zu gemeinsam gefaßten Erkenntnissen dieser an Wechselwirkungen so reichen Epoche.

Die römisch-katholische Forschung, wie sie beispielsweise noch der Kirchengeschichte von *Bihlmeyer-Tüchle* (ab 1911) zugrunde liegt, setzt ihr Interesse darein, die Institutionen der Kirche, vor allem das Papsttum, aus der Stiftung Christi abzuleiten und die nachfolgende Entstehung der frühkatholischen Kirche als eine notwendige Entfaltung der ursprünglichen Ansätze zu schildern.

Neuere römisch-katholische Kirchenhistoriker sind freilich zurückhaltender geworden. Sie unterscheiden gelegentlich deutlich zwischen den historischen Erkenntnissen und den dogmatischen Feststellungen der Kirche. Das gilt nicht allein für die Entwicklung der Ämter, sondern auch für andere Bereiche vor allem des Frühkatholizismus.

Die ältere protestantisch-evangelische Forschung hat sich umgekehrt verhalten: *Rudolf Sohm* (1841–1917) hat gemeint, daß die anfängliche Urgemeinde vom Geist geleitet war und auf alle Machtentfaltung in Form von Kirchenrecht und Institutionen verzichtet hat, weil Recht (in diesem Sinne Gewalt) und der heilige Geist in einem wesenhaften Gegensatz stehen. *Adolf von Harnack* (1851–1930) hat diese Konstruktion Sohms zum Ausgang des 19. Jahrhunderts der Kritik unterzogen: Schon von Anbeginn hat es Institutionen und Regeln in der Kirche gegeben, also auch Ämter. Aber sie sind einem vielfältigen und schnellen Wechsel unterworfen; sie entfalten sich im Lauf der Missionsgeschichte. Sie sind nicht normativ, sondern gleichsam situativ.

Die neuere protestantisch-evangelische Forschung sieht seit *Ernst Käsemann* (geb. 1906), daß sich der *„Frühkatholizismus" bereits im Be-*

reich des Neuen Testaments nachweisen läßt, ja streckenweise schon bei Paulus. Das bedeutet gegenüber der römisch-katholischen Forschung beides: daß nämlich einerseits das menschlich-welthafte Wirken stets in der Geschichte der Kirche seit den Anfängen prägend ist, daß aber andererseits damit auch keine normative Zeit abgegrenzt werden kann, in der es gleichsam die ,,Kirche" schlechthin gibt. Es gab und gibt immer nur die Kirche in der Zeit und in der Geschichte.

I. Die apostolischen Väter

Das Problem, wie aus der Kirche der Anfänge die „frühkatholische“ Kirche mit ihren Institutionen entsteht, stellt sich bereits angesichts der Quellen des Neuen Testaments. Das betrifft die späteren Evangelien (Lk, Mt und Joh); das betrifft aber vor allem die späteren Schriften des Neuen Testaments wie die Pastoralbriefe, die johanneischen Briefe, die Apokalypse.

Im historischen Sinne zeitgleich mit diesen späteren Schichten des Neuen Testaments gibt es weitere überlieferte Quellen unter dem Sammelbegriff der „apostolischen Väter“.

	Apostol. Väter	Apologeten	Frühkathol. Väter
Syrien-Palästina	Didache Ignatius	Justin	
Kleinasien		(Montanismus)	
	Polykarp		
Griechenland		Athenagoras	
Rom	1. Klemensbrief Barnabasbrief (?)	Hirte des Hermas 2. Klemensbrief (Gnostizismus)	Hegesipp, Canon Muratori, Romanum, Hippolyt
Alexandria			Apostolische Konstitutionen Klemens, Origines
Nordafrika			Tertullian
Gallien			Irenäus
Profanliteratur		Epictet, Marc Aurel	
Rechtstexte	Trajan, Hadrian	Marc Aurel	
Zeit	100	150	um 200

Mit der Literatur dieser apostolischen Väter ergibt sich die Frage nach „Bruch“ oder „Kontinuität“ in der Entwicklung der Kirche im Übergang zum zweiten Jahrhundert. Sohm hat gemeint, daß mit dem 1. Klemensbrief (ca. 96 n. Chr.) ein „Bruch“ eingetreten ist, weil hier die Unterscheidung von Priestern und Laien und die Theorie von der Amtssukzession auftaucht. Hier ist mit unserer Darstellung einzusetzen.

1. Die Frage des Frühkatholizismus

Die apostolischen Väter (1. Klemensbrief, sieben Briefe Bischofs Ignatius von Antiochien, die Didache, der Barnabasbrief, der Polykarpbrief, der 2. Klemensbrief, der Hirte des Hermas) sind eine Schriftengruppe aus der Zeit ca. 96 n. Chr. bis ca. 130/150.

Für diese Schriften und deren Autoren ist die *Parousieverzögerung*, das heißt der Übergang von der Naherwartung des alsbald kommenden Weltendes hin zur Erwartung, daß die Wiederkunft des Herrn noch etliche Zeit verziehen wird und bis dahin die Weltgeschichte mit ihren Bedingungen und Entwicklungen noch weiter verläuft, kein Problem mehr. Schon Paulus, erst recht das lukanische Geschichtswerk stellen sich auf eine weitergehende Weltgeschichte als Zeit der Geschichte der Kirche ein. Die Kirche bleibt dabei nichtsdestoweniger das eschatologische Gottesvolk, das sich Gott aus Juden und Heiden sammelt.

Bis zum Ende des ersten Jahrhunderts hat sich die christliche Mission in die Umwelt außerhalb Palästinas hinein vorgearbeitet: Syrien und Kleinasien stehen mit der Bildung von Ortsgemeinden voran. In Alexandria und Nordafrika muß das Christentum schon vor dem Jahrhundertende festen Fuß gefaßt haben. In Italien ist es wohl von Puteoli her bis nach Rom gekommen. Gleiches gilt für Südgriechenland, das südliche Rhônedelta und für einzelne spanische Landstriche. Die Ausbreitungen nach Osten, außerhalb des römischen Reiches sind nur schwer abzuschätzen. Jedenfalls entstehen in der Missionsphase der ersten und zweiten Generation eine Fülle von einzeln lebenden *Ortsgemeinden*, die nun – um die Jahrhundertwende – in *Beziehungen* zueinander treten. Die Wandermission geht zu *ortsfesten Ämtern* über, also zu langfristiger Versorgung der Gemeinden. Im Blick auf die außerchristlichen, sowohl jüdischen als auch hellenistischen Einflüsse entsteht zugleich das Bedürfnis und die soziologische Notwendigkeit, beides zu leisten, nämlich die eigene Lehre darzustellen und zu verkündigen wie auch sie gegen Mißdeutungen abzugrenzen. Lehre und Häresie festzustellen, folgt einem natürlichen Sozialisierungsprozeß von Großgruppen, wie es das Christentum jetzt schon ist.

Die weiteren Notwendigkeiten des inneren Gemeindelebens (Gottesdienstordnungen, das Katechumenat als die Probezeit der Taufbewerber, die Regelung des Verhältnisses der Gemeinden zu den Gemeindeleitungen und der Gemeindediener unter sich, die Vertretung der christlichen Gemeinden nach außen hin zu den Behörden und nicht zuletzt die Fortbildung der „Überlieferungen" von Jesus in der Form apokrypher Legenden und Schriften) sind ein weiterer Kreis von Gründen, aus denen heraus die *frühkatholischen Institutionen* entstehen. Wo sich die Gemeinden miteinander in Beziehung setzen, sich abstimmen und gegenseitig aufhelfen, entsteht über den Glauben hinaus, daß sie das eschatologische Gottesvolk sind, auch das Wissen, je für sich und alle miteinander die eine „katholische" Kirche zu sein.

In diesem Sinne prägt Ignatius von Antiochien erstmals den Begriff „katholisch" (Ign Magn 8, 2).

Die Kirche dieser Zeit ist aber noch keine Einheit, weder theologisch noch gar organisatorisch. Sie lebt in demselben Glauben an Jesus von Nazareth, aber schon die Weise und die Inhalte, wie diese Botschaft durch uns unbekannte Missionare, Wanderapostel, -propheten und Lehrer zu ihnen gekommen ist, prägen die Missionsgebiete unterschiedlich. Zum ausgehenden ersten Jahrhundert sind diese Missionsgebiete bereits *Überlieferungsgebiete,* in denen bestimmte Ausrichtungen und Frömmigkeitstypen ihren Ort finden. Sie sind keineswegs „Konfessionen", wohl aber geprägte Überlieferungsräume und Gemeinden.

Ab der dritten apostolischen Generation beginnt eine Phase der Verfestigung dieser Gemeinden aus äußeren wie aus inneren Anlässen heraus. Es beginnt eine sich steigernde Verdichtung der überörtlichen Beziehungen durch Briefe, Gesandtschaften, Besuche, Wanderpropheten, schließlich wohl auch Synoden, die um die Mitte des zweiten Jahrhunderts schon vorausgesetzt werden müssen als Zusammenkünfte von Gemeindeleitern eines Kirchengebietes. So verdichtet sich zugleich das „katholische" Bewußtsein auch im Sinne einer äußeren Zusammengehörigkeit der Gemeinden.

Was nun die „frühkatholische" Kirche ist, aus welchen Gründen sie sich weiter ausformt zu einer konkreten Gestalt der Ämter, der Überlieferungen, der Glaubensregeln, der Gottesdienstformen, das bleibt von der Definition abhängig, was unter „frühkatholisch" verstanden sein soll. Das Schema der Hauptliteratur des zweiten Jahrhunderts (s. o. S. 13) zeigt, daß nach dem Beginn der bewußten Auseinandersetzung mit der jüdisch-hellenistischen Religiosität und Philosophie bei den „*Apologeten*" noch eine weitere Phase zum Ende des zweiten Jahrhunderts entsteht, die der „*frühkatholischen Väter*" (Hegesipp, Irenäus, Tertullian, Hippolyt). Erst zum ausgehenden zweiten Jahrhundert setzt sich der volle *monarchische Episkopat* durch. Bei den apostolischen Vätern gibt es hierzu nur erste Ansätze. Ähnliches zeigt sich hinsichtlich der weiteren Institutionen des *Kanons,* der *Glaubensregeln,* der „*Tradition*" als dogmatischem und kirchlichem Prinzip. Es zeigen sich allerdings schon bei den späteren Evangelien und bei den apostolischen Vätern dazu „vorlaufende Motive", die dann im Zuge des zweiten Jahrhunderts zur „frühkatholischen" Theologie und Organisation zusammentreten, zusammentreten aber nicht in der Weise einer kontinuierlichen Entwicklung, sondern in der Weise einer Selektion auf die Einsichten und Normbildungen hin, die sich erst im zweiten Jahrhundert herausstellen. Der Vorgang ist also nicht der der Normenentwicklung, sondern der Normenselektion.

Nicht die Tatsache, daß sich „Institutionen" bilden, ist bereits als solche „frühkatholisch", sondern *wie* sich diese Institutionen formal und inhaltlich zu einem frühkatholischen Typus der Theologie und der Kirche zusammenfügen, macht das Bauprinzip des Frühkatholizismus aus.

Welche Normen dabei in Ansatz zu bringen sind, welche historischen Schritte dabei als besonders belangreich gelten müssen, stellt das zentrale, aber auch in sich differenzierte Problem des „Frühkatholizismus" in der Forschung dar.

Die apostolischen Väter zeigen uns ein Stück weit den Entwicklungsstand des Christentums zwischen ca. 96 n. Chr. (1. Klemensbrief) und ca. 130 (Polykarpbrief). Der 1. Klemensbrief stammt aus Rom, die Didache ist Matthäus benachbart und stammt aus Syrien-Palästina, die Schreiben des Ignatius sind von Antiochia bestimmt und wenden sich an kleinasiatische Gemeinden des ursprünglich paulinischen Missionsgebiets, der Barnabasbrief stammt möglicherweise aus Alexandria. Von diesem unterägyptischen Gebiet ist ein Papyrusfetzen aus der Zeit rund um 105 n. Chr. erhalten, der einen kurzen Textausschnitt aus dem Johannes-Evangelium bietet und damit zeigt, daß dieses Evangelium um diese Zeit bereits nach Alexandria gekommen sein muß.

Während die Didache und der Barnabasbrief uns mehr einen Einblick in lokale Ordnungsfragen und Moralunterweisungen geben, betonen der 1. Klemensbrief und die Briefe des Bischofs Ignatius die Einheit der Kirche als ganzer.

Der 1. Klemensbrief wird von einem Presbyter Klemens an die Gemeinde in Korinth geschrieben und hat das Thema der Unterordnung unter die „Ältesten" zum Inhalt. Schon in diesen Vorgängen zeigt sich ein „katholisches" Bewußtsein: Die Gemeinden schreiben einander, belehren sich; der 1. Klemensbrief stellt die Ordnung der Kirche sogar als ein gemeinchristliches, von Gott gegebenes Gefüge dar. Die Ignatianen ihrerseits beschwören die kleinasiatischen Gemeinden, an der Einheit der katholischen Kirche Jesu Christi festzuhalten, sich um den einen (monarchischen?) Bischof zu sammeln, die eine Eucharistie zu feiern und an den einen fleischgewordenen Herrn Jesus Christus zu glauben. Auch hier belehrt ein ortsfremder Pneumatiker-Bischof in Briefen ihm nahestehende Gemeinden.

Es erwächst aus solcherlei Schreiben, aus dem Austausch von Schriften und Erfahrungen, durch Reisen und wohl auch durch gegenseitige Besuche das schon von Paulus in den Korintherbriefen betonte Bewußtsein, daß die Missionsgebiete, die vielerlei Ortsgemeinden jeweils die eine Kirche Jesu Christi sind, wie sie an diesem oder jenem Ort besteht, die über die Welt verbreitete eschatologische Heilsgemeinde.

Dem *Wachsen eines katholischen Gesamtbewußtseins*, das von Kleinasien-Antiochia und Rom ausgeht, steht die Lage der Christen im Imperium zur Seite. Die apostolischen Väter stammen aus der Zeit der Kaiser Domitian (81–96), Trajan (98–117) und Hadrian (117–138). Noch während der neronischen Verfolgung (64) werden die Christen als eine Sondergruppe des Judentums angesehen, wie Tacitus in seinen Annalen (s. u. S. 43) berichtet. In Rom selbst wird die ursprünglich judenchristliche Gemeinde durch diese Verfolgung des Jahres 64 zerstört. Danach bildet sich eine heidenchristlich bestimmte neue Gemeinde, die sich, wie der 1. Klemens wohl sagen will, auf die Apostel Petrus und Paulus als ihre Stifter bezieht, von denen jedoch keiner der ursprüngliche Stifter gewesen ist.

Ignatius schreibt an Gemeinden Kleinasiens, das zu dieser Zeit am dichtesten mit christlichen Gemeinden versehene Gebiet. Die Rückfrage, die der Provinzgouverneur Plinius d. J. an Kaiser Trajan in der Zeit ca. 113/115 wegen der Behandlung der Christen richtet (s. u. S. 44f.), zeigt, daß zu dieser Zeit die Christengemeinden von den Heiden als störend empfunden und erstmals als selbständige Sozialgruppen eingeschätzt werden.

Die Ereignisse des römisch-jüdischen Krieges (66–70 (73)) haben wesentlich zu dieser Entwicklung beigetragen. Die Judenschaft des Reiches verliert dadurch weithin ihre Vorrechte auf Autonomie. Jerusalem steht unter römischer Besatzung. Domitian scheint insbesondere das Wiederaufflackern der jüdisch-apokalyptischen Militanz zu befürchten. Obwohl sich die Judenchristen schon im Jahr 66 (Flucht nach Pella-Ostjordanland) nicht an den jüdischen Aufständen beteiligen wollen und deshalb der Herrenbruder Jakobus von den Juden (ca. 64) hingerichtet wird, gelingt es den Christen offensichtlich nicht, die römischen Behörden davon zu überzeugen, daß ihre Erwartung des messianischen Königs in Jesus bereits erfüllt ist und nicht auf politisch-militärische Auseinandersetzungen zielt.

Die Apokalypse des Johannes läßt noch die Situation der (domitianischen?) Verfolgungen in Kleinasien erkennen. Für sie ist der römische Staat gerade nicht Rechtshüter, wie für Paulus in Röm 13, sondern das Tier aus dem Abgrund (Offb 13).

Auch das Eindringen fremder Philosophien, vor allem der Gnosis, beunruhigt Ignatius. So ruft er die Gemeinden zur Abgrenzung von denen auf, die Christus nicht als wahren Menschen, sondern nur als eine leidensunfähige himmlische Erscheinung gelten lassen wollen (Doketismus).

Überdies spielt auch die Abgrenzung vom Judentum eine erhebliche Rolle. Das pharisäische Judentum hat sich von sich aus durch die Einfügung einer neuen 12. Bitte in das tägliche 18-Bitten-Gebet, das Sch'ma, in der die Minim (die Ungläubigen, die Christen) verflucht werden, deutlich vom Christentum distanziert (ca. 90). Entsprechend sieht Matthäus in den Pharisäern und Schriftgelehrten die Gegner Jesu, die an seinem Tod schuldig sind, und für Johannes sind die Juden schlechthin die Feinde Jesu und der Christen.

Diese Abgrenzungen und das Aufsteigen eines katholischen Gesamtbewußtseins kennzeichnen die Entwicklungen der Kirche sowohl im organisatorischen als auch im theologischen Bereich zur Zeit der apostolischen Väter.

2. Der 1. Klemensbrief

Dieser Brief – wohl um 96 n. Chr. geschrieben – ist unter dem Namen des römischen Presbyters Klemens an die Gemeinde zu Korinth gerichtet. In der korinthischen Gemeinde sind Streitigkeiten ausgebrochen zwischen den Jungen und den Ältesten. Der 1. Klemens will argumentieren: Lernt euch unterzuordnen. Gott wird eine in Streit gefallene Gemeinde vergehen lassen. Für die ganze Kirche Christi gelten Gottes Ordnungen. Deshalb sind die Ältesten unabsetzbar; Gott selbst hat diese Nachfolge des Amtes der Ältesten eingesetzt. Dieser Ordnung Gottes muß man demütig folgen.

1 *1. Klem, Eingangsgruß und 1, 1:* Die Kirche Gottes, die zu Rom in der Fremde wohnt, an die Kirche Gottes, die zu Korinth in der Fremde wohnt, an die Berufenen, die nach Gottes Willen geheiligt sind durch unseren Herrn Jesus Christus. Gnade und Friede möge euch vom allmächtigen Gott durch Jesus Christus in Fülle zuteil werden.

(1) Wegen der plötzlichen und Schlag auf Schlag über uns gekommenen Heimsuchungen und Drangsale haben wir uns wohl erst etwas spät um die bei euch, Geliebte, in Frage stehenden Angelegenheiten und den schmutzigen und unheiligen Aufruhr gekümmert, der zu den Auserwählten Gottes so gar nicht paßt; einige unbesonnene und freche Personen entfachten ihn bis zu einem solchen Grad von Tollheit, daß euer ehrbarer, allseits bekannter und allen Menschen liebenswerter Name sehr beschimpft wurde.

Petrus und Paulus sind Vorbilder der Demut. Die Erwähnung dieser beiden Apostel besagt im folgenden nicht, daß beide in Rom gewesen sind, darüber gibt es nur Vermutungen; sie begründet vor allem keinen Anspruch auf einen römischen Vorrang.

2 *1. Klem 5, 1–7:* (1) Doch um mit den alten Beispielen aufzuhören, laßt uns zu den Kämpfern der jüngsten Zeit kommen; nehmen wir die edlen Beispiele unseres Geschlechtes. (2) Wegen Eifersucht und Neid wurden die größten und gerechtesten Säulen verfolgt und kämpften bis zum Tode. (3) Halten wir uns die tapferen Apostel vor Augen: (4) Petrus, der wegen unberechtigter Eifersucht nicht eine oder zwei, sondern vielerlei Mühseligkeiten erduldete und so, nachdem er Zeugnis abgelegt hatte [Kreuzigung?], an den gebührenden Ort der Herrlichkeit gelangte. (5) Wegen Eifersucht und Streit zeigte Paulus den Kampfpreis der Geduld; (6) siebenmal in Ketten, vertrieben, gesteinigt, Herold im Osten (2. Kor 11, 25), empfing er den echten Ruhm für seinen Glauben; (7) er lehrte die ganze Welt Gerechtigkeit, kam bis an die Grenze des Westens und legte vor den Machthabern Zeugnis ab; so schied er aus der Welt und gelangte an den heiligen Ort, das größte Beispiel der Geduld.

Ob Paulus wirklich an die ,,Grenzen des Westens" (Spanien) gekommen ist, bleibt zweifelhaft. Aber die Mission ist universal, ist welterfüllend gesehen. Ebenso ist auch die Ordnung Gottes universal in der Welt wie in der Gemeinde Christi. Welche Argumente bietet der 1. Klemens dafür?

Ordnung (tagma) ist die Schöpfungsordnung, die den Kosmos beherrscht, ein stoisches Motiv. Sie ist beides: Naturordnung und moralische Ordnung. Der 1. Klemens greift diesen *stoischen* Gedanken der *kosmischen* und *naturhaften Ordnung* auf und prägt damit das katholische Naturrechtsdenken grundlegend.

3 *1. Klem 20, 1–6:* (1) Die Himmel kreisen durch sein (Gottes) Walten und ordnen sich ihm in Frieden unter. (2) Tag und Nacht vollführen den von ihm angeordneten Lauf, ohne einander zu behindern. (3) Sonne, Mond und die Chöre der Sterne durchwandern nach seiner Anordnung in Eintracht ohne jede Abschweifung die ihnen verordneten Bahnen. (4) Die Erde trägt Frucht nach seinem Willen und bringt zu den entsprechenden Zeiten die Nahrung für Menschen, Tiere und alles, was auf ihr lebt, in Fülle hervor, ohne sich zu sträuben und ohne etwas an seinen Bestimmungen zu ändern. (5) Der Abgründe unerforschliche und der Unterwelt unbeschreibliche Gerichte werden durch die gleichen Anordnungen aufrechterhalten. (6) Das Becken des unendlichen Meeres, nach seinem Schöpfungsplan zur Sammlung (der Wasser) gebildet, überschreitet die ihm ringsum gesetzten Schranken nicht...

Gehen die Gestirne in geordneter Bahn, dann muß es auch Ordnung in der Gemeinde geben. Selbst die heidnische Sage vom Vogel Phönix muß dem 1. Klemensbrief das Prinzip allgemeiner Ordnung bestätigen helfen (1. Klem 25, 1–5). Alle 500 Jahre nämlich stirbt dieser Vogel in Arabien, und aus seinem Fäulnissaft entsteht ein Wurm, aus dem der neue Phönix erwächst, der dann nach Ägypten in die Stadt Heliupolis fliegt zum Altar des Helios, des Sonnengottes, dessen Priester anhand ihrer Zeittafeln diese Regelmäßigkeit eines 500 Jahre währenden Abstandes bestätigen können. Auch die heidnischen Kulte kennen mithin Ordnung.

Der 1. Klemensbrief kennt keine Naherwartung mehr. Für ihn ist die Wiederkunft Christi, wie auch für Lukas, in die Zukunft hinausgeschoben. Was tritt nun an die Stelle solcher Naherwartung? Die Gemeinde und die Christen richten sich auf die *sittliche Ordnung* dieser Welt hin aus, die an Beispielen der Gliederungen im Staat und im Militär aufgewiesen werden kann, die ebenfalls als Abbild der universalen Ordnung Gottes gelten. Der 1. Klemens aktualisiert darin die besondere Situation Roms, daß er anstelle der eschatologischen Erwartung eine auf die Welt und die Natur bezogene Ethik einrücken läßt. Damit wird nicht die Kirche verweltlicht – der Glaube an ein Jüngstes Gericht bleibt ja bestehen –, wohl aber gibt es ein und dieselbe Ordnung, die Gott im Staat will und die der Vernunft entspricht, auch in der Kirche.

4 *1. Klem 37, 1–5:* (1) Männer, Brüder! Leisten wir also unseren Kriegsdienst mit aller Beharrlichkeit unter seinen untadeligen Anordnungen! (2) Betrachten wir die Soldaten im Dienst unserer Obrigkeit, wie geordnet, wie willig, wie gehorsam sie die Anordnungen ausführen. (3) Nicht alle sind Befehlshaber, Anführer von Tausendschaften, Hundertschaften, Fünfzigschaften und so weiter, sondern jeder führt auf seinem Posten die Anordnungen des Königs und der Obrigkeit aus...

Das paulinische Bild vom Leib Christi (1. Kor 12, 12ff.) wird im 1. Klemensbrief nicht von Christus, sondern von der organologischen Zusammengehörigkeit jedes naturhaften Sozialverbandes her begründet.

Der 1. Klemensbrief argumentiert hauptsächlich aus dem Alten Testament heraus. Im Gottesrecht des Alten Testaments liegen die Vorbilder für die gottesdienstlichen Begehungen und die Priesterschaft auch des neuen Bundes. Erstmals werden im 1. Klemens die „Priester“ von den „Laien“ abgehoben.

Mehr noch: Christus selbst hat solche Ordnung gewollt. Es gibt eine Amtsnachfolge (Sukzession): Gott — Christus – Apostel – Erstlinge – Presbyter. Der 1. Klemensbrief führt – ähnlich Lukas – zum *Sukzessionsgedanken.*

Der Sukzessionsgedanke besagt im 1. Klemensbrief in Analogie zur jüdischen Handauflegung eine Amtsnachfolge als die geschichtliche und zugleich rechtlich geordnete Weitergabe des dem Amt zukommenden Auftrags und Segens. Damit wird der Grund für eine priesterlich-ständische Gemeindeleitung gelegt.

Obwohl im 1. Klemensbrief unklar bleibt, woher diese betonte Anlehnung an das Alte Testament und das Judentum in der römischen

Gemeinde stammen mag, wird in Kap. 40, 1–42, 5 der Ordnungsgedanke alttestamentlich begründet. Damit ergibt sich das Bild einer lange zurückreichenden Geschichte des Gottesvolkes. Gott hat nämlich sowohl priesterliche als auch gottesdienstliche Ordnungen eingesetzt. Es gibt Abstufungen unter den Priestern, und es gibt zugleich Jerusalem, wo allein die Opfer dargebracht werden sollen. Dem entspricht auch im neuen Gottesvolk die Ordnung, daß eine Beauftragung von Gott her sich auf Christus, die Apostel bis auf die Presbyter weiterleitet. Diesem Auftrag muß der Lebenswandel entsprechen.

5 *1. Klem 42, 1–5:* (1) Die Apostel empfingen die frohe Botschaft für uns vom Herrn Jesus Christus; Jesus, der Christus, wurde von Gott gesandt. (2) Christus kommt also von Gott, und die Apostel kommen von Christus her; beides geschah demnach in schöner Ordnung nach Gottes Willen. (3) Sie empfingen also Aufträge, wurden durch die Auferstehung unseres Herrn Jesus Christus mit Gewißheit erfüllt und durch das Wort Gottes in der Treue gefestigt, zogen dann mit der Fülle heiligen Geistes aus und verkündeten die frohe Botschaft von der Nähe des Gottesreiches. (4) So predigten sie in Stadt und Land und setzten ihre Erstlinge nach vorhergegangener Prüfung im Geiste zu Bischöfen und Diakonen für die künftigen Gläubigen ein. (5) Und dies war nichts Neues: stand ja doch seit langen Zeiten von Bischöfen und Diakonen geschrieben. Denn so sagt an einer Stelle die Schrift: Ich will einsetzen ihre Bischöfe in Gerechtigkeit und ihre Diakone in Treue [Jes 60, 17, jedoch nach LXX-Übersetzung, dazu verändert, übersetzt].

Der Beweisgang des Briefes läuft auf die Unabsetzbarkeit der Presbyter hinaus.

6 *1. Klem 44, 1–5:* (1) Auch unsere Apostel wußten durch unsern Herrn Jesus Christus, daß es Streit geben würde um das Aufsichtsamt (episkope). (2) Aus diesem Grunde nun setzten sie, da sie genauen Bescheid im voraus erhalten hatten, die oben Genannten ein und gaben hernach Anweisung, es sollten, wenn sie stürben, andere erprobte Männer deren Dienst übernehmen. (3) Daß nun die, die von jenen oder hernach von anderen angesehenen Männern unter Zustimmung der gesamten Gemeinde eingesetzt wurden, die untadelig der Herde Christi in Demut dienten, friedlich und großherzig, und von allen lange Zeit hindurch ein (gutes) Zeugnis bekamen – daß diese vom Dienst abgesetzt werden, halten wir nicht für recht. (4) Denn es wird für uns keine kleine Sünde sein, wenn wir die, die untadelig und fromm die Opfer darbrachten, vom Aufsichtsamt (episkope) absetzen. (5) Selig sind die vorangegangenen Presbyter, die reich an Ertrag und vollkommen hinschieden...

Da hier nur von Presbytern die Rede ist, die das Amt der Aufsicht innehaben (episkope), ist zu schließen, daß es einen monarchischen Bischof zu dieser Zeit in Rom nicht gibt, sondern nur eben diese Aufsichtsfunktion, die von einem Ältestenkreis wahrgenommen wird (Presbyterbischof). Die den Griechen gewohnte Demokratieform wird damit vom römischen Monarchie- und Senatsgedanken her bestritten.

Darin tritt nochmals ein kultureller Kontext im 1. Klemens in Erscheinung: Er spricht aus einer römischen Tradition heraus, die er mit dem Alten Testament und mit Jesus Christus verbindet. Das Christentum erscheint als die Religion, die in der Lage ist, die verletzte Ordnung der Welt wiederherzustellen. Darum ist das Fürbittengebet im Abschlußteil des Briefes ein besonderes frömmigkeitsgeschichtliches Zeugnis; denn es bekundet, daß die römische Gemeinde für das Regiment des römischen Kaisers betet. Die christliche Verkündigung wird so zur Weisheitslehre. Gott ist der Herr des Weltgeistes. Die christliche Gemeinde richtet diesen Weltgeist bei sich durch Buße und Demut auf. Das ist ihr Dienst auch für das Heil der Welt.

7 *1. Klem 60, 1–61, 3:* (1) Du hast ja die ewige Weltordnung durch die waltenden Kräfte geoffenbart; du, Herr, hast die Erde gegründet, der Getreue in allen Geschlechtern, der Gerechte in den Gerichten, der Wunderbare in Macht und Herrlichkeit, der Weise bei der Schöpfung und der Kluge in der Erhaltung des Geschaffenen, der Gute in den sichtbaren Gaben und der Liebevolle gegen die, die auf dich vertrauen; Barmherziger und Mitleidvoller, vergib uns unsere Sünden, die Ungerechtigkeiten, die Fehltritte und Vergehen!...

(4) Gib Eintracht und Frieden uns und allen Bewohnern der Erde, wie du sie unsern Vätern gegeben hast, als sie dich fromm anriefen in Glauben und Wahrheit; gib, daß wir deinem allmächtigen und vortrefflichen Namen, sowie unsern Herrschern und Vorgesetzten auf Erden gehorsam seien!

(61, 1) Du, Herr, hast ihnen die Königsgewalt gegeben durch deine erhabene und unbeschreibliche Macht, damit wir die von dir ihnen gegebene Herrlichkeit und Ehre anerkennen und uns ihnen unterordnen, keineswegs deinem Willen zuwider; gib ihnen, Herr, Gesundheit, Frieden, Eintracht, Beständigkeit, damit sie die von dir ihnen gegebene Herrschaft untadelig ausüben! (2) Denn du, himmlischer Herr, König der Äonen, gibst den Menschenkindern Herrlichkeit und Ehre und Gewalt über das, was auf Erden ist; du, Herr, lenke ihren Willen nach dem, was gut und wohlgefällig ist vor dir, damit sie in Frieden und Milde frommen Sinnes die von dir ihnen gegebene Gewalt ausüben und so deiner Huld teilhaftig werden! (3) Der du allein imstande bist, dies und noch viel größere Wohltaten unter uns zu wirken, dich preisen wir durch den Hohenpriester und Beschützer unserer Seelen, Jesus Christus, durch den dir die Ehre und die Majestät sei wie jetzt, so auch von Geschlecht zu Geschlecht und von Ewigkeit zu Ewigkeit. Amen.

Der 1. Klemensbrief drückt die Haltung der römischen Gemeinde aus, und für sie bedeutet das Kaisertum ebenfalls eine göttliche Ordnung. Darin liegt – angesichts der doch wohl zeitgleichen domitianischen Verfolgung – keine Vergötzung des Staates, sondern eine Weltverantwortung ausgesprochen, die in ersten Ansätzen ein christliches Kulturprogramm darstellt, worin sich stoische, alttestamentliche und christliche Motive vereinigen. Während das lukanische Geschichtswerk bereits den Gedanken einer Heilsgeschichte formiert (apostolische Tradition,

Überlieferung vom Zwölferkreis der Apostel), setzt der 1. Klemensbrief diese Linie in betonter Sukzessionsforderung weiter fort, und so öffnet sich die endzeitliche Erwartung früherer Jahrzehnte in die Horizontale des weltgeschichtlichen Auftrags der Kirche: Sie bittet für die Ordnung in der Welt schlechthin. Die Kirche Christi und ihre Priester sind dabei göttlichen Rechts.

3. Die Didache

Aus dem Traditionsgebiet Syrien-Palästina stammt die Didache („Lehre"), die uns den Einfluß zeigt, den das Judentum um 100 n. Chr. noch auf das Christentum dieser Region ausübt.

Im Jahr 1873 wird in Konstantinopel eine Schrift „Lehre des Herrn" wiedergefunden. Teile davon sind schon vorher als die „Katholische Didaskalia der zwölf Apostel" – von einem syrischen Bischof für Heidenchristen im 3. Jahrhundert geschrieben – bekannt gewesen. Der neue Fund zeigt, daß die Vorlage für die Didache eine jüdische Gemeindeunterweisung gewesen sein muß, die man durch den Zusatz „des Herrn" respektive „der zwölf Apostel" verchristlicht hat.

Die Didache ist die *älteste* erhaltene christliche *Gemeinde- und Gottesdienstordnung*, bedeutsam vor allem für die Taufe und die Eucharistie. Sie zeigt, daß die christlichen Gemeinden Syrien-Palästinas im Umbruch von der Wandermission (Wanderpropheten) zu ortsfesten Ämtern sind, die eingerichtet werden sollen. Daraus entsteht dort die Frage nach dem Unterschied zwischen den wahren und falschen Propheten (so schon Mt 7, 15 f.; 24, 11).

Von ebenso großer Bedeutung ist, daß die Didache eine Auffassung der christlichen Lehre bekundet, die der Qumransekte, dem Judentum und auch den rabbinischen Gesetzesauslegungen nahesteht: die *Zwei-Wege-Ethik*. Schon Matthäus (7, 13 f.) trägt sie als den Unterschied vom schmalen und breiten „Weg" vor. Das zeigt, daß die paulinische Verkündigung von der Gesetzesfreiheit und dem alleinigen Wirken der Gnade Gottes in diesen Traditionsräumen Syrien-Palästinas nicht durchdringt, sondern sich dort vielmehr ein ethisch ausgerichtetes, radikales Nachfolgechristentum entwickelt.

Das Verhältnis Christentum-Judentum spielt noch im ganzen zweiten Jahrhundert eine erhebliche Rolle. Es ist sowohl durch Gegnerschaft als auch durch gemeinsame Traditionen gekennzeichnet. Das beiden Richtungen gemeinsame Alte Testament bekundet Gott als den Schöpfer der Welt. Die am Schluß der Didache angefügte trinitarische Formel: Gott Vater – Sohn – Geist kann das Judentum natürlich nicht übernehmen. Sie wird zum spezifisch christlichen Bekenntnis, ähnlich auch im Missionsbefehl Mt 28, 19.

8 *Didache 7, 1–4:* (1) Bezüglich der Taufe, so sollt ihr taufen: Nachdem ihr das alles gesagt habt [Katechumenat], sollt ihr taufen „im Namen des Vaters und des Sohnes und des heiligen Geistes" in lebendigem [fließendem] Wasser. (2) Wenn du aber kein lebendiges Wasser hast, so taufe in anderem Wasser; wenn du es nicht in kaltem kannst, dann in warmem. (3) Wenn du beides nicht hast, dann gieße auf das Haupt dreimal Wasser aus „im Namen des Vaters, des Sohnes und des heiligen Geistes". (4) Vor der Taufe soll der Taufende fasten und der Täufling und andere, wenn sie es können. Laß den Täufling einen oder zwei Tage fasten.

Die Taufordnung der Didache bestimmt, daß Taufbewerber eine Einführung in die Botschaft erhalten, „in die Lehre": das Katechumenat. Der Taufe selbst geht ein Fasten vorauf, an dem die Taufzeugen und weithin die Gemeinde mit teilnehmen. Getauft wird in der alten Kirche zum Abschluß der großen Fastenzeiten Ostern und Pfingsten.

Die Wassertaufe, die bei Paulus auch die Abwaschung der Sünden versinnbildlicht (1. Kor 6, 11), wird hier als die Übergabe des Täuflings an den Vater, Sohn und Geist verstanden. Sie ist nicht eine kultisch-religiöse Konversion, sondern die Hineinnahme des Täuflings in den Herrschafts- und Schutzbereich Gottes.

Die Taufe ist in der Didache mehr als nur eine Segenshandlung (wie der Exorzismus, das Kreuzschlagen oder bestimmte Wundertaten). Sie fordert nicht zum Glauben auf, sondern setzt ihn als Bekenntnis voraus. Sie bewirkt etwas Konstituierendes: Dem Täufling wird das Herrsein und Wirken Gottes für sich zugesprochen; er nimmt dies an und bezeugt das vor der Gemeinde. Damit sondert er sich soziologisch von anderen Kulten, auch vom Judentum ab. Doppelmitgliedschaften kennt die alte Kirche nicht.

Eine Begründung für den Wasserritus wird nicht erteilt. Der Wasserritus wird als Abwaschungssinnbild fraglos vom Täufertum Palästinas her übernommen; denn auch Jesus selbst hat sich der Johannestaufe unterzogen auf das angekündigte Gottesreich hin. Für die Didache ist Jesus nunmehr selbst der Herr dieses kommenden Reiches, das in seiner Person schon angebrochen ist.

Die Taufriten werden im Laufe des zweiten Jahrhunderts durch weitere Segens- und Zeichenhandlungen ausgebaut (s. u. S. 84). Der in der Didache geschilderte Gottesdienst besteht aus dem Wort- und dem eucharistischen Teil. Die Katechumenen nehmen lediglich am Wortgottesdienst teil; die Getauften hingegen gewinnen die Teilnahme auch an der Eucharistie.

Der *Wortgottesdienst* ist durch Anrufungen und Gebete gegliedert. Er besteht aus einer predigtartigen Unterweisung. Sinn und Zweck ist die Lehre, aber in der besonderen Bedeutung, daß die Lehre das vergegenwärtigt, was im himmlischen Gottesdienst, wo Christus selbst der Hohepriester ist, in ewig-unsterblicher Weise geschieht. Die Hohepriestervorstellung wird besonders im Hebräerbrief herausgestellt (Hebr. 2, 17; 4, 14; 6, 20; 7, 26 u.ö.). Diese Vorstellung wird auch sonst bei den apostolischen Vätern sichtbar: So wie Christus vor Gott Fürbitte leistet, so bittet die Gemeinde auf Erden für ihre Glieder. Christus trägt ihre Bitten im himmlischen Gottesdienst dem Vater vor. Der Sinn des Wort- und Gebetsgottesdienstes geht über bloßes Lehren hinaus: Er bewirkt das pneumatische Ereignis der Vergegenwärtigung des Herrn, und dies geschieht durch die Predigt und den Gebrauch solcher Schriftstellen, die im alten wie im neuen Gottesvolk dieser Erfahrung entspringen.

Didache 9 und 10 übermitteln die *ältesten Eucharistiegebete.*

9 *Die Eucharistiegebete Didache 9 und 10.* (9, 1) Bezüglich der Eucharistie haltet ihr es so: (2) Zunächst in betreff des Kelches: Wir danken dir, unser Vater, für den Weinstock Davids, deines Knechtes, den du uns zu erkennen gabst durch Jesus, deinen Knecht; dir sei Ehre in Ewigkeit. (3) Und in betreff des gebrochenen Brotes: Wir danken dir, unser Vater, für das Leben und die Erkenntnis, die du uns zu erkennen gabst durch Jesus, deinen Knecht; dir sei die Ehre in Ewigkeit. (4) Wie dieses Brot auf den Bergen zerstreut war und zusammengebracht eines wurde, so möge auch deine Gemeinde von den Enden der Erde zusammengebracht werden in dein Reich; weil dein ist die Ehre und die Macht durch Jesus Christus in Ewigkeit. (5) Aber keiner darf essen oder trinken von eurer Eucharistie, außer denen, die auf den Namen des Herrn getauft sind. Denn auch hierüber hat der Herr gesagt: ,,Ihr sollt das Heilige nicht den Hunden geben" (Mt 7, 6).

(10, 1): Wenn ihr aber gesättigt seid, dankt so: (2) Wir danken dir, heiliger Vater, für deinen heiligen Namen, dessen Wohnung du in unseren Herzen bereitet hast, und für die Erkenntnis und den Glauben und die Unsterblichkeit, die du uns zu erkennen gabst durch Jesus, deinen Knecht; Dir sei Ehre in Ewigkeit. (3) Du, allmächtiger Herrscher, ,,hast alles erschaffen" (Weish 1, 14; Sir 18, 1; Offb 4, 11; 10, 6) um deines Namens willen, hast Speise und Trank gegeben den Menschen zum Genusse, damit sie dir danken; uns aber hast du geschenkt eine geistige Speise, einen geistigen Trank und ein ewiges Leben durch deinen Knecht. (4) Vor allem danken wir dir, weil du mächtig bist; dir sei die Ehre in Ewigkeit. (5) Gedenke, o Herr, deiner Gemeinde, daß du sie erlöst von allem Übel und sie vollkommen machst in deiner Liebe, und ,,führe sie zusammen von den vier Winden" (Mt 24, 31), die Geheiligte, in dein Reich, das du ihr bereitet hast; weil dein ist die Macht und die Ehre in Ewigkeit. (6) Es soll kommen die Gnade und vergehen diese Welt. ,,Hosianna dem Gott Davids" (Mt 21, 9. 15). Ist einer heilig, so soll er kommen; ist er's nicht, so soll er sich bekehren, maran atha (1. Kor 16, 22; Offb 22, 20), Amen. Den Propheten gestattet, Dank zu sagen, so oft sie wollen.

Die *Eucharistie* der Didache ist Sättigungsmahl, noch nicht sakramentale Kultfeier (s. u. Ignatius S. 30). Das entspricht der Nähe zum palästinensischen Traditionsraum. Die Dankgebete richten sich an Gott den

Vater. „Durch Jesus“ meint wohl: Der Erhöhte trägt sie dem Vater zu. Der Lobpreis gilt der Sammlung des Gottesvolkes in der ganzen Welt auf das kommende Gottesreich hin. Er ist eschatologisch gestimmt. Dem entspricht auch der Gebetsruf Maran atha (der Herr komme oder der Herr kommt), der auch die Offenbarung Johannis abschließt (Offb 22, 20).

Die Eucharistie ist auch Gemeinschaftsmahl in dem Sinn, daß sie das endzeitliche Freudenmahl vorabbildet. Sie ist auf Vollchristen beschränkt und wird nicht-öffentlich gefeiert. Sie gilt als heilig. Darum erwächst aus dem Sättigungsmahl der sakramentale Mahlcharakter. Die Heiligkeit liegt aber nicht in den sakramentalen Gaben von Speise und Trank resp. Brot und Wein, sondern in der Vergegenwärtigung der Wahrheit und der Wirklichkeit des von Jesus verkündigten kommenden und im Himmel schon vorhandenen Gottesreiches.

Die Didache bezeugt für den Raum Syrien-Palästina eine Übergangsphase von der Wandermission der Apostel und Propheten hin zu ortsfesten Ämtern, die eingeführt werden sollen. Die Phase der Mission geht über in die der organisierten Gemeinden. Damit werden regelmäßige Versorgung und Bestimmungen über die Leitung notwendig, ohne daß dies als Bruch empfunden wird. Eine Scheidung von Klerus und Laien kennt die Didache nicht.

10 *Didache 11, 1–9:* (1) Wer also zu euch kommt und all das Obige euch lehrt, den nehmt auf. (2) Wenn er aber, selbst ein verkehrter Lehrer, euch eine andere Lehre vorträgt zur Vernichtung (der unsrigen), so hört nicht auf ihn; aber (lehrt er) zur Mehrung der Gerechtigkeit und Erkenntnis des Herrn, nehmt ihn auf wie den Herrn. (3) Betreffs der Apostel und Propheten haltet es entsprechend der Vorschrift des Evangeliums so: (4) Jeder Apostel, der zu euch kommt, (soll aufgenommen werden wie der Herr); (5) er soll aber nicht länger als einen Tag bleiben; wenn's nötig ist, noch den zweiten; wenn er aber drei (Tage) bleibt, ist er ein falscher Prophet. (6) Wenn der Apostel weggeht, soll er nur Brot mitnehmen, bis er wieder einkehrt; wenn er aber Geld verlangt, ist er ein falscher Prophet. (7) Und jeden Propheten, der im Geiste redet, sollt ihr nicht prüfen noch richten; denn „jede Sünde wird vergeben werden, diese Sünde aber wird nicht vergeben werden“ (Mt 12, 31; Mk 3, 28 f.). (8) Aber nicht jeder, der im Geist redet, ist ein Prophet, sondern nur wenn er die Lebensweise des Herrn hat; an der Lebensweise erkennt man den falschen Propheten und den (rechten) Propheten. (9) Und kein Prophet, der den Tisch [für die Armen] richten läßt im Geiste, ißt davon, außer er ist ein falscher Prophet...

Die wahren Wanderpropheten und -apostel sollen aufgenommen werden. Zugleich aber gilt folgendes:

11 *Didache 15, 1:* Wählt euch Bischöfe und Diakone, würdig des Herrn, Männer der Milde und frei von Geldgier, voll Wahrheitsliebe, erprobte; denn sie sind es, die für euch versehen den Dienst der Propheten und Lehrer...

Auch in Syrien-Palästina entsteht eine innergemeindliche Zuchtordnung, der hier aber auch die Amtsträger untergeordnet sind. Das Vorbild ist die *Bergpredigt* als Modell des Herrenweges, des neuen Gesetzes der Nachfolge. Das *Gesetz* spielt in diesem Traditionsraum eine andere Rolle als für Paulus in der kleinasiatischen Heidenmission, wo es als überwunden gilt. Die Didache betont deshalb die Nachfolge-Ethik. So entsteht hier bereits eine Spannung gegenüber der paulinischen Botschaft von der freien Gnade Gottes als Grund und Ziel der Erlösung. In der *Lehre von den zwei Wegen* drückt sich der spätjüdische Hintergrund dieser Schrift aus:

12 *Didache 1, 1–2:* (1) *Zwei Wege* gibt es, einen zum Leben und einen zum Tode; der Unterschied zwischen den beiden Wegen aber ist groß.

(2) Der Weg des Lebens nun ist dieser: „Erstens du sollst deinen Gott lieben, der dich erschaffen hat, zweitens deinen Nächsten wie dich selbst" (Mt 22, 37ff.; Mk 12, 30f.). „Alles aber, von dem du willst, daß man es dir nicht tue, das tue auch du" keinem anderen (Mt 7, 12 (die goldene Regel); Lk 6, 31)...

Im weiteren Zusammenhang dieses Textes wird deutlich, daß die Bergpredigt als asketische Lebensform gedacht wird: „Enthalte dich der Lüste des Fleisches" (1. Petr 2, 1). Auch das ist kennzeichnend für den syrisch-palästinensischen Traditionsraum.

13 *Didache 5:* (1) Der Weg des Todes aber ist dieser: vor allem ist er schlecht und voll von Fluch: „Mord, Ehebruch, Leidenschaft, Unzucht, Diebstahl, Götzendienst, Zauberei, Giftmischerei, Raub, falsches Zeugnis, Heuchelei, Falschheit, Hinterlist, Stolz, Bosheit, Anmaßung, Habsucht, üble Nachrede, Mißgunst, Frechheit, Hoffart, Prahlerei, Vermessenheit" (vgl. Mt 15, 19; Röm 1, 29f.; Gal 5, 19ff.).

4. Ignatius von Antiochien

Im Zuge von Verfolgungen ist der Bischof von Antiochia – Syrien, Ignatius, von den römischen Behörden zur Hinrichtung in Rom in der Arena durch wilde Tiere verurteilt (ca. 113–115).

Zehn Soldaten eskortieren ihn teils zu Schiff, teils auf dem Landweg durch Kleinasien nach Mazedonien und von dort nach Rom. Auf diesem Weg macht er einen jeweils längeren Aufenthalt in den Städten Smyrna und Troas. Er empfängt Abgesandte christlicher Gemeinden, unter ihnen Ortsbischöfe, denen er Briefe an sechs Gemeinden übermittelt, die Briefe an die Epheser, Magnesier und Trallianer aus Smyrna, die Briefe an die Gemeinden in Philadelphia, Smyrna und den Bischof Polykarp aus Troas. Ein Brief geht voraus an die Gemeinde in Rom mit der dringenden Bitte, sich nicht für ihn zu verwenden, weil er den Märtyrertod erleiden und „Brot" Christi werden will.

Antiochia ist der Ausgang der Heidenmission (Apg 11, 19), besonders nach Kleinasien hin. Auf diesem paulinischen Missionsfeld entwickelt sich aus dem Amt der Aufsicht das *Bischofsamt,* das bei Ignatius erstmals als „monarchisches" bezeugt wird. In Kleinasien begegnet die christliche Kirche – Ignatius verwendet als erster den Begriff „katholisch" (Ign Smyrn 8, 2) – in besonderer Weise dem Hellenismus und der Gnosis, daneben wohl auch dem Einfluß von Strömungen, die sich zwischen dem Judentum und der Gnosis bewegen.

Ignatius setzt christliche, besonders paulinische Gedanken in hellenistische Denkmuster um. Er benutzt gern Gegensätze wie: Fleisch-Geist, Gott-Mensch, himmlisch-irdisch (Dualismus). Mit diesen Dualismen sind keine Weltelemente, sondern der Gegensatz zwischen der himmlischen und irdischen Welt, also kosmische Seinsbereiche gemeint. Zwar bekundet Ignatius, daß „letzte" Zeiten angebrochen sind (Ign Eph 11, 1), aber bestimmend wird das kosmische Bild von Himmel und Erde in der seinshaften Gleichzeitigkeit. Ignatius geht damit zu einer *präsentischen Eschatologie* über, die dem johanneischen Denken nahesteht. Sein mit Paulus zusammenhängender Sprachgebrauch entspricht der gemeinsamen antiochenischen Herkunft und der kleinasiatischen Situation.

Ignatius versteht die irdische Kirche als Abbild der himmlischen *(Urbild-Abbild).* Im Himmel feiert der himmlische Hofstaat, zu dem Christus und die Apostel gehören, in geordneter Weise die Anbetung Gottes. Der irdische Gottesdienst spiegelt dies ab. Er wird kultisch. Dem entspricht (oder: entspringt?) der Gedanke des „monarchischen" Bischofs, der zu dieser Zeit aber noch nicht disziplinarischer Vorgesetzter des Klerus, sondern Träger und Repräsentant der *Einheit* Gottes ist. Eine Sukzession des Amtes kennt Ignatius nicht. Der Bischof ist Garant der Einheit der Kirche. Die Ermahnungen des Ignatius gelten dieser kirchlichen Einheit. Sie gilt es gegen die Gnosis und falsche Lehren festzuhalten.

14 *Ign Magn 6, 1:* Seid bestrebt, alles in Gottes Eintracht zu tun, wobei der Bischof an Gottes Stelle und die Presbyter an Stelle der Ratsversammlung der Apostel den Vorsitz führen und die mir besonders lieben Diakone mit dem Dienst Jesu Christi betraut sind, der vor aller Zeit beim Vater war und am Ende erschienen ist.

15 *Ign Smyrn 8, 1–2:* (1) Folgt alle dem Bischof wie Jesus Christus dem Vater, und dem Presbyterium wie den Aposteln; die Diakone aber achtet wie Gottes Gebot! Keiner soll ohne Bischof etwas, was die Kirche betrifft, tun. Jene Eucharistiefeier gelte als zuverlässig, die unter dem Bischof oder einem von ihm Beauftragten stattfindet. (2) Wo der Bischof erscheint, dort soll die Gemeinde sein, wie da, wo Christus Jesus ist, die *katholische* Kirche ist. Ohne Bischof darf man weder taufen, noch das Liebesmahl halten; was aber jener für gut findet, das ist auch Gott wohlgefällig, auf daß alles, was ihr tut, sicher und zuverlässig sei.

Die kirchengeschichtliche Besonderheit des Ignatius und damit auch des antiochenisch-kleinasiatischen Traditionsraumes wird in der Entwicklung zum „monarchischen" Bischof gesehen. Auch in dieser Entwicklung gibt es Stufen bis hin zum monarchischen Bischof am Ende des zweiten Jahrhunderts. Ignatius erscheint in seinen Texten doch mehr als ein Charismatiker: „Ich schrie in eurer Mitte, ich rief mit lauter Stimme, mit Gottes Stimme: Haltet zum Bischof und zum Presbyterium und den Diakonen" (Ign Philad 7, 1). Ignatius ist noch nicht Vorgesetzter des Klerus. Seine Vollmacht ist pneumatische Vollmacht, nicht kirchenrechtlicher Natur. So hängt er am Bild des Leibes Christi von Paulus her (1. Kor 12, 12 ff.; Eph 1, 22; 4, 12 u. ö.), und diesen Leib Christi begreift er – anders als der 1. Klemensbrief – nicht als geschichtlich-institutionelle Linearität, sondern als den pneumatischen Zusammenhang zwischen Christus im Himmel und der Gemeinde auf Erden. Diese Gemeinde ist darum aber auch aus der übrigen Menschheit ausgegliedert: Sie ist Geist gegenüber allem Fleisch. Wie eng diese Überzeugung mit der Christologie zusammenhängt, wie also Kirche und Christus in der Weise eines heilsgeschichtlichen Pneumazusammenhangs verstanden werden, deutet sich beispielsweise in dem Brief an die Epheser an.

16 *Ign Eph 7, 2 – 8, 2:* (7, 2): Einer ist Arzt, aus Fleisch zugleich und aus Geist, gezeugt und ungezeugt, im Fleische erschienener Gott, im Tode wahrhaftiges Leben, aus Maria sowohl wie aus Gott, zuerst leidensfähig und dann leidensunfähig, Jesus Christus, unser Herr ... (2) Die Fleischlichen können das Geistliche nicht tun und die Geistlichen nicht das Fleischliche, wie auch der Glaube nicht die Werke des Unglaubens und der Unglaube nicht die des Glaubens. Aber auch das, was ihr dem Fleisch nach tut, das ist geistlich; denn ihr tut alles in Jesus Christus.

Gerade weil Ignatius die Kirche nach dem Urbild-Abbild-Schema, also „von oben her" begreift, darum wird er auch zum Zeugen dafür, daß ein Selbstverständnis der Kirche in geradezu mythisch-heilsgeschichtlichen Linien entsteht. Ihre Herkunft und ihr Stiftungsgrund liegen außerhalb der Welt, sind noch nicht einmal dem Satan einsichtig, weil er nichts vom Erscheinen Christi, der Jungfrauengeburt und damit vom Heilsplan Gottes wahrnehmen konnte.

17 *Ign Eph 18, 2–19, 3:* (18, 2): Denn unser Gott, Jesus, der Christus, wurde von Maria im Schoße getragen, nach Gottes Heilsplan aus Davids Samen und doch aus heiligem Geiste; er wurde geboren und getauft, um durch sein Leiden das Wasser zu reinigen. (19, 1) Und es blieb dem Fürsten dieser Welt die Jungfrauschaft Marias und ihre Niederkunft verborgen, ebenso auch der Tod des Herrn – drei laut rufende Geheimnisse, die in Gottes Stille vollbracht wurden. (2) Wie wurden sie nun den Äonen offenbar? Ein Stern erstrahlte am Himmel, heller

als alle Sterne, und sein Licht war unaussprechlich und seine Neuheit erregte Befremden; alle übrigen Sterne aber samt Sonne und Mond umgaben den Stern im Reigen, er selbst übertraf durch sein Licht alle; und Verwirrung herrschte, woher die neue, ihnen ungleichartige Erscheinung wäre. (3) Die Folge davon war die Auflösung aller Zauberei, und das Verschwinden jeglicher Fessel der Bosheit; die Unwissenheit wurde beseitigt, die alte Herrschaft ausgerottet, als Gott in Menschengestalt erschien zu neuem, ewigem Leben; seinen Anfang nahm, was bei Gott bereitet war. Von da an war alles zumal in Bewegung, weil die Vernichtung des Todes betrieben wurde.

Zwei weitere Aspekte werden für die Entwicklung zum Frühkatholizismus hin vom antiochenisch-kleinasiatischen Traditionsraum her wichtig:

Ignatius stellt auch die Aussagen über Christus Jesus in den Dualismus von Geist und Fleisch hinein. Vergleicht man den Begriff „Menschensohn", wie er in Dan 7 gebraucht wird, wo er den wiederkommenden Weltrichter bezeichnet, mit demselben Begriff bei Ignatius, dann wird die Veränderung sichtbar: Der Menschensohn ist der Sohn eines Menschen im Gegensatz zum Gottessohn. Ignatius will sagen: Jesus Christus ist „Gott in Menschengestalt" und wendet dies gegen die gnostische Irrlehre, derzufolge der Gottessohn als himmlisches Wesen leidensunfähig wäre und keine wirkliche Menschengestalt annehmen kann, weil er Pneumawesen ist. Eben das bestreitet Ignatius: Gott ist Fleisch geworden, ist wirklich Mensch geworden. Gott wird in ihm (wie auch in der Kirche) mitten im Fleisch greifbar und epiphan.

Damit ergibt sich sogleich ein Zweites: Die Eucharistie ist nicht mehr Sättigungsmahl, sondern Kultmahl, und zwar in dem Sinne, daß in ihr Brot und Wein als Pneumaträger dargereicht werden, die Ignatius als „Unsterblichkeitsarznei", als eine geradezu materiell verdichtete Gegenwart des himmlischen Herrn und Heils auffaßt.

18 *Ign Eph 20, 1–2:* (1) Wenn mich Jesus Christus durch euer Gebet würdigt und es der Wille ist, werde ich in einem zweiten Schreiben, das ich für euch abzufassen vorhabe, euch des weiteren darlegen, was ich begonnen: den *Heilsplan* im Hinblick auf den neuen Menschen Jesus Christus, (wirksam) im Glauben an ihn und in der Liebe zu ihm, in seinem Leiden und seiner Auferstehung; (2) ganz besonders (werde ich dies tun), wenn der Herr mir offenbart, daß ihr Mann für Mann, gemeinsam, alle im einzelnen in Gnade zusammenkommt in einem Glauben und in Jesus Christus, der dem Fleische nach aus dem Geschlecht Davids stammt, dem *Menschensohn und Gottessohn,* um dem Bischof und dem Presbyterium mit ungeteiltem Sinn Gehorsam zu bezeugen und *ein* Brot zu brechen, das *Unsterblichkeitsarznei* [pharmakon athanasias] ist, Gegengift, daß man nicht stirbt, sondern lebt in Jesus Christus immerdar.

So erweist sich im antiochenisch-kleinasiatischen Missionsraum, daß sich aus der Gnosis Kräfte in die Gemeinden mischen, die den Dualismus von Fleisch und Geist so verstehen, daß der vom Himmel gekommene Christus auf Erden nur scheinbar gelitten hat (Doketismus, von griech. dokein: scheinen). Zwischen diesen Fremdströmungen einerseits und der Errichtung der Ämter, der Unterscheidung von rechter und häretischer Lehre, rechter und falscher Eucharistie andererseits bestehen zu Beginn des 2. Jahrhunderts schon deutliche Zusammenhänge. Ignatius will das Kreuzesleiden Jesu Christi als Erlösungsgeschehen auffassen und wehrt die Auflösung des Herrn in eine Idee oder in einen Mythos vom himmlischen Erlöser leidenschaftlich ab. Er behauptet den christlichen Erlösungsglauben als universales Heilsgeschehen.

5. Der Barnabasbrief

Zu den frühkatholischen Vätern wird auch der *Barnabasbrief* gerechnet, eine Schrift, die sich freilich nicht genau fixieren läßt. Es ist denkbar, daß sie um 130 in Alexandria – Ägypten entstanden ist. An ihr sind drei Dinge auffällig: 1. beruft sie sich auf Barnabas, den Apostel (Apg 4, 36; 9, 27; 11, 30 u. ö.); sie will also Schrift einer apostolischen Gründungsgemeinde sein. Nur gehört Barnabas nicht zum Zwölferkreis, sondern zu den frühen Wanderaposteln, was hier noch in Erinnerung steht. 2. pflegt der Barnabasbrief die Methode der allegorischen Auslegung, eine schon vom jüdischen Religionsphilosophen Philo von Alexandrien (1. Hälfte 1. Jahrh.) geübte Auslegungsweise, mit der er den alttestamentlichen Schöpfungsgedanken der hellenistischen Denkweise verstehbar machen wollte. Diese philonische Exegese ist aber vom Judentum nach 70 mitsamt der Septuaginta, der griechischen Übersetzung des Alten Testaments, ausgeschieden. Im Barnabasbrief lebt sie weiter fort. Auch er sieht im Schöpfergott den zeitlos-ewigen Geistgott. 3. zeigt sich die noch enge Beziehung zum alexandrinischen Judentum auch darin, daß der Barnabasbrief die christliche Heilsauffassung wiederum in der Weise einer Zwei-Wege-Ethik lehrt.

19 *Barn 18:* Es gibt zwei Wege der Lehre und der Macht, nämlich den des Lichtes und den der Finsternis. Der Unterschied zwischen den beiden Wegen ist groß. Auf dem einen sind nämlich aufgestellt lichttragende Engel Gottes, auf dem anderen aber Engel des Teufels. Und jener ist Herr von Ewigkeit zu Ewigkeit, dieser aber ist der Fürst dieser gegenwärtigen, gottlosen Zeit.

Jesus Christus wird als eine himmlische Engelfigur gedacht, und ebenso auffallend ist auch dieser Dualismus von Licht und Finsternis, der auf persische Einflüsse rückverweist. Zu Matthäus und Jakobus gibt es vom Barnabasbrief her in der Gesetzes- und Nachfolgeethik mancherlei Beziehungen. Im ganzen ist dieser Brief eine Abgrenzung vom Judentum, ausgelöst möglicherweise durch den Cyrenaica-Aufstand im Jahr 115, den Trajan blutig niedergeschlagen hat, oder durch den Bar-kochba-Aufstand von 135. Auch apokalyptische Züge weist der Barnabasbrief auf. Im ganzen aber schildert er – ähnlich wie die Gnosis – das irdische Leben als eine Gefangenschaft unter der mythischen Gewalt des Todes. Von ihr befreien der „Herr" und der neue Lebensweg.

6. Der Hirte des Hermas

Aus der Zeit um die Mitte des zweiten Jahrhunderts stammt eine Schrift unter dem Namen „Der Hirte des Hermas", die auch im Kanon Muratori (s. u. S. 88 f.) erwähnt und dort dem Bruder des römischen Presbyters Pius zugeschrieben wird. Allein diese Tatsache, daß eine kirchliche Programmschrift in der Form einer Prophetie erscheint, weist ja darauf hin, daß zu dieser Zeit in Rom die Prophetie noch eine eigenständige, neben den Presbytern stehende Institution ist.

Der Inhalt dieser Prophetie ist die Schilderung der Erscheinung Christi in Gestalt eines Engels, der den Hermas beauftragt, zur Erneuerung der Kirche zu rufen. Die Vision der Kirche wird in der Figur eines alten Weibes und dann einer jungen Frau dargestellt, die die bestehende und die eigentliche, künftige Kirche darstellen. Die Gemeinde ist ins welthafte Leben zurückgefallen; nach der Taufe werden Sünden begangen. Wie sollen sie getilgt werden? Nach frühkirchlicher Auffassung erscheint ein sündloses Leben nach der Taufe möglich. Nun aber wird durch Hermas den Christen der Gemeinden, die in einer abgestuften Pyramide der Heiligkeit geschildert werden, nach der Taufe eine einmalige zweite Buße angeboten. Sie gilt nur den Christen; den nicht Getauften natürlich nicht. Die Christen sollen wieder in der Ausrichtung und Spannung auf das Gebot Christi und vor allem auf das Gericht in der Endzeit leben. So wird der Ernst der Nachfolge bewußt wieder an eine erneuerte Eschatologie gebunden (Endzeiterwartung).

Der Hirte des Hermas gliedert sich in die fünf Gesichte (visiones), die zwölf Gebote (mandata) und die zehn Gleichnisse (similitudines). Gerade die Traumgesichte zeigen, daß er sich nicht fiktiv auf Weisungen der Apostel zurückbezieht, sondern eine eigenständige Vollmacht beanspruchen möchte. Damit verbindet sich nun ein weiterer Schritt in die Richtung, die Kirche selbst als die Gemeinde der mehr oder weniger Heiligen in den Mittelpunkt der Heilsauffassung zu rücken. Der Hermashirte ist nicht der Beginn des Bußsakraments, aber seine Fragestellung führt doch auch darauf hin. Die Kirche wird auch hier an eine

Zwei-Wege-Ethik gebunden. Kirche ist die Sammlung derer, um deretwillen die Welt geschaffen wurde (vis II, 4, 1); sie ist der Schöpfung und der Weltgeschichte vorgegeben; sie ist Heilsmittlerin und Heilsvolk zugleich.

Die Kirche ist wie ein Turm, in dem alle Sorten von Steinen vorkommen, die guten behauenen und die ungefügen, die ausgeschieden werden müssen. Die Hermas-Prophetie atmet den Geist der Gesetzespredigt und der Kirchenzucht. Sie will rigide Befolgung der Herren-Gebote und des göttlichen Schöpfungswillens.

20 *Der Hirte des Hermas, Vis II, 2, 1–7:* (1) Vierzehn Tage später, nachdem ich gefastet und zum Herrn viel gebetet hatte, wurde mir die Erkenntnis der Schrift enthüllt. Folgendes stand darin: (2) ,,Deine Kinder, Hermas, haben gesündigt gegen Gott und gelästert wider den Herrn; in großer Schlechtigkeit haben sie ihre Eltern verraten, man nannte sie Verräter der Eltern, und sie ließen es sich nicht zunutzen sein, sondern sie fügten ihren Sünden noch Ausschweifung und allerhand Bosheit hinzu, und so ist ihre Schlechtigkeit voll geworden. (3) Tue diese Worte allen deinen Kindern kund und deiner Gattin, die einmal deine Schwester sein soll; denn sie beherrscht die Zunge nicht, sondern sündigt damit; wenn sie aber dies hört, wird sie es nicht mehr tun, und sie wird Erbarmung finden. (4) Wenn du ihnen diese Worte mitgeteilt hast, die mir der Herr aufgetragen hat, damit du sie offen erkennst, dann werden ihnen alle Sünden nachgelassen, die sie früher begangen haben, ebenso allen Heiligen, was sie bis auf diesen Tag gesündigt haben, wenn sie aus ganzem Herzen sich bekehren und aus ihrem Herzen den Zwiespalt nehmen. (5) Denn der Herr hat bei seiner Herrlichkeit gegen seine Auserwählten geschworen: wenn *nach diesem festgesetzten Tage noch eine Sünde geschieht,* dann *sollen sie das Heil nicht erlangen;* denn die Bußzeit hat ein Ende für die Gerechten; die Tage der Buße sind erfüllt für alle Heiligen; für die Heiden aber gibt es eine Buße bis zum Jüngsten Tage. (6) Sage daher den Vorstehern der Kirche, auf daß sie ihre Wege bessern in Gerechtigkeit und mit großer Herrlichkeit aus dem Vollen die Verheißungen empfangen. (7) Fahret fort, die Gerechtigkeit zu üben und duldet keinen Zwiespalt im Herzen, damit ihr eingehen werdet zu den heiligen Engeln! Glückselig seid ihr alle, wenn ihr die kommende große Trübsal aushaltet und wenn ihr euer Leben nicht verleugnet. (8) Denn der Herr hat durch seinen Sohn geschworen, daß denen, die ihren Herrn verleugnen, ihr Leben abgesprochen ist, nämlich denen, die in den kommenden Tagen ihn verleugnen werden; wer es früher getan, dem zeigte sich der Herr gnädig wegen seiner Barmherzigkeit.

Das Römische Reich in ntl. Zeit

5
6
7
8
A
B
C
D
Danapris
Tanais
Rha
Scythae
Sarmatae
Tyras
Olbia
Palus Maeotis
R. Bospori
Theodosia
Caucasus
Mare Caspium
Albana
Pontus Euxinus
Ister
Odessus
Phasis
Sinope
Trapezus
Artaxata
Thracia
Bithynia et Pontus
R. Ponti
Armenia
Byzantium
Amasia
Ancyra
PARTHORUM
Galatia
Cappadocia
Caesarea
Samosata
Tigris
Ecbatana
Asia
et
Lycaonia
Commagene
Mesopotamia
Assyria
REGNUM
Athenae
Ephesus
Attalia
R.
Lycia et
Pamphylia
Antiochia
Palmyra
Dura-
Europus
Euphrates
Ctesiphon
Susa
Rhodus
Salamis
Babylon
Gortyn
Cyprus
Damascus
Tyrus
Caesarea
Hierosolyma
Syria
Arabia
ARABIA
Sinus Persicus
Gerrhaei
Pelusium
Alexandria
Petra
Duma
Cyrene
Memphis
Thema
Aegyptus
Nilus
Thebae
Syene
Sinus Arabicus
1000 km
Hierasycaminus
Primis

II. Römische Religiosität und Religionspolitik

1. Strukturunterschiede christlicher und römischer Religiosität

Die Religionspolitik des römischen Staatswesens ist tolerant gewesen. Viele Kulte und Religionen haben im Raum des römischen Imperiums Ausbreitung gefunden.

Das Christentum jedoch tritt nahezu von Anfang an in eine Spannung zum römischen Staat und muß bis zum Erlaß des Mailänder Ediktes 313 Verfolgungen aushalten.

Das zwischen dem jungen Christentum und den römischen Staatsorganen sich auftuende Problem ist struktureller Natur. Man muß davon zunächst die örtlichen Nachstellungen abheben, denen die Christen im Judentum oder in den heidnischen Städten Kleinasiens ausgesetzt sind. Die Apostelgeschichte berichtet über den Aufstand, mit dem sich die Silberschmiede und Devotionalienhändler in Ephesus (Apg 19, 23 ff.) gegen die christliche Mission und dagegen zur Wehr setzen, daß die Verehrung der Diana ein Ende finden könnte. Auch die Verhaftung des Paulus (Apg 21, 27 ff.) zeigt, daß in diesem Fall die besonderen Spannungen zum Judentum das auslösende Moment darstellen. Die ersten Verfolgungen sind also wohl grundsätzlicher Natur, aber sie entspringen örtlichen Konkurrenzen. Das gilt in gewisser Hinsicht auch für die Zufallsverfolgung der Christen durch Nero in Rom im Jahr 64.

Wiederum hat sich das Christentum seinerseits unterschiedlich auf den römischen Staat eingelassen. Im Neuen Testament selbst weisen Stellen wie Mt 22, 15 ff.; Röm 13, 1 ff.; 1. Petr 2, 13 ff. darauf hin, daß die Christen im römischen Staat das Recht suchen und anerkennen und unter seinem Schutz leben wollen. Dem entspricht auch das Fürbittengebet aus dem 1. Klemensbrief.

Dort aber, wo die apokalyptische Literatur aus den Erfahrungen der Verfolgungen heraus ihren Blick auf den römischen Staat richtet, wird die Kehrseite sichtbar: Der Staat gilt als das Tier aus dem Abgrund, als der letzte Widerstand, den die Welt dem Kommen des Reiches Gottes entgegensetzt (Offb 13).

Die Strukturunterschiede zwischen dem Christentum und dem römischen Religions- und Staatsverständnis kreisen um die Frage des Kaiserkultes. Er ist Staatsreligion, und die Christen, die zwar die Loyalität zum Staat grundsätzlich bejahen, verneinen aus religiösen Gründen die

Verehrung des kaiserlichen Genius. Hier treffen zwei Prinzipien aufeinander. Insbesondere das römische Rechts- und Religionsverständnis bedarf deshalb im folgenden einer näheren Darstellung.

2. Das Verhältnis von Recht und Religion bei den Römern

Der römische Kaiserkult gewinnt im ersten und zweiten nachchristlichen Jahrhundert seinen Höhepunkt. Schon im dritten beginnt sein Zerfall, und dies besonders deshalb, weil die senatorischen Kreise Roms sich gegenüber der Apotheose (der Vergöttlichung des Kaisers) schon aus Gründen der Macht distanziert verhalten. Die kaiserliche und die senatorische Macht im Staat stellen gerade im dritten Jahrhundert eine erhebliche Spannung dar.

Das stellt die Frage, wie es in der römischen Republik überhaupt zum Kaisertum und damit auch zur Kaiserverehrung kommen konnte und was sie besagen sollte.

Die Antwort darauf führt weit in die Geschichte Roms zurück. Die römische Religion ist ursprünglich eine Bauernreligion, die Naturgottheiten zum Schutz von Besitz und Gesundheit anbetet. Es handelt sich um einen Kreis von zunächst 12 Gottheiten, aus dem sich dann für die zentrale Verehrung auf dem Forum Romanum drei als die römischen Stadtgottheiten herausentwickeln: Jupiter, der als deus optimus maximus die oberste Gottheit darstellt, den Himmel beherrscht und richtend in das Unrechtsgeschehen der Welt eingreift, die Göttin Juno als Helferin der Frauen und Hüterin des häuslichen Herdfeuers, die Göttin Minerva als die besondere Beschützerin von Handwerk und Kultur.

Die römische Religion ist Praxis. Sie besitzt keine Theologie, so wie diese sich aus den jüdischen Vorbildern heraus im Christentum entwikkelt. Varro unterscheidet beispielsweise gewisse, ungewisse und ausgewählte Götter. Livius unterscheidet die einheimischen von den eingeführten Göttern. Immer handelt es sich um eine Pluralität, um eine Götterschar, die in der Zeit des Hellenismus nach dem Tod Alexanders d. Gr. (356–323 v. Chr.) auch grundsätzlich für jene Gottheiten und Kulte offen ist, die sich vom Osten und von Griechenland her in den Westen hinein vorschieben.

Stets bleibt jedoch in Rom der Grundgedanke der öffentlichen Kulte bewahrt, daß die Verehrung der Gottheiten um des Stadt- und Staatswohls willen geschieht. Die Kulte haben eine politische Aufgabe: Sie müssen in präzisester Weise die Opfer vollbringen, um die Götter gnädig zu stimmen. Zwischen ihnen und den Bürgern des Staates besteht die Beziehung des do ut des (ich gebe, damit du geben mögest). Opferschau und Vogelschau sind deshalb an minutiöse rituelle Vorschriften gebunden. Das Staatswohl ist in das von den Göttern gewirkte Schicksal hineinverwoben.

Bereits in der Gründungsgeschichte der Stadt sind Recht und Religion miteinander verbunden. Im 7. und 6. vorchristlichen Jahrhundert entstehen überhaupt in Griechenland und im östlichen Mittelmeerbereich, auch in Israel, eine Reihe von Stadtgesetzgebungen (Drakon 624 v. Chr., Solon 594/93 v. Chr.). So wird auch in Rom im Jahr 449 v. Chr. das Zwölf-Tafelgesetz erlassen. Es ist ein formales Prozeßrecht, das zwischen der Aristokratie und der plebs eine rechtlich und formal gefaßte gemeinsame Rechtsgrundlage abgeben soll, die allen Bürgern den gleichen Schutz des Stadtrechtes bietet.

Dieses Zwölf-Tafel-Gesetz steht seit seinen Anfängen in enger Beziehung zur Götterverehrung. Das drückt sich darin aus, daß in Schwurfällen die Gottheit zur Entscheidung angerufen wird, indem ihr von den streitenden Parteien Opfer dargebracht werden, und sodann auch darin, daß die Obhut und Pflege dieses Gottesrechts und Gottesurteils in der Hand der Priester liegt.

Hierin hat das Amt der pontifices (Brückenbauer) seine Wurzel. Ursprünglich ist es die Bezeichnung für die Wege- und Brückeningenieure, die die Straßen nach Rom hin befestigen und dabei – vor allem in fremden Gebieten – die dort waltenden Götter um Schutz anrufen, mit ihnen also umgehen können müssen. Besonders an den Scheidewegen (compita) werden Altäre aufgestellt (Kompitalkult). Daraus entwickelt sich in Rom selbst das Amt der pontifices, in der Republik zunächst drei, dann sechs und schließlich fünfzehn Mitglieder umfassend. Der Vorsitzende ist der pontifex maximus; ihm ist ein rex sacrorum (König der Kulte) zugeordnet. Der pontifex maximus ist die für die Kulte in der Stadt und auf dem Forum Romanum zuständige Behörde, ein auch politisch bedeutsames Amt, zu dem nur Patrizier Zugang gewinnen. Der pontifex maximus hat neben den Auguren (den Vorzeichendeutern) und den Flaminen (den Kultstättenpriestern) eine rechtspolitische Funktion: Er ist Hüter und Ausleger des Sakralrechts, in dem das Kultrecht und das formale Prozeßrecht zusammenfließen. Das römische Recht ist von seinen Ursprüngen her kultisch-sakrales Stadtrecht zur Götterverehrung und zugleich zum Schutz des Stadtwohls.

Wenn Kaiser Caracalla (211–217 n. Chr.) in Rom die ausländischen Kulte zusammenzufassen sucht, indem er deren Bibliotheken sammelt und sie im Sinne eines allgemeinen Henotheismus (die Einheit des Göttlichen hinter den pluralen Göttergestalten) zentral zu verwalten sucht, nimmt er diese zentrale Stellung des pontifex maximus wahr. Erst Kaiser Gratian legt im Jahr 379 n. Chr. den heidnischen Titel des pontifex maximus ab, den später noch der römische Bischof in seine Amtstitulatur einfügt.

Schon vor der Kaiserzeit zeigt sich eine Vermehrung der römischen Gottheiten. Sie stufen sich nach unten hin ab: zu den vergöttlichten Menschen (zu denen dann später auch die Kaiser gehören) und zu den Tugenden wie Ehre (honor), Tapferkeit (virtus), Treue (fides), Sieg (victoria), Frömmigkeit (pietas), Freiheit (libertas). Diese Tugenden, in denen sich die moralischen Grundwerte des römischen Staates wiederspiegeln, gewinnen göttliche Verehrung. Dazu gehören dann auch Mars als Gott des Krieges, Vesta die Feuerhüterin, Ceres als Fruchtbarkeitsgöttin, Merkur als Beschützer von Handel, Kaufleuten und Reisen, Volcanos als Feuer- und Neptun als Meeresgott, Diana als Göttin der Frauen, der Sklaven, Beschützerin der Jagd, Fortuna als die Göttin des ungreifbaren Glücks.

Der Ansatzpunkt für den Kaiserkult ergibt sich bei den Vätergottheiten (dii parentes), zu denen die Manen (die dii manes, Totengottheiten), die Laren, die an Orten, z.B. an Kreuzwegen verehrt werden, die Penaten als die Haus- und Familiengottheiten gehören. Sie stammen aus dem Raum der familiären und Geschlechtergottheiten. Besonders die Manen spielen als Totengottheiten eine große Rolle. Ihnen werden Gastmähler und Opferfeiern gewidmet, im Februar sogar öffentliche Feste.

Unter diesen individuellen Schutzgeistern ist der Genius bei den Männern, die Juno bei den Frauen die Gottheit der Zeugung und der Geschlechterbildung. Es gibt zugleich einen genius populi romani, einen Genius des römischen Volkes, der dem Volk als ganzem zugeordnet wird. Dieser Genius ist eine wirkende, numinose Schutzmacht. Bezieht sich der Hauslar auf die einzelne Familie, so der Genius auf das Geschlecht. An diese Genius-Verehrung schließt sich der Kaiserkult an. Im Genius wird die Schutzmacht des kaiserlichen Geschlechts, das Herrscherhaus und damit die Schutzmacht des Reiches verehrt.

Der Kaiserkult entsteht sogleich mit dem Wechsel von der Republik zum Kaisertum. Diesem Wechsel gehen nicht allein die innerrömischen Kämpfe zwischen den Unterschichten und dem senatorischen Adel, sondern auch die ungeheure Expansion des römischen Reiches nach dem Zerfall des Alexanderreiches (323 v. Chr.) voran. Schon Alexander macht den Versuch, sich in fremde Kulte einweihen zu lassen. So hat er sich im Jahr 331 v. Chr. zum Sohn des Gottes Zeus-Ammon in der ägyptischen Oase Siwa ausrufen lassen. Er verfolgt schon die Konzeption einer synkretistischen Religion, die seinen Herrschaftsbereich überspannt und in die die zahlreichen orientalischen Stadtkulte eingehen können (Synkretismus).

Die nach Alexander in den Westen hineinströmenden hellenischen und orientalischen Kulte – es handelt sich weithin um Naturkulte zum Teil mit Muttergottheiten – Kybele, Magna Mater, Astargatis, Isis-Osiris, Mithras – gewinnen in Rom jedoch nicht den Rang einer Reichsreligion. Erst im dritten Jahrhundert kommt es zu Anläufen dahin, die aber nicht zum Ziel führen. Die religiöse Verehrung, die Alexander genießt, weist dahin, auch den römischen Kaiser als die zentrale Genius-Inkorporation zu verherrlichen, an der Wohl und Schutz des Reiches hängen. So ist der Kaiserkult eine politische Religion, die sich deutlich von den privaten Verehrungen abgrenzt und eine alles umgreifende Heilsqualität behauptet.

3. Der Kaiserkult

Mit Augustus (29 v.–14 n. Chr.) verbinden sich nicht nur politische, sondern religiöse, ja sogar Erlösungshoffnungen. Politisch gesehen läßt sich sein Programm als religiöse Restauration bezeichnen. Er versucht, die altrömische Religion neu zu beleben, die Sorge des Staates für die Religion und das sakrale Recht zu aktivieren und das zerfallende Reich zu neuer Gemeinsamkeit und Blüte zu führen, zur pax augusta. In kluger Politik hält er selbst zwar die zentrale Macht in seiner Hand, aber er beteiligt und ehrt die Senatoren, die stadtrömischen Geschlechterverbände in der Kurie. Seine Erneuerung der römischen Religion ist nicht politische Manipulation im Sinne eines neuzeitlichen Weltanschauungsstaates, sondern die Erneuerung des zwischen der Gottheit und dem Staat bestehenden Wechselverhältnisses.

Seinem Streben kommt die Heils- und Friedenssehnsucht der Zeit entgegen. In seiner IV. Ekloge besingt der Dichter *Vergil* einen Friedenskaiser in Gestalt eines Knaben, den er den Retter, den Soter, nennt. Ob sich damit die Sicht einer konkreten Person verbindet, ob sich damit aus dem Heidentum heraus eine Art Vorhersicht auf das christliche Bild vom Retter und Herrn gestaltet, darüber ist gerätselt worden. Publius *Vergilius* Maro (70–19 v. Chr.) ist der Dichter der Aeneis, des römischen Nationalepos, und der Hirtengedichte (Eklogen – ausgewählte Gedichte). Die vierte Ekloge ist der Traum von der Wiederkehr des Urzustandes im Kreislauf der Epochen der Geschichte:

21 Schon zieht der Weltalter letztes herauf
nach dem Wort der Sybille,
und von neuem beginnt der Jahrhunderte mächtiger Kreislauf.
Schon kehrt die göttliche Jungfrau zurück
und die Goldene Urzeit.
Schon steigt vom hohen Olymp
ein neues Geschlecht zu uns nieder.

Seit der Geburt des Knaben,
mit dem jetzt das Eiserne Weltjahr

endlich sich schließt und das goldene
rings sich erhebt auf dem Erdkreis,
keusche Diana, geneigt.
Schon ruht dein Bruder Apollo.

Göttliches Leben empfängt der Knabe
und schaut die Heroen
unter die Götter gemischt
und wird selbst unter ihnen erscheinen,
Friedenskönig des Reichs,
das die Kraft des Vaters gebaut hat.

Doch zunächst wird, o Knabe,
die Erde mit kleinen Geschenken,
ohne des Landmanns Pflege, dir huldigen:
Efeugeranke, Lotosblüten und Myrrhen,
Akanthus in festlicher Fülle.
Heimwärts tragen von selbst
die strotzenden Euter die Ziegen.
Nimmer fürchtet das weidende Rind
den gewaltigen Löwen.

Augustus selbst läßt 62 verfallene Tempel in Rom wieder herrichten. Er erweckt die altrömischen Kulte neu, sorgt für Priester und Feste und nimmt auch selbst an den religiösen Ämtern teil. Er selbst ist pontifex maximus, so schildern es die Res gestae divi augusti (die Taten des göttlichen Augustus).

Mit Augustus verbindet sich das Aufkommen des Kaiserkultes, und zwar wesentlich aus Impulsen der östlichen Provinzen, wo sich die Herrscherverehrung aus orientalischen Vorbildern heraus zuerst durchsetzt. In Rom läßt Augustus die alten *Kompitalkulte* mit der Verehrung seines Genius verbinden. Als die Stadt Rom in neue Bereiche gegliedert wird, werden dort auch die Larenkapellen (compita) erneuert und mit dem Kult des kaiserlichen Genius verbunden.

Während die Wiederbelebung der altrömischen Kulte nur bedingt gelingt, setzt sich der Kaiserkult durch. Seine Verehrung geht alsbald von der Verehrung des Kaisers in die Verehrung der kaiserlichen Dynastie über. Gerade deshalb befestigt dieser Kult die Prinzipatsverfassung. Die Vergöttlichung der noch lebenden Kaiser tritt mit Caligula (37–41 n. Chr.) und Domitian (81–96 n. Chr.) ein. Gestorbene Kaiser können durch Beschluß des Senats durch die *Apotheose* (Erhebung zur Gottheit) nachträglich vergöttlicht werden, eine Handlung, die mehr und mehr zum bloßen politischen Zeremoniell verfällt. In Griechenland und Kleinasien, in Pergamon und Nikomedien, wo sich seit 19 v. Chr. die Kaiserverehrung zusammen mit der Verehrung der Roma als Genius der Stadt durchsetzt, gewinnt die Vergöttlichung der lebenden Kaiser öffentliche Geltung. In Rom selbst, besonders in den senatorischen Kreisen, begegnet ihr stets, wie gesagt, eine kritische Reserve.

Für das junge Christentum bedeutet die von Menschen beschlossene Erhöhung zu einer Gottheit den Widerspruch zu seiner eigenen Gottesauffassung von Gott als dem Weltherrscher und Schöpfer. Für den jüdischen wie christlichen Glauben steht Gott der Natur als ihr Schöpfer gegenüber; er entstammt weder ihr noch dem Bereich der Menschen. Das Christentum lehnt mit der Kaiserverehrung nicht die politische Einheit des Reiches ab, sondern die Haltung des Göttermachens; die Überhöhung der Natur wird verworfen (vgl. z. B. Jes 44 u. ö.). Zudem setzt der christliche Glaube ein anderes Ziel der Rettung. Nicht der Kreislauf der Natur oder der geschichtlichen Epochen und in diesem Sinne dann die Rückkehr zu einem friedensvollen Urzustand, sondern die geschichtliche Vorwärtsentwicklung auf das Reich Gottes hin und die Überwindung des irdischen, relativen und hinfälligen politischen „Friedensreiches" (vgl. Lk 2) durch die Wiederkunft des Herrn ist das Ziel der christlichen Erwartungen. Die Erlösungssehnsucht und die Unsterblichkeitshoffnungen der Zeit führen viele Menschen auf das Christentum hin; die Vergöttlichung von Naturmächten hingegen ist der strikte Gegensatz dazu.

Es gibt also einen religiös-theologischen Konfliktbereich zwischen Christentum und Kaiserkult. Die akuten Zusammenstöße zwischen den Gemeinden und der Staatsmacht entspringen jedoch oft genug lokalen Spannungen, und erst im Lauf der Zeit, bis zum beginnenden zweiten Jahrhundert, entstehen Rechtsüberlegungen der Provinzialregierungen über das Verhalten gegenüber dem Christentum.

4. Die Religionspolitik der Kaiser

Die Religionspolitik der Kaiser ist während des ersten Jahrhunderts schwankend. Auch dies betrifft die Stellung zu den christlichen Gemeinden, wie die Kaiser religiös orientiert sind. Kaiser Claudius (41–54 n. Chr.) hält sich an die römischen Kulte, läßt aber die Kaiserverehrung gewähren und führt die altrömische Institution der Opferschau im Zusammenhang der 800-Jahrfeier der Gründung Roms wieder ein. Caligula (37–41) und Nero (54–68) sind auf die orientalischen Religionen hin orientiert; das kommt ihrem autokratischen Regiment entgegen. Nero läßt sich besonders im Osten als „Retter" feiern, mit Herakles, Apollos und mit dem Sonnengott von Emesa identifizieren. Sein Berater, der stoische Philosoph Seneca, muß sich als Vertreter des senatorischen Rom aufs Land zurückziehen, wo er sich das Leben nimmt (65).

Mit Nero verbindet sich die erste Berührung des Christentums mit dem Kaisertum außerhalb des Neuen Testaments. Der Geschichtsschreiber Tacitus (ca. 55 bis mind. 116 n. Chr.) schildert in seinen Annalen (15, 44), die Verfolgung des Nero habe sich gegen einen gewissen „Chrestos" gerichtet. Obwohl selbst voller Abscheu gegenüber Neros Tat, verachtet er diese Chrestos-Leute, die vom „Haß gegen das Menschengeschlecht" (odium generis humani) getragen seien. Dem Kaiser dienen sie als politischer Blitzableiter für den Brand Roms, für den Nero die Schuldigen sucht.

22 *Tacitus, Annalen 15, 44, 2–5:* (2) Doch weder durch humanitäre Hilfe noch durch Schenkungen des Kaisers oder Sühneopfer der Götter wollte die üble Nachrede (Nero habe den Brand selbst legen lassen) weichen; man blieb des Glaubens, es habe auf (allerhöchsten) Befehl gebrannt. Um also dem Gerücht ein Ende zu machen, schob Nero andere als Schuldige vor und belegte sie mit den ausgesuchtesten Strafen: diejenigen nämlich, die bei der ungebildeten Menge, wiewohl ihrer Schandtaten wegen verhaßt, die „Biedermänner" (Chrestianos) hießen. (3) Der Name leitet sich von Christus her, welcher unter Tiberius vom Prokurator Pontius Pilatus hingerichtet worden war; (dadurch) für den Augenblick unterdrückt, brach der verderbliche Aberglaube wieder aus, (diesmal jedoch) nicht nur in Judäa, von wo das Unheil ausgegangen, sondern auch in Rom, wo sich ja die Greuel und Gemeinheiten aus aller Welt ein Stelldichein geben und begeisterten Anklang finden. (4) Zunächst also griff man diejenigen auf, die bekannten (Christen zu sein), hernach auf Anzeige hin eine riesige Menge, und überführte sie nicht so sehr der Brandstiftung, als vielmehr des allgemeinen Menschenhasses (als Verbrecher). Dazu trieb man mit den Todgeweihten noch seinen Spott: in Tierfelle eingenäht, ließ man sie von Hunden zerfleischen; andere wurden an Kreuze geschlagen und nach Einbruch der Dunkelheit zur nächtlichen Illumination abgebrannt. (5) Für dieses Schauspiel hatte Nero seine Gärten zur Verfügung gestellt; auch veranstaltete er ein Zirkusspiel, wobei er sich selbst, als Wagenlenker verkleidet, unter die Menge mischte oder einen Rennwagen bestieg. So kam es, daß sich gegen die, die doch schuldig waren und die ärgsten Strafen verdienten, Mitleid regte, als ob sie nicht dem Gemeinwohl, sondern zur Befriedigung der Mordlust eines einzelnen geopfert würden.

Es gibt mancherlei Gesichtspunkte, die die gebildeten Römer und Heiden vom Christentum abstoßen: der universale Erlösungsanspruch, die Verkündigung des einen Weltschöpfer-Gottes, die Distanzierung von den Lebensformen der heidnischen Umwelt, der sittliche Anspruch, das eschatologische Gerichtsdenken. Daß der verehrte Gott ein rechtsgültig abgeurteilter und hingerichteter Verbrecher ist, macht jedem rechtlich denkenden Römer den Affront gegen Kaisertum und Recht noch besonders bewußt. Kein Wunder, daß im Zuge der Gegenwehr den Christen Kindermord und Kinderschmaus angedichtet werden, ein auch sonst vorkommender Vorwurf in der Konkurrenz der Kulte.

Zum Ende des Jahrhunderts hin sind aus der Sicht des Staates Christen und Juden immer noch nicht klar zu unterscheiden. Auch im Tacitus-Bericht bleibt ja offen, ob es sich bei den „Chrestianos“ um Juden, Judenchristen oder Heidenchristen handelt. Die militärisch denkenden Flavier-Kaiser, die ihre Macht auch gern gegen Andersdenkende einsetzen, wenden sich gegen den jüdischen Messianismus und rechnen wohl auch die Christen noch dazu. Domitian hat im Jahr 87 ohnehin mit Verschwörungstendenzen zu kämpfen und weist 89 die Philosophen und Astrologen aus Rom aus, 93/4 die Stoiker und 95 gar alle Philosophen aus ganz Italien. In diesen Zusammenhang sind auch die domitianischen Verfolgungen der Christen in Kleinasien und Rom einzuordnen, die er als Träger des Messianismus anzusehen scheint. Die verhüllenden Bemerkungen der Johannes-Offenbarung beziehen sich auf Nero oder Domitian.

Aber Domitian ist auch ein Kaiser des Rechts und der öffentlichen Ordnung. Möglicherweise spiegelt sich dies im ersten Klemensbrief wider.

Dennoch gibt es zu dieser Zeit noch keine Rechtsgrundlagen für die Verfolgung der christlichen Gemeinden. Neros und Domitians Nachstellungen scheinen keinen prinzipiellen, sondern aktuellen Charakter zu haben.

Erstmals wird die Rechtsfrage, wie christliche Bekenner zu behandeln sind, unter Kaiser Trajan gestellt. Im Jahr 111 n. Chr. wird *Plinius* vom Kaiser zum Legaten mit konsularischer Gewalt, also als Statthalter und Leiter der römischen Verwaltung nach Bithynien und Pontus entstandt. In diesen Gebieten sind die christlichen Gemeinden bereits zahlreich. Plinius richtet an den Kaiser die Anfrage: Soll bereits der Christenname bestraft werden oder erst die mit diesem Namen zusammenhängenden Verbrechen? Ist also schon die bloße Mitgliedschaft zu verurteilen oder gehört die Verfolgung der Christen unter das Kriminalrecht? Der Anlaß sind nicht nur vereinzelte Denunziationen von seiten heidnischer Bürger, sondern das Veröden der Kaiseropfer und der Festlichkeiten in diesen Gebieten und womöglich auch die Weigerung der Christen, die den Juden auferlegte Steuer an den römischen Kult des Jupiter Capitolinus in Jerusalem zu zahlen, womit sie sich von den Juden abgrenzten. Es handelt sich um jenen Zeitpunkt der Entwicklung, wo die christlichen Einflüsse auf das öffentliche Leben gebiets- und ortsweise stärker werden.

Trajan antwortet mit einem Reskript folgenden Inhalts:

23 *Trajan an Plinius d. J., Briefe Plinius d. J. 10, 97, 1–2:* (1). Es läßt sich (in der Tat) nichts allgemein Gültiges verfügen, das sozusagen als feste Norm gelten könnte. (2) Fahnden soll man nicht nach ihnen; wenn sie aber angezeigt und überführt werden, muß man sie bestrafen, so jedoch, daß einer, der leugnet,

Christ zu sein, und dies durch die Tat, das heißt durch Vollzug eines Opfers für unsere Götter, unter Beweis stellt, aufgrund seiner Reue zu begnadigen ist, wie sehr er auch für die Vergangenheit verdächtig sein mag. Anonyme Anzeigen dürfen freilich bei keiner Anklage berücksichtigt werden. Denn das wäre ein äußerst schlechtes Beispiel und entspräche nicht dem Geist unserer Zeit.

Nach wie vor ist die Frage strittig, nach welchem Recht Christen abgeurteilt werden. Theodor Mommsen meint im 19. Jahrhundert: nach dem Recht der coercitio, der kaiserlichen Zwangsgewalt, Rechtsbrecher zu verurteilen und zu bestrafen. Nach Trajan kann aber der angeklagte Christ während des Verfahrens abschwören und sich so straffrei stellen. Die frühesten bekannten Prozesse gegen Christen zeigen die Verurteilung um des „Namens", also um der bloßen Zugehörigkeit zur „neuen Religion" willen. Neuere Untersuchungen zeigen dagegen, daß der Kern des Strafbestandes in der Verletzung des kaiserlichen Majestätsrechts, also im crimen laesae majestatis (Verbrechen der Majestätsbeleidigung) gesehen wird. Das römische Ordnungsrecht ist anders als das Privatrecht nicht formalisiert, sondern besitzt politische Züge in seiner Anwendung.

Das von Justin in seiner Apologie mitgeteilte Reskript des Kaisers *Hadrian* an den kleinasiatischen Statthalter *Minucius Fundanus* zeigt einen weiteren Schritt: Die Christen werden nicht mehr nach der coercitio, nach dem politischen Ordnungsrecht, sondern nach dem Kriminalrecht abgeurteilt. Es wird ihnen eine rechtliche Ordnung zugewiesen, so daß tumultuarische Denunziationen, die den Statthalter unter Druck setzen sollen, vermieden werden (ca. 125 n. Chr.). Die Verurteilung wegen bestimmter krimineller Vergehen schließt aber auf lange Zeit die Verurteilung des „Namens" nicht aus.

24 *Justin, Apologie 1, 68:* An Minucius Fundanus. Ich habe ein Schreiben empfangen, das von deinem Vorgänger, dem hochansehnlichen Serenius Granianus an mich gerichtet wurde. Es scheint mir nun nicht angebracht, die Sache ohne Untersuchung hingehen zu lassen, damit die Leute nicht in Unruhe versetzt werden und die Angeber Gelegenheit zur Schelmerei erlangen. Wenn also die Provinzialen für ihr Verlangen gegen die Christen sich auf klare Gründe stützen in der Weise, daß sie auch vor dem Richterstuhle Rede und Antwort stehen können, so mögen sie diesen Weg beschreiten, aber nicht einzig auf Bitten oder Schreien sich verlegen. Denn es ist bei weitem angemessener, daß du, wenn jemand eine Anklage erheben will, hierüber eine genaue Untersuchung anstellst. Wenn also jemand als Ankläger auftritt und nachweist, daß sie irgendwie gesetzwidrig handeln, dann fälle dein Urteil nach der Größe des Vergehens; wenn er es aber in verleumderischer Absicht vorbringen sollte, wahrlich, eine solche Schändlichkeit bringe gehörig in Anschlag und sorge für ihre Bestrafung.

Unabhängig von der eigentlichen Rechtsfrage bewegt sich das Verhältnis des Christentums zum römischen Staat und umgekehrt in einer fortschreitenden Entwicklung, die schon zu Beginn des 3. Jahrhunderts angesichts der steigenden Bedeutung des Christentums zu ersten grundsätzlichen, zentral gesteuerten Verfolgungen führt (s. u. S. 141 ff.). Der Kern des Konflikts ist, daß das Christentum für die hellenistisch-römische Welt eine Religion neuen Stils ist, die sich nicht in das Gefüge des römischen Staates und Rechts einfügen läßt und dies auch nicht will.

III. Entwicklungstendenzen der Kirche im zweiten Jahrhundert

1. Die Entstehung des Vulgärchristentums

Das Christentum entwickelt sich nicht allein in seiner Hochtheologie und in den kirchlichen Institutionen seiner Leitungsgremien, sondern auch in den Formen der Volksfrömmigkeit. In den apokryphen Schriften des zweiten bis vierten Jahrhunderts, die keine Aufnahme in den christlichen Kanon gefunden haben, zeigt sich ein reges Leben von Gruppen und Bewegungen, die – möglicherweise sogar gegen die frühkatholischen Tendenzen – ihre Frömmigkeitsformen im Dreieck zwischen Hellenismus, Judentum und Christentum ausgestalten. Wie diese Gruppen und Menschen beschaffen sind, wie sie leben, läßt sich aus keiner der uns bekannten Quellen noch rekonstruieren. Es ist allerdings wahrzunehmen, daß sich jener Trend, dem wir schon in den neutestamentlichen Evangelien begegnen, nämlich bestimmte Überlieferungen der Anfangszeiten Jesu, der Apostel und der ersten Gemeinden phantasievoll auszugestalten und reflektierend zu erweitern, fortsetzt und daß sich dabei auch religiöse Auffassungen einstellen, die ihren Ursprung nicht in der christlichen Überlieferung besitzen können. Als Träger dafür kommen Schichten christlicher oder halbchristlicher Vergemeinschaftungen in Frage, die – im bewußten Gegensatz gegen die „Hoch-Theologie" – als Vulgärchristentum bezeichnet werden sollen.

In ähnlicher Weise ist auch hinsichtlich der hellenistisch-römischen Philosophiegeschichte zu beobachten, daß es im ersten und zweiten Jahrhundert eine Fülle von Überlieferungen gibt, die auf die Zonen der Scharlatanerie, des Wunderglaubens, der Mantik, der Orakel hinweisen. Auch dort gibt es religionssoziologisch gesehen in den Unterschichten der Bevölkerungen eine große Bereitschaft, vorrationale, wunderhafte Berichte als Ausdruck verbürgter Wahrheit und geschehener Wirklichkeit entgegenzunehmen und sich darauf einzulassen. Das Vordringen der orientalischen Kulte mit ihren Mythen in den Westen hinein fördert noch diese Vulgärfrömmigkeit. Zuweilen handelt es sich um eine bewußte Erfindung von religiösen Gestalten. So erfindet der Wundermann *Alexander von Abunoteichos* einen Schlangengott Glykos, der Orakel spenden können soll. Von allen Provinzen des Reiches werden Anfragen an ihn gerichtet. Noch im dritten Jahrhundert beschreibt Philostrat das Leben des Wundermannes *Apollonius von Tyana* im 1. Jahrhundert, dem sich die Menschen im Wunsch nach Gesundheit, nach Liebe und Leben, nach Abwehr von Unheil und Auflichtung des Zukünftigen nähern.

In dieser Zeit ist der Wissende, der Mantiker, der Charismatiker, der mit seinen Geisteskräften naturhaftes Schicksal und Todverfallenheit zu überwinden verspricht, eine Rettergestalt in dem halbdunklen Bereich des astrologischen und medizinischen Aberglaubens. Neben diesen Charismatikern und Wunderheilern gibt es ganze Scharen von Astrologen (Chaldäer, mathematici), die Horoskope erstellen und einen Blick in die Zukunft tun lassen, eigentlich in die Gesetze der vorausbestimmenden Konstellationen der Gestirne. Die alten Orakel der Sibyllen werden im zweiten Jahrhundert neu befragt, auch von den Kaisern. Im *Traumbuch des Artemides* aus dem 2. Jahrhundert werden Träume überhaupt zu Quellen intimer Offenbarungen, und die ägyptischen Zauberpapyri zeigen uns einen Volksglauben, der noch von magischen und mantischen Vorstellungen geprägt ist.

25 *Aus den ägyptischen Zauberpapyri des Britischen Museums, papyri graecae CXXI:* Nimm einen Gecko vom Feld und stecke ihn in Lilienöl, bis er verendet. Dann graviere den Asklepios von Memphis in einen eisernen Ring, der von einer Fußfessel stammt, und wirf ihn ins Lilienöl; und wenn du prophezeien willst, so nimm den Ring, zeige ihn dem Bärengestirn und sagen sieben mal den Spruch: „Menophri, der du auf den Cherubim sitzt, sende mir den wahrhaftigen Asklepios ohne einen götterähnlichen Irrgeist!“ Dann schaffe das Räucherbecken dahin, wo du schlafen willst, und bringe drei Weihrauchkörner als Opfer dar und drehe den Ring über dem Weihrauchdampf und sprich dabei siebenmal den Spruch: „Chanaps: oeiaps: oais Lysiphtha: Herr Asklepios erscheine!“ Und trage den Ring am Zeigefinger der rechten Hand.

Einen deutbaren Sinn haben die Anrufungen nicht. Verschiedene Gottheiten werden nebeneinander angesprochen: lallende Beschwörungen in einer unverstehbaren Geistersprache, ähnlich der christlichen Glossolalie.

Kaiser wie Hadrian haben diesen Einflüssen aus dem Osten und aus der Volksreligion zugearbeitet. Hadrian fördert den Hellenismus. Er läßt sich in die eleusinischen Mysterien einführen; er läßt in Athen die Bauten des Olympieion, den Heratempel, die Bibliothek, das Gymnasium errichten, in Rom den Venustempel, den Romatempel an der via sacra. Er sieht die Vielzahl dieser Götter und Dämonen *henotheistisch:* hinter all den verschiedenen Götternamen steht nur ein und dieselbe Gottheit.

Die niederen Volksschichten kümmert diese Einheit hinter den Göttern nur wenig. Sie sind den Sektengöttern, sind dem hingegeben, wovon sie Wirkung erwarten. Es kann nicht Wunder nehmen, daß auch das Christentum sich dieser Vulgärfrömmigkeit öffnet.

1945/46 sind in *Nag hamadi* in Ägypten Texte gefunden worden, die wohl von einer Gruppe aufbewahrt worden sind, die sich dem Schlangengott Seth verbunden hat. Unter diesen Texten befinden sich fünf Kodices mit 51 Schriften, darunter 39 bisher unbekannte Evangelien, Apokalypsen, Gebetsliteratur, Geheimoffenbarungen, eine apokryphe Apostelgeschichte, Lehrschriften spekulativ-kosmologischen Charakters, Briefliteratur.

In diesen Schriften spielen auch christliche Elemente eine große Rolle, ja es handelt sich weithin um ein Schrifttum, das sich christlich versteht, das sich aber zugleich auch für die religiösen Impulse aus der Gnosis und für mancherlei ortsgebundene Überlieferungen anderer Kulte und Religionen, sei es aus dem Judentum, sei es aus den ägyptischen oder gar auch aus indischen Bereichen, offenhält.

Wir stoßen hierdurch auf den Bereich einer Fortentwicklung des Christentums, die nicht auf die Institutionen des Frühkatholizismus hinführt, sondern geradezu entgegengesetzt die charismatischen und geistbewegten Züge des Christentums des ersten Jahrhunderts fortsetzt. Es handelt sich um ein *charismatisch-pneumatisches Christentum*, verengt in Sektenbildungen und Geheimüberlieferungen.

Die Nag-hamadi-Funde geben uns einen Einblick in die produktiven Züge solcher Sekten und erhellen damit ein Stück weit, wogegen sich eigentlich der Frühkatholizismus ausbildet und ausbilden muß. Es gelingt zwar noch nicht, die Soziologie und die Herkunft dieser Sekten befriedigend zu klären, aber es lassen sich doch eine Reihe von Schlüssen ziehen, die im ganzen ein buntes Bild von der Fülle der christlichen Gruppenbewegungen vermitteln.

Die zeitliche und örtliche Ansetzung dieser Schriften, deren Herkunft bis in das vierte und fünfte Jahrhundert n. Chr. vermutet wird, ist im einzelnen schwierig und noch unerledigt.

Diese Apokryphen – das sind Schriften, die nicht in den Kanon aufgenommen wurden, aber dennoch aus sich selbst heraus den Anspruch erheben, von apostolischer Autorität zu sein – übernehmen die Formen der neutestamentlichen Schriften, bauen sie aus unter Aufnahme außerchristlicher Formen und Inhalte.

Die Kindheitsgeschichten Jesu werden aufgefüllt, die Marienüberlieferungen gestalten sich aus; in manchen Gruppen werden Apostel auf ihrem Lebensweg beschrieben oder wird unter deren Namen geheime Offenbarung mitgeteilt. Petrus und Paulus stehen dabei voran, dann auch Thomas, Johannes. Es fragt sich, ob damit Gründungsgestalten bestimmter Gebiete oder Gemeinden verehrt werden, so daß man auf die entsprechenden Gebietskirchen zurückschließen könnte. Jedenfalls treten menschliche, heilige Gestalten zwischen Gott (Christus) und die Gläubigen. Es entstehen Mittlerwesen, Heilige, die dem Menschen näher stehen als Gott, weil sie eben menschlich sind. Sie ähneln in mancher Weise den hellenistischen „Göttern“ wie Herkules oder Odysseus, die ebenfalls vergottete Menschen sind, aber auch den orientalischen Vorbildern von Pneumatikern, die offenbaren und Wunder tun. Die Grenze zwischen „christlich“ und „nicht-christlich“ läßt sich dabei kaum ziehen, für die spätere Mariologie und Heiligenverehrung auch nicht. Dazu einige Beispiele:

Unter dem Titel „*Thomas, des israelitischen Philosophen Bericht über die Kindheit Jesu*“ gibt es eine Darstellung über Vorkommnisse in der Jugend Jesu, vermutlich aus dem späten zweiten Jahrhundert und aus gnostischen Kreisen stammend, der für den jungen Jesus Wunderkräfte aufweist, die an die indische Figur des Krishna erinnern.

26 *Kindheitserzählung des Thomas 2, 1–4, 2:* (2, 1) Als dieser Knabe Jesus fünf Jahre alt geworden war, spielte er an einer Furt eines Baches; das vorbeifließende Wasser leitete er in Gruben zusammen und machte es sofort rein; mit dem bloßen Wort gebot er ihm. (2) Er bereitete sich weichen Lehm und bildete daraus zwölf Sperlinge. Es war Sabbat, als er dies tat. Auch viele andere Kinder spielten mit ihm. (3) Als nun ein Jude sah, was Jesus am Sabbath beim Spielen tat, ging er sogleich weg und meldete dessen Vater Joseph: „Siehe, dein Knabe ist am Bach, er hat Lehm genommen, zwölf Vögel gebildet und hat den Sabbat entweiht“. (4) Als nun Joseph an den Ort gekommen war und (es) gesehen hatte, da herrschte er ihn an: „Weshalb tust du am Sabbat, was man nicht tun darf?“ Jesus aber klatschte in die Hände und schrie den Sperlingen zu: „Fort mit euch!“ Die Sperlinge öffneten ihre Flügel und flogen mit Geschrei davon. (5) Als aber die Juden das sahen, staunten sie, gingen weg und erzählten ihren Ältesten, was sie Jesus hatten tun sehen...

(4, 1) Hernach ging er abermals durch das Dorf; da stieß ein heranlaufender Knabe an seine Schulter. Jesus wurde erbittert und sprach zu ihm: „Du sollst auf deinem Weg nicht weitergehen!“ Sogleich fiel der Knabe hin und starb. Einige aber, die sahen, was geschah, sagten: „Woher stammt dieser Knabe, daß jedes Wort von ihm gerade fertige Tat ist?“ (2) Da kamen die Eltern des Verstorbenen zu Joseph, schalten ihn und sagten: „Da du so einen Knaben hast, kannst du nicht mit uns im Dorfe wohnen; oder (dann) lehre ihn zu segnen und nicht zu fluchen. Denn er tötet unsere Kinder...“

Im *Protevangelium des Jakobus,* das ebenfalls aus der zweiten Hälfte des zweiten Jahrhunderts stammt, steht besonders Maria, die Mutter Jesu im Mittelpunkt. Auch hier geht es darum, die Geburt Jesu als Wunder der übernatürlichen Wirkung des heiligen Geistes zuzuschreiben, den Geist selbst als solche Wundermacht zu kennzeichnen und Jesus aus allem Menschlichen heraus abzusondern.

Maria wird als Tempeljungfrau in Jerusalem geschildert, die deswegen Jungfrau ist und bleibt, weil sie eine dem sakralen Dienst Geweihte und weil Joseph bereits vorher verheiratet ist. Dem Witwer Joseph wird aufgrund eines Engelspruches im Tempel die Zwölfjährige zum Weib übergeben, aber nicht zur Ehefrau. Während er als Bauzimmerer auf Reisen ist, wird die Jungfrau schwanger, und sie erklärt Joseph: „... ich weiß nicht, woher mir das kommt". Der Hohepriester ordnet, da Joseph weint, weil er die Jungfrau, die er aus dem Tempel empfangen hat, zurückgeben soll, zur Untersuchung der Treue ein Gottesurteil an. Joseph wird das Prüfungswasser zu trinken gegeben; er kehrt aber wohlbehalten aus der Wüste zurück. Dasselbe geschieht mit Maria. So wird keine Sünde an ihnen offenbar, und der jüdische Hohepriester entläßt beide: „So richte ich euch auch nicht" (Protevangelium des Jakobus 16, 1–4). So wird der Hohepriester zum Zeugen der Jungfrauenschaft der Maria und der asketischen Ehe zwischen beiden.

Ein anderes Beispiel aus den *Petrusakten* zeigt die Ausgestaltung der Überlieferung gebietskirchlich bedeutender Apostelgestalten in romanhafter Weise. Diese Petrusakten sind zwischen 180 und 190 entstanden und schildern den Kampf des Petrus gegen den „satanischen" Gnostiker Simon Magus (vgl. Apg 8, 9ff.). Eine Reihe anderer solcher apokrypher Nachrichten setzt die Missionstätigkeit des Petrus mit Samarien und Syrien in Verbindung. Später ist wohl erst seine Bedeutung für die Gnosisbekämpfung diesen Nachrichten hinzugegeben worden. Hier in den Petrusakten handelt es sich aber um den Romaufenthalt des Petrus. Er ist eine weise Vatergestalt, asketisch, aber doch schon der Leiter der Gemeinde, ihre zentrale Figur, hinter der die Leitung des himmlischen Herrn greifbar ist. Sein Schicksal ist Schicksal und Weg der Kirche zugleich. Er ist Vorbild für das Martyrium. Die Petrusakten sind Zeugnis für die sich verdichtende Petrusüberlieferung in Rom um 180 n. Chr.

Die darin befindliche berühmte Quo-vadis-Überlieferung ist zunächst eine Wiederholung des Leugnungsverhaltens des Petrus in der Prozeßnacht Jesu (Mk 14, 66ff.). Die christlichen Frauen des Kaiserfreundes Albinus und des Präfekten Agrippa wollen sich asketisch der ehelichen Gemeinschaft enthalten. Die Ehemänner beschließen, Petrus deswegen zu töten. Mit dem Willen der Gemeinde soll er aus Rom fliehen. Durch die Erscheinung des Herrn wird Petrus aber auf den Weg zum Leidensbekenntnis geführt.

27 *Petrusakten 35 (Martyrium des heiligen Petrus):* Während sie so überlegten, schickte Xantippe, die die Beratung ihres Mannes mit Agrippa in Erfahrung gebracht hatte, und ließ dem Petrus sagen, er solle Rom verlassen. Und die übrigen Brüder forderten ihn gemeinsam mit Marcellus auf, wegzugehen. Petrus aber sagte zu ihnen: „Sollen wir entlaufen, Brüder?" Sie aber sagten zu ihm: „Nein, sondern da du noch dem Herrn dienen kannst, (sollst du weggehen)". Er ließ sich aber von den Brüdern überreden und verließ allein (die Stadt) und sagte dabei: „Keiner von euch soll mit mir hinweggehen, sondern ich will allein weggehen, nachdem ich mein Aussehen verändert habe". Als er aber zum Tor hinausging, sah er den Herrn nach Rom hineinkommen. Und er sah ihn und sprach: „Herr, wohin (gehst) du hier [quo vadis]?" Und der Herr sagte zu ihm: „Ich gehe nach

Rom hinein, um gekreuzigt zu werden." Und Petrus sprach zu ihm: ,,Herr, wiederum wirst du gekreuzigt?" Er sagte zu ihm: ,,Ja, Petrus, wiederum werde ich gekreuzigt." Da kam Petrus zu sich und sah den Herrn in den Himmel fahren; er kehrte nach Rom zurück, freute sich und pries den Herrn, weil er selbst gesagt hatte: ,,Ich werde gekreuzigt." Das sollte an Petrus geschehen.

Es ist bei allem Vorbehalt wegen der gebietsweise fließenden Übergänge angezeigt, für den *Osten* von einem vornehmlich *prophetisch-charismatischen Typus* der Kirche und der Frömmigkeit zu sprechen. Die Charismatiker spielen noch auf Jahrhunderte hin in den Ostkirchen eine hervorgehobene Rolle. Das prophetisch-charismatische Traditionsgut stammt weithin aus dem Judentum. Die Juden sind in der Antike als erfolgreiche Exorzisten bekannt.

Dem neuzeitlichen Denken ist diese Durchdringung der materiell-leibhaften Welt mit dämonischen und guten Mächten trotz aller Versuche einer psychosomatischen Wirklichkeitserfassung weithin verschlossen; aber bis heute steht sie noch einigen afrikanischen Stämmen als wirksame Erfahrung offen: Bannsprüche und Riten von Medizinmännern können Geister bannen, Krankheiten vertreiben oder auch zusprechen.

Auch im Christentum sind die charismatischen Propheten und Asketen seit dem zweiten Jahrhundert oftmals Gesundbeter, Regenmacher, Beschwörer und Offenbarer. Besonders der syrisch-palästinensische Missionsraum hat diesen Geistträgern weiten Einfluß gegeben, und ,,Geist" ist dabei nicht bloß eine göttliche, sondern zugleich eine die leibhafte Wirklichkeit durchdringende Mächtigkeit, was ja bedeutet, daß das Wissen um Gott, ausgeübt in der Beschwörung des ,,Geistes", Heil und Heilung in der leiblichen Wirklichkeit mit sich bringt. Die alten Wanderämter erlöschen oftmals nicht, ebenso wenig wie dieses Wissen um den Geist. Manche christlichen Missionare wirken als Wundertäter und rufen dabei zu Buße und Askese auf. Sie sorgen sich dabei aber auch um die täglichen Nöte der Menschen: Gesundheit, Ernte, Fruchtbarkeit. Dabei wird Gottes und Christi Kraft an der realistischen Hilfe erkannt, die sie bringen. So werden solche Charismatiker für die Volksfrömmigkeit und deren Überlieferungen zu Engeln, zu Hinweisen in Leibgestalt auf die künftige Neugestaltung der Welt.

Dabei spielen Amulette, das Kreuzzeichen, Bibelsprüche, angewandt als magische Formeln oder auch als Schriftzeichen, eine erhebliche Rolle. Auch die Eucharistie wird einbezogen. Die ,,Elemente" des Brotes und Weines gelten als pneumatische Kraftträger. Besonders spielen in Anlehnung an ähnliche Riten des Judentums der ,,Name" Christi und das Fischzeichen (ΙΧΘΥΣ für: Jesus Christus Gottes Sohn Retter) eine Rolle. Durch den Namen erfolgt nämlich eine Herrschaftsübereignung, ähnlich wie bei der Benennung der Tiere durch Adam im Schöpfungsbericht oder auch bei der christlichen Taufe „auf den Namen“ Christi eine Herrschaftsübereignung stattfindet. Tertullian, der nordafrikanische Schriftsteller und Jurist um 200 in Karthago ist von dem exorzistischen Erfolg so überzeugt, daß er vorschlägt, die Handlung vor dem Richter auszuführen und, wenn sie nicht funktioniert, den Charismatiker zu bestrafen.

Die frühkatholische Kirche institutionalisiert den Exorzismus in die Taufliturgie hinein. Sie versteht sich – gegenüber den antiken Quacksalbern und Zauberern – als die Wirkstätte des wahren, guten Geistes Gottes, der mit seinem „Namen“ und Kreuzeszeichen über die Geister Macht gewinnt. Noch Justin denkt sich die Kirche als den Ort, wo die Verwandlung der Welt beginnt und die bösen Gewalten entmächtigt werden (um 150).

28 *Justin, Apologie II, 5:* ... (Der Sohn) Gottes ist Mensch geworden, nach dem Willen Gottes des Vaters zur Welt gekommen für die gläubigen Menschen und *zum Sturze der Dämonen,* wie ihr noch jetzt aus dem ersehen könnt, was vor euren Augen geschieht. Haben doch viele von den Unsrigen, nämlich von den Christen, eine ganze Menge von Besessenen in der ganzen Welt und auch in eurer Hauptstadt, die von allen anderen Beschwörern, Zauberern und Kräutermischern nicht geheilt worden waren, durch Beschwörung *im Namen Jesu Christi, des unter Pontius Pilatus Gekreuzigten, geheilt und heilen sie noch, indem sie die Dämonen, welche die Menschen festhalten, außer Kraft setzen und vertreiben.*

In der Ostkirche sind die „Lehrer“, die christlichen Denker Grenzwächter zwischen der Gemeinde und der Welt der Dämonen, und noch bis in das 6. Jahrhundert sind die *Styliten,* die ihr Leben lang auf einer Säule verbringen oder sonst an einem abgeschlossenen Ort leben, Asketen, die, als Charismatiker verehrt, Wahrsprüche erteilen, Frieden stiften, lehren und beten, Institutionen eines höheren Wissens. Die orthodoxe Kirche hat diesen Typus des Styliten besonders in Rußland zur Gestalt des Mönchspriesters, des Starzen, ausgebildet. Seine Seele ist zur Christus-Seele geworden (s. Bd. 3, Kap. IV).

2. Die Gnosis

Möglicherweise schon kurz vor dem Auftreten Jesu, jedenfalls aber doch gleichzeitig mit dem Christentum entwickelt sich die Gnosis. Gnosis heißt Erkenntnis. Durch Erkenntnis will diese Religion die Seele des Menschen aus der materiell-irdischen Bindung der Leiblichkeit befreien und in das himmlische Pleroma zurückleiten.

Die Gnosis ist eine religiöse Philosophie. Sie entsteht im Raum Palästina, Syrien, Kleinasien, also im Schnittbereich des Judentums, des

Hellenismus und der über das Zweistromland hineinwirkenden persischen, möglicherweise sogar auch indischen Überlieferungen. Ob sie nun wesentlich als eine hellenistische oder mehr als eine jüdische Erscheinung zu werten ist, darüber wird gestritten. Zweifellos haben die charismatischen Gruppen und Sekten in Palästina und Syrien eine recht große Offenheit für die Gnosis gezeigt.

Die Sprache und Vorstellungswelt der Gnosis zeigen sich im *Naassenerpsalm:*

29 *Hippolyt, Widerlegung aller Häresien V, 10, 2ff.:* Urprinzipium aller Dinge, erster Grund des Seins und Lebens ist der Geist; zweites Wesen, ausgegossen von dem ersten Sohn des Geistes, ist das Chaos; und das Dritte, das (von beiden Sein und Bildung) hat empfangen, die Seele.
Und sie gleicht dem scheuen Wilde,
das gehetzt wird auf der Erde,
von dem Tod, der seine Kräfte
unentwegt an ihr erprobt.
Ist sie heut' im Reich des Lichtes,
morgen ist sie schon im Elend,
tief versenkt in Schmerz und Tränen.
Der Freude folgt die Träne,
der Träne folgt der Richter,
dem Richter folgt der Tod.
Und im Labyrinthe irrend,
sucht vergebens sie den Ausweg.
Da sprach Jesus: Schau, o Vater,
auf dies heimgesuchte Wesen,
wie es fern von deinem Hauche
kummervoll auf Erden irrt,
will entflieh'n dem bitt'ren Chaos,
aber weiß nicht, wo der Aufstieg.
Ihm zum Heile sende, Vater,
mich, daß ich herniedersteige
mit den Siegeln in den Händen,
die Äonen all durchschreite,
die Mysterien alle öffne,
Götterwesen ihm entschlei're
und des heil'gen Wegs Geheimnis
– Gnosis nenn ich's – ihm verkünde.

Dieser Naassenerpsalm nennt zwar den Namen Jesus; aber das ist eine Interpolation, eine verchristlichende Zufügung. Ursprünglich handelt es sich wohl um einen Attis-Hymnus, dessen Text an einzelnen Stellen verderbt ist. Der Psalm schildert den Weg der Erlösung der Seele. Es ist das Gespräch zwischen dem himmlischen Erlöser und dem Vater. Der Erlöser will auf die Erde hinabsteigen, um die aus dem göttlichen Vernunftgrund stammende Lichtseele (den Lichtfunken, die Ennoia), die in der Materie der Welt und des Fleischesleibes gefangen ist, zu befreien, und zwar dadurch, daß dieser Ennoia die Kunde über ihren himmlischen Ursprung gebracht wird, die Erkenntnis ihrer wesenhaften Zugehörigkeit zum weltjenseitigen Vater.

Der Nus ist das Urprinzip. Aus ihm, dem Geist, entsteht der Gegensatz des Chaos als Ausdruck eines antigöttlichen Widerspruchs in dieser Weltwirklichkeit. In ihr ist die Ennoia-Seele gefangen; sie irrt unter einem fremden Gesetz umher. Darum soll sie befreit werden.

Den frühkatholischen Ketzerbestreitern (Häresiarchen), deren Schriften wir eine Fülle von Kenntnissen über die philosophischen und religiösen Bewegungen des zweiten Jahrhunderts entnehmen können, vor allem Hegesipp, Irenäus und Tertullian, erscheint der in ac 8 erwähnte Simon Magus als der Erzvater dieser gnostischen Bewegung. Simon Magus bezeichnet sich dort als die „große Kraft Gottes", als die vom Himmel stammende Erlösergestalt, und kommt mangels der Gabe des Geistes mit den Aposteln der christlichen Mission in Samaria in Konflikt. Die frühkatholischen Väter wissen dabei zu berichten, daß er mit einer Dirne, namens Helena, umhergezogen sei, die ihm als das Bild des verworfenen Menschen erscheint, in dem die Ennoia, die ursprünglich himmlische Lichtseele, wohnt.

Die Gnosis drückt ein spezifisches Lebensgefühl der Antike aus: Die Wirklichkeit irdischen Lebens führt nicht zur Erfüllung, sondern ist durch das Böse gestört. Keine der Philosophien und Religionen kann Erlösung gewähren. Das Sehnen nach dem Licht, nach dem Sinn und der Erfüllung im ewigen, unzerstörbaren Leben weist auf das, was jenseits dieser Wirklichkeit als das Göttliche liegt. Die gnostische Grundvorstellung ist ein Dualismus dieser Welt, der durch die weltjenseitige Geistgottheit, den Nus, überwunden und aufgehoben erscheint. So wird diese Erlösung in mythisch-bildhaften Vorstellungen beschrieben, eigentlich ähnlich wie im Christentum und der Christusfigur, als eine aus dem Geisturspring heraustretende Bewegung, mit der die Seele und die geistigen Potenzen der Schöpfung wieder zu ihrer weltjenseitigen Herkunft zurückgerufen werden.

Die Bedeutung der Gnosis beruht in ihrer Fernwirkung. Ihre Vorstellungen und Gedanken haben den Neuplatonismus des dritten und vierten Jahrhunderts erheblich mitbestimmt. Auch christliche Kirchenväter wie Klemens und Origines sind von Motiven der Gnosis, trotz aller Ablehnung beeinflußt. Der Manichäismus des dritten Jahrhunderts weiß sich geradezu als eine Fortsetzung auch der Gnosis (vgl. u. S. 156 ff.). Die mandäische *Religion* führt gnostische Überlieferungen im Osten fort, außerhalb des hellenistischen Kulturkreises. Die heute noch in Irak und Iran mit etwa 5000 Menschen bestehende *Nazoräersekte,* vermutlich einstmals aus heterodoxen Taufsekten im Osten Syriens und Palästinas entstanden, ist ein letzter Überrest dieser Bewegungen. Für die frühkatholische Kirche des zweiten Jahrhunderts wird das Eindringen der Gnosis in die christlichen Gemeinden Kleinasiens, Alexandriens, Roms und Italiens zur Frage nach dem Selbstverständnis der Überlieferung: Schildert die christliche Überlieferung reales Geschichtswirken Gottes oder einen Mythos?

Die in der Apostelgeschichte erwähnte samaritanische Gnosis stellt eine Frühphase dar, die heute in der Fachwissenschaft als die Gnosis, genauer: als die *mythische Gnosis* bezeichnet wird. Im zweiten Jahrhundert entstehen dann auch gnostisch-philosophische Systeme, die sich eng mit den Überlieferungen der griechischen Philosophien Platons, Aristoteles, der Phythagoräer und anderen Richtungen verbinden. Diese Phase wird *Gnostizismus* genannt. In dieser gnostizistischen Phase kommt es zur Distanzierung zwischen Gnostizismus und werdendem Frühkatholizismus.

Die Gnosis-Darstellungen der frühkatholischen Ketzerbekämpfer sind oftmals Tendenzberichte. Gnostische Quellen sind hingegen aus alten Schriftensammlungen bekannt, so etwa das Corpus hermeticum (Ägypten 3. Jahrhundert), der Poimandres (Menschenhirte, 18 Traktate, darunter auch nicht-christliche Gnosis), die Pistis Sophia (der Glaube der Weisheit) als Zeugnis koptischer Sekten, die Oden Salomos, das Perlenlied der Thomasakten. Auch die Nag-hamadi-Schriften (s. o. S. 49) – die Sammlung entsteht um 350 im Kloster Chenoboskion – enthalten gnostisches Material. Die gnostischen Texte, die bekannt sind, gehen in die Hunderte und sie reichen auch über Jahrhunderte.

Wahrscheinlich hängen bereits die jüdische *Weisheit Salomos* (um 100 v. Chr.), die Täufersekten am Rande des Judentums (u. a. Johannes der Täufer 25/26 (28/29) n. Chr.) mit der Entstehung der Gnosis im weiteren Sinne zusammen. Hinter den Pneumatikern zu Korinth, von denen Paulus vor allem im ersten Korintherbrief berichtet, sind mit ihrer Leitlinie „Alles ist mir erlaubt" möglicherweise auch schon Anhänger einer gnostischen Richtung zu vermuten (Korintherbriefe 49/50 und 52/53 n. Chr.). Um 50 tritt *Simon Magus* in Samarien auf. Der um 80 verfaßte Kolosserbrief hat es mit einer jüdischen Gnosis in Kolossae/Kleinasien zu tun, die zwischengöttliche Mächte verehrt und bestimmte Festkalender als Gesetz einhält. Um diese Zeit lehrt *Menander* in Antiochia. Die Johannes-Apokalypse von ca. 95 erwähnt in Kleinasien die *Nikolaiten* als gnostische Gegner (Offb 2, 6. 15). Um 100 entsteht das *Johannes*-Evangelium, dessen *Prolog* mit der Erwähnung des Schöpfungsmittlers Logos (Wort) wohl auf einen gnostischen Erlösungsmythos zurückgeht (Joh 1, 1 ff.), und zugleich lehrt *Elchasai* in Syrien. Auch der Epheserbrief unter dem Namen des Paulus kann mit gnostischen Voraussetzungen insoweit in Verbindung gebracht werden, als er die Kirche als den pneumatischen „Leib Christi" schildert, wobei die irdischen Glieder durch den Geist dem Haupt Christus anhängen, und Ignatius, der in der Christologie scharf gegen die Doketen auftritt (s. o. S. 27 ff.), verdichtet dieses

Bild noch zum Urbild-Abbild-Schema. Ebenfalls um 110 n. Chr. wenden sich die Pastoralbriefe gegen Auflösungserscheinungen in den christlichen Gemeinden, die durch gnostische Lehren und Bewegungen verursacht werden. Auch die Ignatianen sind von der Abwehr solcher Erscheinungen bestimmt. Der Judasbrief richtet sich gegen eine libertinistische Gnosis. *Satornil* lehrt gegen 120/30 in Syrien, *Karpokrates* in Alexandria vermutlich und *Kerinth* in Kleinasien. Aus dieser Zeit stammen auch einige Grundbestandteile der Nag-hamadi-Schriften wie das Thomas-Evangelium, die Offenbarungen des Jakobus, die Sophia Jesu Christi usf. Schon um 130 treten Gnostiker in Rom auf, und zehn Jahre später lehren dort *Kerdon, Marcion* und *Valentin.* Valentin wird 143 aus der römischen Gemeinde ausgeschlossen. Aber 144 gründet Marcion seine Sonderkirche in Rom, nachdem er im selben Jahr bereits in Kleinasien aus der christlichen Gemeinschaft exkommuniziert worden ist. In der Mitte des Jahrhunderts lehrt *Basilides* in Alexandria, entsteht das System der valentinischen Gnosis (auf Cypern?). Das gnostische Buch des *Poimandres* wird zu dieser Zeit abgefaßt, die *Oden Salomos* ebenfalls in der zweiten Hälfte dieses zweiten Jahrhunderts. Schon schreibt Irenäus um 180 seine „Widerlegung aller Häresien" gegen die gnostischen Theorien und Systeme. Zu dieser Zeit lehrt die valentinische Schule mit *Ptolemaios, Herakleon, Theodot, Markos.* Klemens und Origines in Alexandria, die in manchem dem gnostischen Denken auch nahestehen, entwickeln geradezu eine alexandrinische Theologie in Abwehr der Gnosis. Zugleich entsteht im dritten Jahrhundert in Fortsetzung vieler gnostischer Motive die *neuplatonische Philosophie* in Alexandria (Ammonius Sakkas, Porphyrius, später Plotin), und bereits im Jahr 216 wird *Mani*, der Stifter des Manichäismus geboren, der diese gnostische Bewegung mit persischen Motiven anfüllt, die dem weitaus älteren Zoroasterkult entstammen.

Eine der wichtigen Fragen im Blick auf die Entstehung der Gnosis ist die nach der in einigen Quellen auftretenden Gestalt eines *Urmenschen.* Sie ist repräsentativ für jene Quellen, die nach dem Urteil einiger Forscher den *iranischen* Typ der Gnosis darstellen. Dieser iranische Typ geht von den zwei Urelementen des Lichtes und der Finsternis aus, die nicht auseinander entstanden sind, sondern ungezeugt und urhaft widereinander stehen. Der Urmensch stellt in den iranischen Erlösungsüberlieferungen die *himmlische Erlösergestalt* dar, die dem Menschen in der Finsternis der Welt die Gnosis bringt.

Entsprechend tritt in dem anderen Typ der *hellenistischen* Gnosis die Gestalt eines *Anthropos* auf *(Mensch)*, der gleichfalls als eine himmlische Erlösergestalt geschildert wird, nur entstehen hier die Gegensätze von Geist und Materie so, daß die Materie sich in der Form von *Emanationen* aus dem Geist nach unten hin entwickelt.

Diese Erlösertypen sind deshalb von besonderer Bedeutung, weil sie möglicherweise Rückschlüsse auf die motivgeschichtliche Herkunft der Gnosis zulassen. Nach einigen Forschern ist es denkbar, daß sich der Urmensch-Typus unter iranischen Einflüssen bereits *vor* Christus im Zweistromland oder gar in Babylon selbst bei den dortigen orientalischen Diasporajuden entwickelt hat. Das würde wiederum den Schluß nahelegen, daß die urgemeindlichen und apostolischen Würdetitel Jesu, das Verständnis seines Wirkens und seines Sterbens nicht unmittelbar vom Alten Testament her entwickelt worden sind, sondern von einer bereits bestehenden Gnosis her. Dann wären das Wirken und das Sterben Jesu gleichsam in diese gnostische Deutungslinie hineingeschoben worden.

Andere Forscher hingegen halten die Mitteilungen der frühkatholischen Väter wie Irenäus, Tertullian, Hippolyt für richtiger, daß Simon Magus und die samaritanische Gnosis die Urform der sich entfaltenden Bewegung darstellen. Das würde eine gewisse Gleichzeitigkeit mit dem Auftreten Jesu bedeuten.

Wieder andere Forscher knüpfen ebenfalls an die frühkatholischen Väter und deren Herleitung der Gnosis an, indem sie sie aus dem Hellenismus und dessen existentialem Selbstverständnis zu dieser Zeit verstehbar machen wollen.

Angesichts der verwirrenden Fülle von Namen und Gruppen der Gnosis ist eine Wesensbeschreibung nur versuchsweise möglich. *Adolf von Harnack* hat die Gnosis als die „*akute Hellenisierung des Christentums*" bezeichnet. *Hans Jonas* hingegen hat versucht, die Gnosis als Ausdruck einer existentialen Daseinsverfassung, also als Analytik des antiken Menschen mit den Mitteln des gnostischen Erlösermythos zu schildern. Dem ist auch *Rudolf Bultmann* gefolgt. Historische Herleitungen und Interpretationsfragen liegen in diesen Versuchen ineinander.

Die Gnosis geht von einem dualistischen Weltbild aus: Licht und Finsternis oder auch: Geist und Materie. In den älteren und weniger reflektierten gnostischen Überlieferungen, so gewinnt es den Anschein, handelt es sich um Urgegensätze, denen die irdische Weltwirklichkeit ausgeliefert ist. Die gnostizistischen Systeme des zweiten Jahrhunderts, beispielsweise das System Valentins, gehen nicht von einem Urgegensatz, sondern von einer Ur-Monas (Ureinheit) aus. Das System besteht darin, daß geschildert wird, wie aus dieser Urmonas ein Schöpfungsvorgang entsteht, der zu dualistischen, mann-weiblich vorgestellten Paarungen führt (Syzygienpaare), die ebenfalls in Zeugungsvorgänge verfallen, so daß sich von der Urmonas her eine Emanationskette (Ausstrahlung, Ausfluß) in stufenweiser Entfaltung nach unten hin ergibt, bis zu dem Punkt, wo aufgrund einer himmlischen Katastrophe der Bereich des Pleroma (Fülle) des Lichts verlassen wird und – weiter abwärts gerichtet – die Schöpfung der Materie erfolgt, und zwar letztlich durch einen Demiurgen. Die Benennungen dieser Paarungen zeigen, daß sich die gnostizistischen Systeme unter diesen Stufen der Ausstrahlung sowohl kosmische Seinsstufen als auch seelisch-geistige Werte (Vernunft-Wahrheit, Logos-Leben, Urmensch-Kirche usf.) vorstellen.

Der irdische Mensch stellt eine der unteren, geistentfernten Schöpfungen dar. Auch in ihm gibt es den Dualismus zwischen Seele und Leib. Die Seele ist ein verstreuter Abkömmling der himmlischen Lichtseele, aber eingeschlossen in die materielle Leiblichkeit. Die Existenz des Menschen ist darum ein durch Unfreiheit und Unwissenheit bedingtes Gefangensein. Der Mensch findet in sich und um sich herum eine Mischwelt, gebildet aus den himmlischen und materiellen, geistentfernten Substanzen.

Die gnostische Erkenntnis ruft ihn in die Eigentlichkeit der Weltvernunft oder des Urlichts zurück. Die im Menschen gefangene Lichtseele (Ennoia) soll zum Licht-Ursprung oder zur Geisteinheit zurückgeführt werden.

Dieser Vorgang beginnt in der Lichtwelt. Aus ihr löst sich nach dem gnostischen Mythos eine Erlösergestalt, beauftragt, die in der Hyle, der Materie, eingeschlossenen Lichtseelen an ihren weltjenseitigen Ursprung zu erinnern. Sie verbreitet in der Form der Gnosis, der Erkenntnislehre, das Wissen vom Ursprung und leitet so die Seele auf ihren Weg nach oben. Dabei klingen Motive auch der Seelenwanderung nach dem Tod an.

Zur Erlösung bedarf es der Überwindung dessen, der der Schöpfer der Finsternis resp. der materiellen Welt ist, des Demiurgen. Die gnostischen Mythen tragen eine gegen den alttestamentlichen Schöpfergedanken gerichtete Tendenz. Die irdisch-materielle Wirklichkeit ist das Niederhaltende und Uneigentliche. Der Weltschöpfer ist ein anmaßender, niedriger Nachahmer der eigentlichen Schöpferkraft des Geistes oder des Lichtes.

Die Erlösung beginnt mit dem Tod. Im Tod löst sich die Seele vom Leib. So beginnt sie ihren Weg der Rückkehr. Dabei ist der Erlöser (der vom Himmel Herabgestiegene, der ,,Mensch") der Vorangehende, der den Weg weist. Der Aufstieg geschieht nicht automatisch, sondern führt an den Beherrschern der Welt und den Zwischenmächten vorbei. Eine Eschatologie im Sinne eines Weltendes gibt es in der Gnosis nicht. Bestimmend ist die Individualeschatologie, der individuelle Weg nach dem Tod. Die gnostischen Sekten, die sich innerhalb und außerhalb des Christentums bilden, sammeln in sich die religiöse Praxis und Weisheit der Umwelt. Sie nisten sich oftmals in andere Mysterien oder fremde Gemeinden ein und sind in soziologischer Hinsicht als ,,parasitär" zu bezeichnen. An die Stelle der alten Göttersymbole treten verschlüsselte Zeichen, Offenbarungen und geheimnisvolle Lehren, die oftmals unter Arkandisziplin (Geheimhaltung) stehen. Auch die alttestamentlichen Schriften werden so umgedeutet, daß sie mit Hilfe der Allegorie auf die gnostische Kosmogonie, auf die Erlösung (Apolytrosis) und die Wiedervereinigung (Apokatastasis) hinweisen.

Die Künder der Gnosis sind zunächst wandernde charismatische Lehrer und Propheten, die dann auch Leiter der Gemeindeversammlungen werden. Ihnen hängen die Glieder gläubig an, verehren sie als väterliche, erhobene Geistgestalten. Die Anhänger sind Menschen aus allen Schichten. Nicht die soziale Herkunft, sondern die pneumatische Bereitschaft zeichnet sie aus. Frauen spielen in gnostischen Gemeinden eine besondere Rolle, wie sonst kaum im Christentum. Sie können Lehrerinnen, Prophetinnen, Missionarinnen sein, auch kultische Zeremonien ausüben. Diese Betonung der Frau hängt damit zusammen, daß die gnostischen Systeme neben dem männlichen auch das weibliche Prinzip in ihre Kosmogonien aufgenommen haben. Die Gemeinden können sich ortsweise auch als Kultvereine zusammenschließen und Häuser erwerben.

Die Gnosis ist nicht kultlos. Vor allem einfache Menschen haben nach kultisch-sakramentalen Formen der Anschaulichkeit verlangt. Der *Kult* hängt, soweit erkennbar, mit dem Seelenaufstieg zusammen. Magische Sprüche, Siegel, Schutzzeichen und Totenzeremonien sind bezeugt. Es gibt keine Gemeindezucht, auch keine Abgrenzung von rechter und falscher Lehre. Gleichwohl treiben die gnostischen Gruppen Mission sowohl durch Reisende als auch durch Briefe und Sendschreiben. Sie haben möglicherweise auch auf die Ausbildung der altkirchlichen Sakramente stimulierend eingewirkt. Sie kennen eine Wasserreinigung, eine Art Taufe, die Salbung mit Öl; auch in der Form einer ,,letzten" Ölung ist sie nachweisbar. Manche feiern eine Art Eucharistie als heiliges Mahl. Bei den Valentinianern gibt es eine Zeremonie des Brautgemachs als die eigentliche Feier der Apolytrosis (Erlösung). Andere Sekten verehren die Schlange als kultisches Symbol für die Welt wie die *Ophiten* und die *Naassener,* und wieder andere besitzen einen Spermienkult.

Die *Ethik* der Gnostiker stellt entsprechend nicht die natürliche Sittlichkeit in ihrem Weltbezug, sondern den einzelnen und die Gemeinde der ,,Brüder" in den Vordergrund. Sie kann wegen der Abwertung der Materialität libertinistisch sein mit der Folge auch sexueller Freizügigkeit, sie kann ebenso asketisch sein bis zur Forderung der Abtötung aller Begierden. Das isolierte Selbst des Menschen steht im Vordergrund. Welt, Staat und Gesellschaft sind nur Erscheinungen der materiellen Welt, aus der sich der Gläubige heraussehnt.

Viele der gnostischen Schriften, wie etwa das Perlenlied aus den Thomasakten, werden auch in Kreisen der Großkirche erbaulich gelesen. Die Übergänge vom einen zum anderen Frömmigkeitsbereich sind lange Zeit fließend. Gleichwohl ist die Gnosis kaum als hellenisiertes Christentum anzusprechen. Sie stammt jedoch aus dem Raum antiken

Weltbilddenkens. Sie markiert den damals auch außerhalb des Christentums gesuchten Übergang von der Philosophie zur Religion. Sie macht den Schritt von den Göttern zur Erfassung des Göttlichen, und gerade an diesem Punkt unterscheidet sich das gnostische Modell von der ausstrahlenden Ureinheit als eines naturhaften Prozesses von dem christlichen Bild des Schöpfergottes vor und außerhalb des Weltprozesses.

Die frühkatholische Kirche empfindet gegenüber der Gnosis noch weitere Herausforderungen, sich von ihr abzugrenzen. Dazu gehören die Fragen nach dem Verständnis von Amt und Tradition, die Christologie (Doketismus) und die in der Gnosis deutlich ausgesprochene Abwertung der materiellen Welt, die mit der christlichen Verantwortung für die Vergemeinschaftung in Staat und Kultur nicht in Übereinstimmung zu bringen ist.

Im ganzen gelingt es der frühkatholischen Kirche, die Gnosis auszuscheiden. Aber auch heute noch besteht die Aufgabenstellung, die Wirklichkeit des worthaft erfahrenen Heils in Christus mit der Erfahrung der Wirklichkeit und den Theorien von der Entstehung dieser Wirklichkeit in Einklang zu bringen. Damit daß sich der Frühkatholizismus auf den Kanon der heiligen Schriften als Darlegung der heilsgeschichtlichen Wirklichkeit zurückbezieht, tritt eine dauerhafte Spannung zwischen Glaube und Vernunft, Schriftbeweis und Naturbeweis auf, die noch über die Reformation hinaus währt.

3. Reform und Askese

Noch zur Mitte des zweiten Jahrhunderts erscheint das Bild der Kirche als relativ ungeprägt. Das liegt nicht allein daran, daß nur langsam den Gemeinden der Gegensatz von Gnostizismus und Christentum bewußt wird, sondern auch daran, daß sich aus den Traditionsgebieten eine Reihe von prophetisch-charismatischen Bewegungen herauslösen und – ähnlich der Gnosis – neben den und sogar in die Ortsgemeinden hinein vorstoßen. Aus Rom und Alexandria sind solche Vorstöße und in ihrer Folge auch Labilitäten der Gemeinden bekannt, ebenfalls aus Kleinasien, Nordafrika und Palästina. In diesen prophetisch-charismatischen Bewegungen lebt der Typus der Wandermission des 1./2. Jahrhunderts fort, aber auch – noch weiter zurückweisend – die Askese und das eschatologische Erwartungsbewußtsein von Gruppen in Palästina, die bereits zur Zeit Jesu, vielleicht sogar schon vor ihm existiert haben.

Trotz der Undeutlichkeit der historischen Erkenntnisse und der Verschiedenartigkeit dieser Bewegungen ist zu sagen, daß sie noch Jahrhunderte hinweg einen Gegentypus zur Großkirche darstellen. Während Ignatius von Antiochien sich als Pneumatiker versteht und gleichwohl bewußt ein Amtsträger ist, fällt in diesen prophetisch-charismatischen Bewegungen beides auseinander: Ein Amt im eigentlichen Sinne gibt es nicht. Es gibt den Pneumatiker, den geisterfüllten Seher, der aus dem Akt des Schauens heraus die Welt und ihre Bindungen mit Füßen tritt; er kann auch Gemeindeleiter sein, aber nicht aufgrund einer Ordination oder Weihe, sondern kraft seiner Geistpersönlichkeit.

So entwickeln sich bereits im zweiten Jahrhundert zwei – grundsätzliche – Modelle von Kirche und Gemeindebewegung, unterschieden nicht nur in der Soziologie, sondern auch in ihrer Frömmigkeit und Theologie. Die Entwicklung der frühkatholischen Kirche führt aus den mancherlei Mischformen und Überschneidungen heraus und leitet zum Typus der „katholischen", das heißt der sich über alle Gruppen und Bewegungen hinweg sich als Einheit verstehenden Großkirche hinüber. Damit werden diese pneumatisch-charismatischen Gruppen im zweiten Jahrhundert als eines der wichtigsten Motive für die Entstehung der frühkatholischen Kirche erkennbar.

a) Marcions Versuch einer Reform. Die bedeutendste und auffälligste Figur unter den Theologen dieser prophetisch-charismatischen Bewegungen zur Mitte des zweiten Jahrhunderts ist Marcion, Sohn eines Reeders aus dem Pontus (Sinope), der in Kleinasien Gemeinden leitet oder fördert, in denen Sonderüberlieferungen des Kirchengebietes festgehalten werden wie: Gebet nach dem Osten, Sonderdatierung des Osterfestes, der Psalmen- und Hymnengesang, gelegentlich Teufelsaustreibungen, Krankenheilungen und Taufen durch Frauen, vor allem aber absolute geschlechtliche Enthaltsamkeit.

Marcion wird der Gnosis zugerechnet. Den Ketzerbekämpfern des Frühkatholizismus ist er nächst Simon Magus als der Feind der Kirche schlechthin erschienen. Die Anfänge dieses Mannes scheinen in der kleinasiatischen Gruppenbewegung und in deren ethischem Rigorismus zu liegen. Aus welchen Gründen Marcion dort mit Bischof Polykarp von Smyrna in Konflikt gerät und von ihm exkommuniziert wird, ist nicht klar. Nachdem Marcion in Rom auftaucht, wird er auch dort um 144 förmlich aus der Gemeinde ausgeschlossen. Hier erst schließt er sich dem Gnostiker Kerdon an. Marcions Sondergemeinde besteht noch lange Zeit in Rom weiter fort.

Marcion nimmt die Gnosis als argumentatives System in den Dienst seines Denkens. Er greift in einer Zeit, die – wie das die Pseudoklementinen und auch Tertullian beweisen – wegen der Zwei-Wege-Ethik antipaulinisch und damit möglicherweise auch anti-kleinasiatisch eingestellt ist, in der also andere Kirchengebiete gegenüber dem ehemaligen paulinischen Missionsgebiet selbstbewußter zu werden beginnen, bewußt auf Paulus zurück. Marcions „Antithesen" sind verloren. Seine Auffassungen kennen wir nur aus den Beschreibungen seiner nachmaligen Gegner Tertullian (Wider Markion), Irenäus (Wider die Häresien), Hippolyt (Die Widerlegung aller Häresien) und Epiphanius (Arzneikasten).

Marcion will die Authentizität der christlichen Überlieferung. Das bedeutet für ihn: *Befreiung vom Judaismus.* Dabei radikalisiert er Paulus weit über dessen Intentionen hinaus. Marcion übernimmt offenbar von Kerdon, daß das Alte Testament mit seinem Schöpfungsbericht keineswegs von Gott, dem Vater Jesu Christi, sondern nur von einem Weltschöpfer-Demiurgen handelt, der diese materielle Welt geschaffen hat. Der wahre Gott und Vater Jesu Christi, den – im Gegensatz zum „Gesetz" dieser materiellen Welt – das „Evangelium" schildert, ist weltjenseitig. Durch Christus ruft dieser wahre Gott die Menschen zur Gnosis und zur Erlösung. So ist das Volk der Juden dem Demiurgen und sind die Christen dem Erlösergott Christus zuzuordnen.

Marcion verbindet die paulinische Predigt von der Freiheit vom Gesetz (Gal 2–4) mit einer Theorie der Weltentstehung (Kosmogonie), eine Thematik, die schon im Kolosserbrief anklingt.

Für ihn ist dabei offenbar dieses wichtig, daß sich die Christen zwischen den beiden Wirklichkeiten, der Welt und der Wirklichkeit Gottes, wie zwischen Gesetz und Evangelium radikal entscheiden müssen. Er will konsequente Nachfolge, auch denkerisch-theologisch.

Marcion sucht die apostolische, die authentische Überlieferung der christlichen Gemeinden neu zu ordnen und – erstmals – theologisch-systematisch zu begründen. Ähnlich versucht auch *Tatian* in Ostsyrien zu dieser Zeit, die Unterschiedlichkeit der vier Evangelien durch eine „Evangelienharmonie", also durch Zusammenordnen (Kompilation) auszugleichen (das sog. Diatessaron). Marcion hingegen scheidet aus theologischen Gründen das Alte Testament aus, benutzt nur noch Lukas und einen redigierten Paulus, wie Epiphanius berichtet.

30 *Epiphanius, Arzneikasten 42, 9, 1–4:* (1) Dieser (Marcion) behält ja als einziges Evangelium das nach Lukas bei, (allerdings) auch dieses (bereits) am Anfang verstümmelt wegen der (dort bezeugten) Empfängnis des Heilands und seiner Ankunft im Fleisch. (2) Aber damit nicht genug, daß er – sich selber mehr noch beschmutzend als das Evangelium – den Anfang ausgelassen hat; nein, er hat auch vom Ende und aus der Mitte vieles verstümmelt von den Worten der Wahrheit; anderes wiederum hat er dem, was geschrieben steht, hinzugefügt. Das also ist die Art, wie er als einziges das Lukasevangelium benutzte! (3) Es gibt bei ihm jedoch auch zehn Briefe des heiligen Paulus, die er als einzige (kanonische Briefe anerkannt und) benutzt hat. Allerdings fand nicht alles, was in ihnen geschrieben stand, bei ihm Verwendung; sondern einige Kapitel verstümmelte, andere änderte er. Dies sind die beiden Bücher (= Teile des neutestamentlichen Kanons

Marcions), deren er sich bediente... (4) Ausgesondert wurden bei ihm folgende Briefe: 1. der Galater-, 2. der (1.) Korinther-, 3. der zweite Korinther-, 4. der Römer-, 5. der (1.) Thessalonicher-, 6. der zweite Thessalonicher-, 7. der Epheser-, 8. der Kolosser-, 9. der Philemon- und 10. der Philipperbrief.

Die Schilderung, die Irenäus (Wider die Häresien 1, 27, 2) von Marcion gibt, läuft darauf hinaus, daß Marcion die Geschichte der Gottesoffenbarung im Alten Testament, also im Judentum als demiurgisch betrachtet und ausmerzt. Christus hingegen sei eine selbständige Offenbarungsfigur, die – im Gegensatz zum Kosmokrator, dem Weltherrscher – von jenseits der Welt gekommen sei und sich in Jesus in Menschengestalt offenbart habe. Marcion scheidet somit nicht radikal zwischen Jesus und dem Christus, wie die echten Doketen. Aber für ihn verdämmert die Wirklichkeit der Welt ins Nichts hinein. Wie kann das Nichtige erlöst werden, das ist sein Zweifel. Tertullian, ein anderer Kritiker Marcions meint, dessen Grundproblem sei die Frage nach dem Ursprung des Bösen gewesen, das dieser Welt innewohne. Marcion vermag nicht, den guten Gott mit dem Phänomen des Bösen und des Übels in der Geschichte zu verbinden. So gelange Marcion zu einer scharfen Dialektik zwischen Gesetz und Evangelium.

31 *Tertullian, Wider Marcion 1, 2, 2–3; 4, 6, 1 und 3:* (2) Erschöpft nämlich vom Grübeln über das Problem des Bösen, wie es auch jetzt noch viele sind, zumal Häretiker: woher das Böse stamme, und benommen von unmäßiger Wißbegierde, stieß er auf den Ausspruch des Schöpfers: ,,Ich bin's, der ich Unheil schaffe" (Jes 45, 7). Und je mehr er sich ... eingebildet hatte, daß dieser (Gott) der Urheber des Bösen sei, umso mehr deutete er den schlechten Baum mit den schlechten Früchten, d. h. mit den Übeln, auf den Schöpfer und nahm an, daß (daneben) entsprechend dem guten Baum mit den guten Früchten, ein anderer Gott existieren müsse.

(3) Und so entdeckte er in Christus gleichsam eine andere Heilsordnung: die der ausschließlichen, reinen Güte und von der (Wesensart) des Schöpfers ganz und gar verschieden, und hatte leichtes Spiel mit dem Beweis, daß es eine neue, fremde Gottheit sei, die sich in seinem Christus offenbarte...

(4, 6, 1)... Denn das ist gewiß, all sein Bemühen, vorbereitet auch noch durch die ,,Antithesen", ist auf dieses konzentriert, auf die gleiche Weise wie die Verschiedenheit des Alten und Neuen Testaments auch dies festzustellen, daß sein Christus vom Schöpfer getrennt sei, daß er einem anderen Gott zugehöre und mit Gesetz und Propheten nichts zu schaffen habe.

(4, 6, 3) Markion hat (also) dekretiert, es sei zu unterscheiden zwischen dem Christus, der zur Zeit des Tiberius von dem bis dahin unbekannten Gott offenbart worden sei zum Heil aller Völker, und demjenigen, den der Schöpfergott dazu bestimmt habe, das Judentum in seinen vorigen Stand zu versetzen und der irgendwann einmal kommen werde. Zwischen diesen (beiden) reißt er einen derart großen und totalen Gegensatz auf, wie er zwischen gerecht und gut, zwischen Gesetz und Evangelium, zwischen Juden- und Christentum bestehe.

Ob die Kritiker Marcion recht verstehen und referieren, muß man fragen. Historisch aufschlußreich ist jedoch, wo die frühkatholischen Theologen den Akzent setzen: in der Beziehung von Schöpfung und Erlösung. Die Bejahung dieser Beziehung gehört in das Grundschema frühkatholischer Theologie. Marcion signalisiert jedenfalls auch das Problem des Antijudaismus und das andere der authentischen Überlieferung, also des Kanons.

b) Die Montanisten Phrygiens (Kleinasien) und Nordafrikas gehen einen anderen Weg der pneumatischen Erkenntnis, aber auch sie in enger Abhängigkeit von Sehern und Propheten, die aus der Weltbindung herausrufen. Euseb schildert in seiner „Kirchengeschichte“ (Anfang 4. Jh.) Montanus und seinen Kreis.

32 *Euseb, Kirchengeschichte 5, 16, 7–10:* (7) Im phrygischen Mysien soll es ein Dorf geben namens Ardabau. Dort soll, wie es heißt, ein Mann mit Namen Montanus – einer von denen, die erst jüngst zum Glauben bekehrt worden waren – zur Zeit, als Gratus das Prokonsulat in der Asia innehatte, in unbändigem Verlangen nach der Führung (in der Gemeinde) dem Widersacher bei sich Zutritt gewährt haben, so daß er, vom (satanischen) Geist ergriffen, plötzlich in Verzükkung und außer sich geriet und dabei ekstatische, unverständliche Laute ausstieß und in einer Weise zu prophezeien begann, die dem alten, durch Tradition und Sukzession verbürgten Herkommen offenkundig widersprach. (8) Unter denen, die damals seine illegitimen (nicht vom hl. Geist gewirkten) Aufschreie hörten, wandten sich zwar die einen voller Unwillen gegen ihn als einen verrückten, vom Dämon besessenen, im Geist des Irrtums befangenen und die Menge verwirrenden Menschen, bedrohten ihn und suchten ihn am Sprechen zu hindern, dessen eingedenk, daß der Herr die Unterscheidung (der Geister) geübt und gewarnt hatte, beim Auftreten der Falschpropheten ja wachsam und auf der Hut zu sein (Mt 7, 15). Andere aber ließen sich durch ihn verführen, als spräche aus ihm ein heiliger Geist und als besäße er ein prophetisches Charisma, waren besonders aufgeblasen und vergaßen die Unterscheidung des Herrn; von ihm betört und irre gemacht, forderten sie den blödsinnigen, schmeichlerischen, volksverführerischen Geist (sogar noch) heraus, sich ja nicht zum Schweigen bringen zu lassen. (9) Durch eine List also oder vielmehr, indem er sich derart böser Schliche bediente, setzte der Teufel das Verderben der Ungehorsamen ins Werk und erregte und entflammte... ihren eingeschläferten und vom Glauben abgekehrten Sinn also, daß er auch noch zwei Frauen (Prisca und Maximilla) erweckte und mit dem(selben) falschen Geist erfüllte, so daß auch die gleich dem genannten (Montanus) unsinniges, unpassendes, fremdartiges Zeug daherredeten... [Nur wenige Phrygier ließen sich täuschen. Die Kleinasiaten hingegen kamen zusammen] prüften die neuen Lehren, entlarvten ihre Gemeinheit und verwarfen die Häresie. Auf diese Weise wurden sie (die Montanisten) der Kirche verwiesen und von der [Abendmahls-] Gemeinschaft [koinonia] ausgeschlossen.

Montanus tritt entweder 156/7 oder auch erst 171 auf. Seine beiden Töchter bezeugen in einzelnen Sprüchen die Geistleitung, die sie erfahren:

33 *Epiphanius, Arzneikasten 48, 4, 1:* (Der Geist spricht aus Montanus also): Siehe, der Mensch ist wie eine Leier, und ich fliege herzu wie der Schlegel; der Mensch schläft, und ich wache. Siehe, der Herr ist es, der die Herzen der Menschen erregt (in Ekstase versetzt) und gibt den Menschen ein (neues) Herz.

(Maximilla spricht) ebd. 48, 13, 1: Der Herr hat mich gesandt als Anhänger, Verkünder und Dolmetscher dieser Mühsal (des Martyriums?), dieses Bundes und dieser Botschaft, die Erkenntnis Gottes zu lernen; ich muß es, ob ich will oder nicht.

Diese ekstatischen Gruppen, bei denen es wohl noch das Zungenreden gibt (vgl. Apg 2, 1ff.; 1. Kor. 12, 30), erfahren den göttlichen Geist als eine objektive Macht, die den Menschen überkommt. Darin liegt die Evidenz ihrer Prophetien. Diese Montanisten vertreten ebenfalls einen ethischen Rigorismus und stehen, wie vermutet wird, in der Linie der vorchristlichen Bewegungen in Palästina (Essener, Nasiräer u. a.), denen auch Paulus eine zeitlang zugehört hat (Apg 18, 18ff.; 21, 24ff.). Auch der Montanismus breitet sich schnell über Kleinasien, Gallien, Rom und Nordafrika aus und bleibt bis ins dritte Jahrhundert hinein lebendig. Gegenüber den verweltlichten Gemeinden der Städte erscheint er geradezu als eine radikale Bußbewegung und als Gegenentwurf der sich bildenden frühkatholischen Institutionenkirche. Tertullian in Nordafrika wird ca. 207 um dieses Rigorismus willen Montanist. Ob auch Marcion ein Montanist gewesen sein könnte, wird gelegentlich gefragt.

Die prophetisch-charismatischen Bewegungen betonen den Geist (das Pneuma) im Gegensatz zum Amt. Durch sie wirken Einflüsse, die mehr über das Land als über die Städte laufen, Einflüsse auch außerchristlicher Herkunft. So weiß beispielsweise Euseb in seiner Kirchengeschichte (II, 17, 2–17) von den *Therapeuten* nicht klar zu sagen, ob es sich um eine christliche Gruppe handele oder nicht. Sie sind in Ägypten, am Mareotis-See angesiedelt, wo sich später die ersten Eremiten niederlassen, aber sie stammen möglicherweise aus dem Judentum. Sie folgen der Askese, beteiligen darin auch Frauen, über die Weisheitslehre, die allegorische Auslegung des Gesetzes und gestalten das Prophetenleben nach. Es gibt bei ihnen eine Philosophie des Gegensatzes von Licht und Finsternis. Sie üben die Psalmendichtung. Schon Philo von Alexandrien hat im 1. Jahrhundert von ihnen Bericht gegeben.

c) Es gibt weitere solcher rigoristischer Gruppen. In Syrien-Palästina bilden sich aus dem Judenchristentum – mit gnostischen Einschlägen – die *Ebioniten.* Die *Enkratiten* sind eine Gruppierung, die den Genuß von Wein und Fleisch verwirft, ebenso die leibliche Ehe, die sich also dem Ideal der Jungfräulichkeit verbindet, von dem auch weite Kreise der Großkirche schwärmen. In Pisidien, Phrygien, Galatien schließen sich diese asketischen Richtungen zu Sondergemeinden zusammen. Für sie ist die Ehe Ergebnis des Sündenfalls, eine satanische Einrichtung. Weltüberwindung und Abkehr vom Fleisch, die nach innen gerichtete Befreiung des Menschen bezeugen sich als leitende Vorstellungen auch im *Ägypter-* und *Hebräer-Evangelium* für den ägyptischen Raum, im *Jakobus-Evangelium* für Palästina, in den *Oden Salomos* und im *Thomas-Evangelium* für Edessa und im *Hirten des Hermas* für den Bereich Rom. Auch die *Didache* (XI, 7) kennt die sogenannte Prophetenehe, das Zusammenleben in Enthaltsamkeit als Abbild der Vereinigung Christi mit seiner Kirche.

Die prophetisch-charismatischen Bewegungen sind – als Gesamtphänomen betrachtet – nicht nur eine soziologische Sonderform, sondern auch theologisch eine spezifische Ausprägung des Christentums im zweiten Jahrhundert. Das für den Frühkatholizismus kennzeichnende Motiv der Heilsgeschichte hat nicht nur bei Lukas, sondern auch in der Auseinandersetzung mit ihnen seine Prägung erfahren, und zwar im Sinne der Aufwertung der Schöpfung.

4. Wahrheit und Recht bei den Apologeten

Zeitgleich mit diesen prophetisch-charismatischen Bewegungen vollzieht sich in der Literatur der frühchristlichen Apologeten eine nahezu entgegengesetzte Konzentration christlichen Denkens, die eine weitere wichtige Vorstufe für die Ausbildung des Frühkatholizismus darstellt. Die Apologeten des zweiten Jahrhunderts sind christliche Denker, die dazu übergehen, die Botschaft nicht nur zu verkündigen, sondern sie dabei auch zu *begründen*, und zwar gegenüber beiden Seiten: gegenüber den Kaisern und den Behörden einerseits, gegenüber der heidnischen Bildungswelt andererseits. Hinter dieser Apologetik steht die an vielen Orten sich mehrende Verfolgung der Christen, die Verachtung seitens der sozialen und kulturellen Umwelt. Aber sie ist nicht allein ein Akkommodationsvorgang an die heidnische Bildung, sondern zugleich auch ein Vorgang der bewußten Abgrenzung, und zwar aus dem Bewußtsein der Einzigartigkeit des christlichen Glaubens und seines heilsgeschichtlichen Realismus heraus. Die Apologeten sind Fortdenker der christlichen Universalität.

Faßt man den Ausdruck Apologetik in einem weiteren Sinne als Verteidigungsliteratur auf, dann reicht diese Bezeichnung noch weiter bis in das fünfte Jahrhundert hinein; dann ist auch Augustins Schrift „De civitate dei“ eine apologetische Schrift.

Im engeren Sinne jedoch stellen die Apologeten eine Literaturgruppe des zweiten und des beginnenden dritten Jahrhunderts dar, die diesen Weg in die öffentliche Darstellung des Christentums wählt. Auch innerhalb der Apologetik dieser Zeit gibt es Entwicklungsschritte, die bei Quadratus beispielsweise noch ganz im Stil der Verkündigung gehalten sind, die dann zu den an die Behörden gerichteten politischen Apologien (Apollinaris von Laodicea, Melito von Sardes), dann zu den Auseinandersetzungen mit dem Judentum (Justin) und dem philosophischen Heidentum (Aristides, Athenagoras) und schließlich zu apologetischen Systembildungen führen (Klemens von Alexandria, Hippolyt, Tertullian). So wechseln auch die Adressaten: die Behörden, die Philosophien und Religionen und schließlich die Irrlehrer innerhalb der eigenen Kirche.

Euseb berichtet in seiner Kirchengeschichte von dem athenischen Bischof *Quadratus,* der Kaiser Hadrian zum Schutz der Christen angerufen und ihm in Athen (oder in Kleinasien) etwa in den zwanziger Jahren eine Verteidigungsschrift überreicht haben soll. Dieses auf uns gekommene Quadratus-Fragment bei Euseb zeigt noch den Stil der Verkündigung, die bekennend und thetisch ergeht und die Erfahrungen der Apostel und Gemeinden als ausreichenden Beleg für die Wahrheit des christlichen Glaubens erachtet.

Dieses Quadratusfragment lautet nach Euseb:

34 *Euseb, Kirchengeschichte (IV, 3, 2):* „Die Taten unseres Erlösers aber waren ständig gegenwärtig; denn sie waren wahr: die Geheilten, die von den Toten Auferstandenen; man hatte diese nicht nur gesehen, wie sie geheilt wurden und auferstanden, sondern wie sie auch ständig gegenwärtig waren, und nicht nur solange sich der Erlöser (hieniden) aufhielt, sondern auch nachdem er geschieden war, lebten sie noch für geraume Zeit, so daß einige von ihnen sogar bis in unsere Zeiten hineinreichten."

Ebenfalls aus dem Raum Athens, aber aus der philosophischen Schulbildung stammt *Aristides,* der selbst dort als Philosoph gelehrt hat, ein Lehrer, nicht ein Mann der Kirche. Er drückt seinen Glauben mit Hilfe aristotelischer Begriffe und philosophischer Definitionen aus. Auch er überreicht an Hadrian um 125 n. Chr. eine Schrift, die uns nur noch fragmentarisch erhalten ist.

Im einleitenden Kapitel drückt er das zentrale Thema aus, mit dem er dem Kaiser den christlichen Glauben nahebringen möchte: *Wahrheit und Recht,* der Gottesglaube und die Sittlichkeit.

35 *Aristides, Apologie I, 1–5:* (Eingangsgruß) An den Imperator Caesar Titius (Aelius) Hadrianus Antoninus Augustus Pius der Philosoph Marcianus Aristides aus Athen. (1) Ich bin, o Kaiser, durch Gottes „Vorsehung" auf die Welt gekommen. Und als ich den Himmel betrachtete und Erde und Meer und Sonne und Mond (erblickte) und die übrigen Schöpfungswerke, da erstaunte ich über dieses Weltgebäude. (2) Ich begriff aber, daß sich die Welt und alles darin (nur) aus Zwang (seitens eines anderen) bewegt, und ich sah ein, daß derjenige, der sie bewegt und erhält, Gott ist, (der darin verhüllt und dadurch verborgen ist); auch ist klar, daß das Bewegende stärker ist als das Bewegte, und das Erhaltende stärker als das Erhaltene. Aber nachzugrübeln über den Beweger des Alls, wie beschaffen er (nämlich) ist – denn soviel ist mir ersichtlich: Er ist ja seiner Natur nach unbegreiflich – und zu handeln über die Festigkeit seiner Weltordnung, um sie ganz zu begreifen, bringt mir keinen Gewinn, kann sie ja doch niemand vollkommen begreifen. (3) Ich behaupte aber von dem Weltbeweger, daß er der Gott des Alls ist, der alles um des Menschen willen gemacht hat; und mir scheint das (allein) von Wert zu sein, daß man Gott verehre und den (Mit-)Menschen nicht kränke.

(4) Ich behaupte aber, daß Gott ungezeugt ist und ungemacht, von niemand umfaßt wird, selbst aber alles umfaßt, (daß er ist) eine durchsichseiende Form, anfangslos und endlos, unvergänglich, unsterblich, vollkommen und unbegreiflich. Wenn ich sagte: vollkommen, so heißt das, daß er keinen Mangel hat und nichts bedarf, während alles seiner bedarf; und wenn ich sagte, daß er anfangslos ist, so heißt das, daß alles, was einen Anfang hat, auch ein Ende hat, und alles, was ein Ende hat, auflösbar ist.

(5) Er hat keinen Namen; denn alles, was einen Namen hat, gehört mit zum Geschaffenen. Er hat keine Gestalt und keine Zusammensetzung von Gliedern; denn wer solches hat, gehört mit zu den Gebilden. Er ist nicht männlich und nicht weiblich. Der Himmel umfaßt ihn nicht, vielmehr wird der Himmel und alles Sichtbare und Unsichtbare von ihm umfaßt. (6) Er hat keinen Gegner; denn es gibt niemand, der stärker wäre als er. Er hat nicht Grimm und Zorn; denn es gibt nichts, das ihm widerstehen könnte. Irrtum und Vergeßlichkeit liegen nicht in seiner Natur; denn er ist ganz und gar Weisheit und Einsicht und durch ihn besteht alles, (was besteht). Er heischt nicht Schlacht- und Trankopfer, noch eines von den sichtbaren Dingen; (von niemand heischt er etwas), aber alle Lebewesen heischen von ihm.

Der hellenistische Hintergrund dieses naturphilosophischen Gottesverständnisses zeigt sich in folgendem: Gott ist der Schöpfer, der erste „Beweger". Er kann nicht wie die übrigen Götter vermenschlicht, anthropomorph gedacht werden. Er ist ein aller Wirklichkeit vorausliegendes Prinzip des Seins und der Wahrheit. Er ist unbeweglich in sich ruhend, leidenschaftslos, unabhängig. In die Geschichte greift er nicht ein, im Gegensatz zur Gottesvorstellung des Alten Testaments. Er teilt nicht die Spaltungen und Differenzierungen der irdischen Wirklichkeit, sondern ist die Einheit, aus der alles geworden ist.

Ein weiteres Thema bringt Aristides vor, nämlich das *Verhältnis der Philosophien und Religionen* zum Christentum. Er beschreibt vier Gruppen von Menschen: Barbaren und Griechen, Juden und Christen (cap. 2) und prüft sie daraufhin, ob und wie sie diesem Weltbeweger Gott entsprechen. Der absolute Gott hat ja keinen Namen; so kann er nicht – wie griechische Philosophenschulen es tun – mit einem Urelement: Wasser, Feuer, Erde, Wind oder mit der Sonne identifiziert werden; denn das sind geschaffene Elemente. Einzig die Juden erkennen ihn zwar als Schöpfer. Ihr Monotheismus ist auch zu bejahen. Nur verfehlen die Juden diesen Gott, weil ihre Formen der Gottesanbetung in materielle Riten und Opfer abgleiten und weil sie Engelwesen, Festtage und Reinheitsgebote beachten, also noch Sinnliches tun.

Einzig die Christen verehren den ungeschaffenen, geistigen, transzendenten Gott dadurch, daß sie ihre Herzen und Sitten wandeln und damit der Wahrheit des allmächtigen Schöpfers durch die Tugend ihres Wandels entsprechen. Wahrheit und Sittlichkeit, Gott und Tugend liegen ineinander.

Aristides vermittelt in dem berühmten Kapitel 15 (1–9) die Schilderung der christlichen Gemeinde, in der nicht nur der wahre Gott angebetet, sondern in der auch die Sittlichkeit in vollkommener Weise gewahrt wird. Sittlichkeit ist dabei die Nachfolge im Sinne der Bergpredigt, die in der alten Kirche volle Geltung auch für das allgemein-tägliche Leben besitzt. So empfiehlt Aristides die Christen dem Kaiser als Träger einer Sozialität der Liebe und Menschenfreundlichkeit, die nur durch die Anbetung dieses Gottes der Christen möglich erscheint. Damit fragt er den Kaiser, wieso diese Christen seitens des Staates keine gebührende Anerkennung finden, wo doch der Staat seinerseits an ihnen und ihrer in Gott begründeten Lebensweise größtes Interesse haben sollte. Die Ethik der Christen weist also auf den Gottesglauben zurück. Weil dies so ist, darum gibt es für Aristides auch eine Abstufung der Religionen, in der das Christentum den Religionen der Barbaren, Heiden und Juden voransteht.

Die Auseinandersetzung mit dem Judentum wird in besonderer Weise durch *Justin* geführt, der – ebenfalls individueller Lehrer und Philosoph – der bedeutendste unter allen Apologeten wird. Er ist in Sichem in Samaria geboren und entstammt einer heidnisch-griechischen Familie. Aus Wissensdurst schließt er sich verschiedenen Philosophien an: Stoiker, Peripatetiker, Pythagoräer, Platoniker. Allesamt lassen sie ihn unbefriedigt, bis ihn ein Greis auf einem zufälligen Spaziergang davon überzeugt, daß sich die ungelösten Rätsel der platonischen Philosophie durch die ältere jüdische Prophetie lösen ließen. Justin erscheint als ein Mann der denkerischen Selbstentscheidung, der durch die Todesbereitschaft der Christen überzeugt wird, sich ihnen anzuschließen und als Wanderlehrer die Verteidigung dieses Glaubens zu übernehmen. Nach dem Ende des jüdischen Bar-kochba-Aufstands 135 disputiert er mit dem Juden Tryphon (nach rabbinischer Überlieferung: Tarphon). Das stilisierte Ergebnis dieses Dialogs, den er erst nach 150 schriftlich niederlegt, ist sein Werk „*Dialog mit dem Juden Tryphon*". Um 150 findet sich Justin als Philosoph in Rom, auch hier in Auseinandersetzungen, und zwar mit dem Philosophen Crescens. Justins Hauptwerk sind seine nach 150 abgefaßten *zwei Apologien*, die wohl an Kaiser Antoninus Pius gerichtet sind. Justin endet als Märtyrer (Justin der Märtyrer). Über seinen Prozeß berichtet das uns erhaltene „*Martyrium des Justin und seiner Genossen*", das vermutlich nach den offiziellen Prozeßakten verfaßt worden ist. Seine Hinrichtung erfolgt um das Jahr 165.

Er gestaltet die Form der literarischen Apologie. Dabei handelt es sich bereits um eine Art systematischer Darstellung des christlichen Glaubens und Lebens. In diesem Zusammenhang vollzieht er eine groß angelegte Kritik der heidnischen Religiosität und des römischen Rechtsverständnisses: Das religionskritische und das rechtskritische Moment liegen ineinander und dienen demselben apologetischen Zweck, nämlich zu zeigen, daß nur aus dem christlichen Gottesverständnis auch ein gerechtes Recht erwachsen kann.

Die Christenverfolgungen sind Unrecht, weil sich beweisen läßt, daß – so lautet seine erste These – die Verursacher dieser Verfolgungen die Dämonen sind. Dämonen bedeuten in Justins Sprache jene in der Schöpfungsgeschichte geschilderten abgefallenen Engel, die inzwischen als hellenische und römische Gottheiten verehrt werden, also Zwischenmächte, die sich – dargestellt in Bildern und Mythologien – zwischen Gott und die Menschen drängen und die heidnische Bildungswelt bestimmen.

Schon wenn man die Dämonen vom Standpunkt einer natürlichen Vernunft und Sittlichkeit aus betrachtet, erscheinen sie als materielle, den menschlichen Lastern und Schwächen nachempfundene Götzen, die – wie die homerischen und andere Mythen ja zeigen – höchst anrüchige Gestalten sind.

Sodann hebt Justin darauf ab, daß schon Sokrates und Platon den Versuch unternommen haben, von der Philosophie her den alten Götterglauben zu entwurzeln. Darum gibt es in der hellenischen Bildung diesen heidnischen Dämonenglauben einerseits, der im römischen Staat Oberhand gewonnen hat und die Christenverfolgungen verursacht. Es gibt andererseits die aufgeklärte hellenische Philosophie, die Justin bejaht, wobei er insbesondere auf Platons Ideenlehre blickt.

Hier zeigt sich seine Einstellung zur Theologie des zeitgenössischen Judentums; denn schon der jüdische Diasporaphilosoph *Philo von Alexandrien* (um 40 n. Chr.) bedient sich der platonischen Ideenlehre, um den alttestamentlichen Schöpfungsgedanken der hellenischen Bildungswelt verständlich zu machen. Daran knüpft Justin an. So gilt ihm das Judentum als die älteste Religion (Altertumsbeweis), auf die sich schon Platon zurückbezogen habe und die bereits von dem Gott spricht, den Platon als den ewigen Geist, als das aller Wirklichkeit zugrunde liegende Prinzip des Logos angesprochen hat.

Daraus entwickelt Justin nunmehr die *Theologie des Logos,* ein Begriff, der im Griechischen vieles bedeutet: Wort, Rede, Vernunft, Weisheit, Satzzusammenhang, Wirklichkeitszusammenhang. Bereits die jüdische Weisheitsliteratur kennt die ,,Weisheit" als eine Art Person neben Gott, und – dies aufnehmend – sieht Justin im Logos (der Weisheit, der Weltvernunft) eine aus Gott hervorgehende personhafte Wirkung, das schaffende Prinzip, mit dem der ewige, in sich ruhende Geist Gottes aus sich heraustritt und durch das er die Welt schafft.

Justin identifiziert diesen *Weltlogos* mit *Jesus Christus,* und damit wird der Christus-Logos zu einer schaffenden Gotteswirksamkeit, die sich schon im Schöpfungsbericht des Alten Testaments bekundet. Er bekundet sich aber weiterhin auch in den Offenbarungen des Alten Testaments, also etwa vor Mose im brennenden Dornbusch oder in den Propheten, dann aber eben auch in der rechten hellenischen Philosophie und Bildung seit Platon.

Damit wird es Justin möglich, die jüdische und die hellenische Bildung zusammenzuschauen als ein zusammenhängendes Offenbarungs- und Geistesgeschehen, das auf Jesus Christus zuläuft und in seiner Menschwerdung sich vollendet.

Mit Hilfe allegorischer Deutung sucht Justin seinem Dialoggegner Tryphon diesen Christus-Logos zu erweisen. Damit interpretiert er das Alte Testament christologisch, also auf Jesus Christus hin. Im Alten Testament lassen sich schon die prophetischen Selbstbekundungen des Logos auf sein künftiges Erscheinen in Jesus nachweisen. Einzelüberlieferungen zeigen dabei, in wie unterschiedlicher Gestalt der Logos wirksam sein kann.

36 *Justin, Apologie I, 63:* ... Gottes Logos aber ist sein, wie wir früher gesagt haben. Auch Engel und Gesandter wird er genannt; denn er verkündet, was zu wissen nottut, und wird gesandt, um alles zu melden, was von Gott geoffenbart wird, wie denn unser Herr auch selbst sagte: ,,Wer mich hört, der hört den, der mich gesandt hat" (Mt 10, 40; Lk 10, 16) ... Aber diese Worte dienen zum Beweise, daß Jesus Christus Gottes Sohn und Gesandter ist, der zuerst Logos war und bald in Feuersgestalt [wie im brennenden Dornbusch Ex 3, 2 ff.], bald ohne körperliche Gestalt.

Den Juden wirft Justin vor, daß sie ,,weder den Vater kennen noch wissen, daß der Vater des Alls einen Sohn hat, der als Gottes Logos und Erstgeborener auch Gott ist" (Apol I, 63). So trennt nunmehr diese Logoschristologie Christen und Juden; es trennt sie aber auch der Rückgriff Justins auf die jüdische Diasporaphilosophie und den Platonismus. Die Orientierung auf die hellenische Bildungswelt hin führt schon jetzt zu einer engeren Beziehung zur platonischen Ideenlehre.

Diese Logos-Christologie versteht Jesus Christus nun nicht mehr von der Menschheit, von der historischen Erscheinung Jesu, sondern ganz bewußt von „oben" her. Der Logos geht als Schöpfungsmittler der Schöpfung voraus und besitzt ein vorzeitliches Sein. Von der Einheit Gottes her verstanden, ist dieser Christus-Logos dann die *Hypostase* Gottes: Gott tritt in einer göttlichen „Person" gleichsam neben und unter sich, um zur Schöpfung wirksam zu werden, und doch ist diese hypostatische Person in voller Weise Gottheit.

37 *Justin, Apologie I, 32:* ... Es ist aber der Logos die erste Kraft nach Gott, dem Vater des Alls, und sein Sohn; auf welche Weise er Fleisch geworden und als Mensch geboren worden ist, werden wir im folgenden zeigen. Denn wie der Traube Blut nicht ein Mensch, sondern Gott geschaffen hat, ebenso sollte dieses sein Blut als nicht aus menschlichem Samen, sondern aus der Kraft Gottes hervorgehend angedeutet werden. Und Jesajas, ein anderer Prophet, hat dasselbe mit anderen Worten vorhergesagt, also sprechend: „Aufgehen wird ein Stern aus Jakob, und eine Blume wird aufsprießen aus der Wurzel Jesse, und auf seinen Arm werden die Völker hoffen" (Jes 11, 1. 10)...

Für die Entwicklung der frühkatholischen Theologie bedeutet diese Aufnahme hellenistischer Bildungselemente in die christliche Verkündigung bei Justin eine gewichtige Stufe. Die frühkatholische Theologie (wie auch die frühkatholische Kirche) entstehen nicht aus einer bestimmten Entwicklungslinie heraus, sondern aus einzelnen Motivgruppen mit je unterschiedlicher, aber bislang nicht ganz aufgehellter Vorgeschichte. Durch Justin werden solche Motivgruppen aufgenommen und festgeschrieben. Dazu gehören im Bereich der christlichen Anthropologie die Lehre von der *Unsterblichkeit der Seele.* Dazu gehört ebenso die Ansicht, daß der Mensch von Natur aus, kraft seiner Vernunft in der Lage sei, Gott zu erkennen, eine wesentliche Grundlage für eine *natürliche Theologie.* Tertullian wird wenig später sagen, daß die menschliche Seele von Natur aus christlich (anima naturaliter christiana) sei. Dazu gehört dann aber auch die Überzeugung, daß der Mensch über einen *freien Willen* verfügt, um sich zwischen Gott und den Dämonen zu entscheiden. Ferner entwickelt sich die Erwartung vom *Fortleben der Seele* nach dem Tod, die in bewußter Weise ihr Gericht und ihre Strafen als Vergeltung erwartet. Unter dieser Voraussetzung wird das menschliche Leben zum Entscheidungsraum zwischen Gott und den Götzen, ist es eine Vorstufe auf das ewige Leben oder das Gericht hin. Das wiederum steht bei Justin mit einer weiteren, schon erwähnten Motivgruppe im Zusammenhang: der *Zwei-Wege-Ethik,* und dabei fällt erneut auf, daß er zwar die Evangelien, vorab Matthäus (aus seiner eigenen palästinensischen Überlieferung) und Lukas zitiert, aber so gut wie nicht Paulus und dessen Theologie der Rechtfertigung und der freien Gnade Gottes.

Diese Einzelmotive stehen bei Justin im Zusammenhang mit dem Anspruch auf eine *christliche Universalkultur.* Im römischen Staat müssen Wahrheit und Recht aufeinander bezogen sein. Das geschieht nur durch die christliche Gottesverehrung. Die Christen sind loyale Staatsbürger und Kaiseruntertanen, die eigentlichen, wahren Träger von Recht und Tugend. An die Adresse der Regierenden gerichtet heißt es:

38 *Justin, Apologie I, 12:* Ihr aber habt in der ganzen Welt keine besseren Helfer und Verbündeten zur Aufrechterhaltung der Ordnung als uns, die wir solches lehren, wie daß ein Betrüger, Wucherer und Meuchelmörder so wenig wie ein Tugendhafter Gott verborgen bleiben könne und daß ein jeder ewiger Strafe oder ewigem Heil nach Verdienst seiner Taten entgegengehe. Denn wenn die Menschen insgesamt zu dieser Überzeugung kämen, so würde niemand für die kurze Zeit dem Laster sich hingeben, weil er wüßte, daß er der ewigen Strafe im Feuer entgegengehe, sondern man würde auf alle Weise sich zusammennehmen und mit Tugend schmücken, um der göttlichen Belohnungen teilhaftig zu werden und von den Strafen frei zu bleiben. Denn diejenigen, welche jetzt wegen der von euch aufgestellten Gesetze und Strafen einerseits bei ihren Vergehen unentdeckt zu bleiben suchen, andererseits aber doch Verbrechen begehen, weil sie sich der Möglichkeit bewußt sind, daß sie vor euch, die ihr Menschen seid, unentdeckt bleiben können, die würden, wenn sie unterrichtet und überzeugt wären, daß vor Gott weder eine Handlung noch auch ein Gedanke verborgen bleiben kann, schon um dessentwillen, was ihnen bevorsteht, auf alle Weise in Schranken bleiben, wie ihr auch zugestehen werdet.

Damit verstärkt sich das Motiv der frühkatholischen *Verdienstethik.* Tertullian wird erstmals den Begriff des meritum (Verdienst) aufnehmen, und es ist für die frühkatholische Theologie insgesamt aufschlußreich, daß ihre Verdienstethik nicht nur die paulinische Erlösungsbotschaft verändert, sondern daß sie dies in deutlicher Beziehung zum altrömischen Staatsideal und zur stoischen Tugendlehre unternimmt. So wie Justin vom Christus-Logos ausgeht, so sieht er in dem christlichen Glauben auch die künftige Führungskultur der hellenistisch-römischen Umwelt.

Dem kann sich das Recht des Staates nicht entziehen. Die christliche Wahrheit, vorab die Anerkenntnis des Christentums und des Christus-Logos sei die Quelle des ihr unterzuordnenden Rechts des Staates. Das betrifft sachlich auch die Majestätsstellung des Kaisers in einem zentralen Punkt.

39 *Justin, Apologie I, 17:* Abgaben und Steuern suchen wir überall vor allen anderen euren Beamten zu entrichten, wie wir von ihm (Christus) angeleitet worden sind. Denn in jener Zeit kamen einige und fragten, ob man dem Kaiser Steuern entrichten solle ... [folgt Mt 22, 17 ff.]. Darum beten wir zwar Gott allein an, euch aber leisten wir im übrigen freudigen Gehorsam, indem wir euch als Könige und Herrscher der Menschen anerkennen und beten, daß ihr nebst eurer Herrschermacht auch im Besitze vernünftiger Einsicht erfunden werdet. Wenn ihr aber trotz dieser offenen Darlegung euch um uns nicht kümmert, so werden nicht wir den Schaden davon haben; denn wir meinen und sind sogar fest davon überzeugt, daß jeder, sofern seine Taten es verdienen, im ewigen Feuer seine

Strafe finden und nach Maßgabe der ihm von Gott verliehenen Gaben von ihm zur Rechenschaft gezogen werde, wie Christus es angekündigt hat, als er sagte: „Wem Gott mehr gegeben hat, von dem wird auch mehr gefordert werden“ [Lk 12, 48].

Der politische Gehalt dieser Apologie läuft bei Justin darauf hinaus, daß die alttestamentliche Verheißung des Völkerfriedens (Jes 2, 3) durch die christliche Versittlichung der Welt und des Rechts herbeigeführt werden wird. Die Linie der pax augusta führt hinüber zur Linie der Anbetung aller Völker vor dem einen wahrhaften Gott der Juden, Griechen und Christen auf dem Zion (Apol I, 39).

In diese Linie eines aufkommenden christlichen Universalismus, der die religiöse und kulturelle Führung beansprucht, gehört auch der *Brief* eines Unbekannten *an Diognet.* Weil der Verfasser uns nicht erschließbar ist, darum kann auch nur vermutet werden, daß dieser Diognet der ägyptische Archiereus Claudius Diognetus (197–202) gewesen ist. Jedenfalls bekundet auch dieses Schreiben, daß die Christen die Seele der Welt sind.

40 *Diognetbrief 6:* Um es kurz zu sagen, was im Leibe die Seele ist, das sind in der Welt die Christen. Wie die Seele über alle Glieder des Leibes, so sind die Christen über die Städte der Welt verbreitet. Die Seele wohnt zwar im Leibe, stammt aber nicht aus dem Leibe; so wohnen die Christen in der Welt, sind aber nicht von der Welt. Die unsichtbare Seele ist in den sichtbaren Leib eingeschlossen; so weiß man zwar von den Christen, daß sie in der Welt sind, aber ihre Religion bleibt unsichtbar [geistig-immateriell]. Das Fleisch haßt und bekämpft die Seele, die ihm kein Leid antut, bloß weil es von ihr gehindert wird, seinen Lüsten zu frönen; ebenso haßt die Welt die Christen, die ihr nichts zuleide tun, nur weil sie sich ihren Lüsten widersetzen. Die Seele liebt das ihr feindselige Fleisch und die Glieder; so lieben auch die Christen ihre Hasser. Die Seele ist zwar vom Leibe umschlossen, hält aber den Leib zusammen; so werden auch die Christen von der Welt gleichsam in Gewahrsam gehalten; *aber gerade sie halten die Welt zusammen.* Unsterblich wohnt die Seele im sterblichen Gezelte; so wohnen auch die Christen im Vergänglichen, erwarten aber die Unvergänglichkeit im Himmel. Schlecht bedient mit Speise und Trank, wird die Seele vollkommener; auch die Christen nehmen, wenn sie mit dem Tode bestraft werden, von Tag zu Tag mehr zu. In eine solche Stellung hat sie Gott versetzt, und sie haben nicht das Recht, dieselbe zu verlassen.

Nicht alle Apologeten schätzen die hellenistische Philosophie und Kultur. Einige, wie *Tatian,* selbst ein durch und durch hellenisch geformter Mann, der aus Mesopotamien stammt und Schüler Justins ist, verabscheut die hellenische Menschenvergötzung. Sein ethischer Rigorismus hat ihn zum Bruch mit der römischen Gemeinde geführt (172), so daß er erst als Gestalter der ostsyrischen Kirche sein Aufgabenfeld findet. Wo er sich über den Hellenismus ausläßt, da wird seine Meinung über ihn kaum so deutlich, wie in der Kritik am Theaterwesen, das ja für diese

Zeit eine Bildungs- und Sozialisierungsaufgabe besonderer Art wahrnimmt. Insbesondere die circensischen Spiele mit ihren Kraft- und Kampfdarstellungen ekeln ihn. Das antike Christentum steht zum Theater in großer Spannung, weil es ihm als eine Welt des Scheins vorkommt, in der ebenso scheinbar-maskenhaft gespielt wird wie die heidnischen Mythen über ihre Götter reden. Die Heroisierung des Menschen in der Tragödie wie in der Komödie, für die die Kaiser wie die Nobilitäten eine Unsumme Geldes ausgeben, ist für Tatian der Inbegriff antiken Götzendienstes (Tatian, Rede an die Griechen, 22 und 23).

Die apologetische Literatur arbeitet insgesamt drei Argumentationslinien heraus:
– den Traditionsbeweis (der alttestamentliche Glaube ist der älteste und ursprüngliche, der hellenistischen Philosophie vorgeordnet)
– den moralischen Beweis (die heidnischen Götter sind Dämonen und sittliches Abbild menschlicher Schwächen, das Christentum ist loyal und zuchtvoll)
– den Vernunftbeweis (Christus ist identisch mit dem Logos, das heißt mit der der Weltwirklichkeit zugrunde liegenden Weltvernunft).

Diese Argumentationslinien gehen als wichtige Motive in den Frühkatholizismus ein und bestimmen sein theologisches Bauprinzip.

IV. Die frühkatholische Kirche und Theologie

1. Problemübersicht

Der Frühkatholizismus wächst in der zweiten Hälfte des zweiten Jahrhunderts zu einer Art von kirchlichem und theologischen Gemeinbewußtsein zusammen. ,,Gemeinbewußtsein" ist dabei nicht im Sinne einer formalen Identität zu verstehen, sondern als das phänomenologische, vielleicht sogar nur idealtypische Bild dieser neuen Epoche der Kirchengeschichte, die sich über das ganze dritte Jahrhundert hin erstreckt und weiter verdichtet.

In sich selbst ist der Frühkatholizismus vielgestaltig. Die Traditionsgebiete, die sich zum Ende des zweiten Jahrhunderts zu Gebietskirchen zusammengeschlossen haben, prägen ihre eigenen Theologien aus. Gleichwohl wird diese frühkatholische Kirche von dem Bewußtsein getragen, daß die Kirche nicht nur als die himmlische oder als die endzeitliche Gemeinschaft besteht, sondern auch eine geschichtlich gewordene, eine in ihren Gemeinden, Synoden, Amtsträgern und vor allem auch in ihrer gemeinsamen apostolischen Überlieferung Gestalt findende irdische Gemeinschaft ist, eben die *Catholica*.

Dem historischen Typenvergleich fällt auf, daß die frühkatholische Kirche ihre Konturen zu einer Zeit entwickelt, in der auch der römische Staat seinerseits auf das *Thema der Einheit* stößt. Eben dasselbe ereignet sich in der Philosophie der Zeit. Diese Analogien besitzen zwar in sich keine historische Beweiskraft, aber sie weisen doch auf ein sich auch im philosophischen Bereich wandelndes Bewußtsein hin.

Die Gründe dafür, daß sich die frühkatholische Kirche als eine theologisch-organisatorische Gemeinschaft zu begreifen beginnt, liegen natürlich zunächst in der *apostolischen Überlieferung* selbst. Bei Paulus und Johannes, bei den apostolischen Vätern wird der Ruf nach der Einheit im Herrn vernehmbar. Das Neue im Frühkatholizismus liegt darin, daß er diese Einheit nicht nur als Aussage des Glaubens, sondern im Zuge des historischen Nachweises behauptet. Die führenden Theologen entdecken die Geschichte als die Distanz, die zwischen ihrer eigenen Gegenwart und den Uranfängen der Kirche liegt, und so fragen sie nach der Authentizität der Überlieferung der heiligen Schriften (Kanon), nach den Stiftungszusammenhängen der leitenden Ämter (Sukzession), nach dem verbürgten Glauben (Glaubensregel), natürlich auch angesichts der Abweichungen und Sonderlehren. Die tatsächlich vorhandene Pluralität der Gebietskirchen mit ihren Theologien und Sonderbräuchen verlangt dieses Fragen geradezu, und wenn die Apologeten das Christentum als die Universalreligion aufgefaßt haben, dann tritt nunmehr auch die *Kirche* als solche in den Mittelpunkt der Überlegungen. Sie ist das Instrument des heilsgeschichtlichen Handelns Gottes, die Vermittlerin des Heils, die Fortsetzung der Offenbarung, die in Jesus Christus erfolgt ist.

Das darin liegende Moment der universalen Einheit aller Geschichte und der Menschheit taucht auch in der gleichzeitigen Philosophie des *mittleren Platonismus* auf, hier freilich als Spekulation über die Einheit der Weltwirklichkeit und die Einheit des einen Gottes, der über allen Göttern steht, denen die Kulte gewidmet sind.

Dieser Hinweis auf die gleichzeitigen philosophischen Versuche, die Pluralität der Religionen durch einen Synkretismus oder durch eine Einheitsphilosophie aus der hellenischen Tradition heraus zu überwinden, läßt gewisse Analogien zwischen der frühkatholischen Kirchengeschichte und der gleichzeitigen Religionspolitik der römischen Kaiser vermuten. Wie sie aufgeklärt werden können, ob als atmosphärische oder als direkte literarische Parallelitäten, das steht dahin.

2. Die Hauptvertreter der frühkatholischen Theologie

In der Wende vom zweiten zum dritten Jahrhundert entstehen die Werke von Kirchenmännern, die wir schon als Vertreter einer „systematischen Apologetik" oder auch als Häresiarchen bezeichnet haben, Theologen, die aus der Abwehr häretischer Bewegungen heraus das Thema des Frühkatholizismus gestalten. Über sie und ihre Zeit erfahren wir etliches aus der Kirchengeschichte des Euseb (Buch 1–7), die etwa um oder vor 303 n. Chr. abgefaßt ist und später erst, ca. 324, die Darstellung des konstantinischen Umbruchs anfügt.

Zu den Schriftstellern des Frühkatholizismus gehören im wesentlichen: *Hegesipp,* Judenchrist aus dem Osten, wahrscheinlich aus Palästina, des Syrischen mächtig, unternimmt eine Reise durch bedeutende Gemeinden des Reiches, u. a. nach Athen und Rom, um die apostolische Tradition festzustellen. Darüber berichtet Euseb in der „Kirchengeschichte". Hegesipps fünf Bücher der „Erinnerungen" (ca. 180 n. Chr.) berichten erstmals über die römische Bischofsliste, die er möglicherweise sogar aufgestellt hat. Er wird von Euseb als Spezialist für das Judenchristentum herangezogen. Er weilt unter dem Presbyter Anicet in Rom (ca. 154–166).

Irenäus, B. von Lyon, aus Kleinasien stammend, Schüler des Polykarp von Smyrna, wird nach dem Märtyrertod B. Photinus von Lyon 177/8 dessen Nachfolger, setzt sich für die Kirchengemeinschaft mit den Montanisten und den Quartadezimanern ein (s. u. S. 92). Zwei Werke sind erhalten: „Entlarvung und Widerlegung der falschen Gnosis" (adversus haereses ca. 180–185 = Gegen die Häresien) sowie die „Darlegung der apostolischen Verkündigung" (epideixis) nach 190.

Tertullian, geb. ca. 160 in Karthago als Sohn eines römischen Hauptmanns, gest. nach 220. Ausbildung als Jurist, Tätigkeit in Rom, ab 195 in Karthago kirchliches Engagement, aber ohne kirchliches Amt. Ca. 207 Übertritt zum Montanismus. Er ist scharfer Dialektiker und Moralist und gilt als erster lateinischer Theologe. Apologetische Schriften vor allem: Zwei Bücher „An die Völker" (197), Apologeticum (197), „Über die Prozeßeinreden der Häretiker" (um 200), die „Fünf Bücher gegen Marcion" (ab 207), „Gegen Praxeas". Dazu eine Reihe von Schriften ethischen Inhalts, darunter „Über die Ehrbarkeit" (Frage der Bußgewalt).

Hippolyt, gest. ca. 235, geb. vor 170 im griechischen Osten, Schüler des Irenäus (?), unter B. Viktor (ca. 186–197) in Rom. Hippolyt bekämpft die modalistische Gotteslehre (Noet, Sabellius – s. Bd. 3, Kap. I, 3) und tritt als Konkurrent des nachmaligen B. Kallist (217–222) in Rom auf. Er wird zusammen mit B. Pontian in der Verfolgung unter Kaiser Maximinus Thrax (235–238) nach Sardinien deportiert, wo beide sterben. 1551 wird in Rom eine Marmorstatue gefunden, die vermutlich Hippolyt darstellt mit Auflistung der Ostertabelle und einem Schriftenverzeichnis (jetzt in der Vatikanischen Bibliothek). Hauptwerk: „Die Widerlegung aller Häresien." Höchstwahrscheinlich ist Hippolyt schismatischer Bischof in Rom gewesen.

Die frühkatholischen Theologen sind nicht nur Spezialisten der theologischen Abwehr oder der Weiterbildung und Entwicklung von Überlieferungen, sondern produktive Denker, für die es – nach dem Vorausgang der Apologeten des zweiten Jahrhunderts – wichtig wird, zu einer Zusammenschau des Christentums vorzudringen. Sie tun dies – insoweit doch auch im Einklang mit ihrer Zeit – unter dem Gesichtspunkt der Einheit Gottes, der Einheit der Kirche und letztlich auch der Einheit der menschlichen Kultur und des Menschengeschlechts, wie dies der Einheit aller Geschichte zwischen Schöpfung und Endzeit entspricht.

3. Das frühkatholische Traditionsverständnis

In der Sicht der frühkatholischen Theologen und Kirchenmänner ist die Geschichte der Kirche nicht mehr von der Pluralität der Überlieferungen, sondern von der Einheitlichkeit ihres Ursprungs bei Jesus und den Aposteln und damit auch von der Einheitlichkeit der Überlieferung (Tradition) bestimmt. Die vielerlei Gruppen und Sonderbewegungen, die vielfältigen apokryphen und vulgärchristlichen Auffüllungen der christlichen Botschaft, die ja im ausgehenden zweiten Jahrhundert noch immer fortgesetzt werden, erscheinen ihnen als Absonderungen von der wahren Überlieferung, ja weithin sogar als Häresien. Dieses von einem einheitlichen Ursprung und einer einheitlichen Tradition ausgehende Geschichtsbild, das bereits bei Lukas grundgelegt ist, enthält in sich die weitere Frage, wie es sich mit der Authentizität und der Vertrauenswürdigkeit derer verhält, die als Gemeindeleiter die Lehre des apostolischen Kerygmas durch die Jahrzehnte hindurch weitergegeben haben. Haben sie die Überlieferung bewahrt? Diese Fragen zielen nicht primär darauf, häretische Gruppen oder Lehren auszuscheiden – was freilich davon doch die Folge ist –, sondern sie sind veranlaßt durch das Idealbild der einen, über die ganze Welt verbreiteten, ,,katholischen" Kirche in ihrer pneumatischen Gemeinsamkeit. Diese pneumatische Gemeinsamkeit ist ja bereits in der Apostelgeneration vorausgesetzt und drückt sich in der Koinonia und eben auch in der Lehre aus. So schließt die frühkatholische Theologie aus der im Glauben angenommenen Gemeinsamkeit der Kirche Christi auf die Vorgeschichte, die Tradition zurück. Die Tradition ist, weil vom Geist Gottes gewirkt, glaubwürdige und authentische Überlieferung.

41 *Irenäus von Lyon, Gegen die Häresien* (ca. 180–185) I, 10, 1–2: (1) Die Kirche erstreckt sich über die ganze Ökumene bis an die äußersten Grenzen der Erde. Sie hat von den Aposteln und ihren Schülern den Glauben empfangen... (2) Diese Botschaft und diesen Glauben bewahrt die Kirche, wie sie ihn empfangen hat, obwohl sie, wie gesagt, über die ganze Welt zerstreut ist, sorgfältig, als ob sie in einem Hause wohnte, glaubt so daran, als ob sie nur eine Seele und ein Herz hätte, und verkündet und überliefert ihre Lehre so einstimmig, als ob sie nur einen Mund besäße. Und wenngleich es auf der Welt verschiedene Sprachen gibt, so ist doch die Kraft der Überlieferung ein und dieselbe. Die in Germanien gegründeten Kirchen glauben und überliefern nicht anders als die in Spanien oder bei den Kelten, die im Orient oder in Ägypten, die in Libyen oder in der Mitte der Welt. So wie Gottes Sonne in der ganzen Welt eine und dieselbe ist, so dringt auch die Botschaft der Wahrheit überall hin und erleuchtet alle Menschen, die zur Erkenntnis der Wahrheit kommen wollen. Der größte Redner unter den Vorstehern der Kirche kann nichts anderes verkünden; denn niemand geht über den Meister; und auch der Schwachbegabte wird nichts von der Überlieferung weglassen. Es ist nur ein und derselbe Glaube, ihn kann nicht vermehren, wer viel versteht zu reden, nicht vermindern, wer wenig spricht.

Für das Christentum des ausgehenden zweiten Jahrhunderts ist das Pneuma (der göttliche Geist) eine real wirksame Mächtigkeit, die die unterschiedlichen menschlichen Denkrichtungen auf die Einheit in Gott und Christus hin lenkt. Die frühkatholischen Theologen leben in dieser Überzeugung von der vereinheitlichenden Pneumamächtigkeit und setzen deshalb auch voraus, daß die Geschichte der Überlieferung, weil vom Pneuma gewirkt, zu keiner Veränderung der apostolischen Botschaft geführt hat. Irenäus etwa sagt, daß die apostolische Wahrheit vollständig und unverändert vor allem bei den Kirchen vorhanden ist, die selbst noch von Aposteln gegründet worden sind.

42 *Irenäus, Gegen die Häresien III, 4, 1:* Angesichts solcher Beweise darf man nicht lange bei anderen nach der Wahrheit suchen. Ohne Mühe kann man sie von der Kirche in Empfang nehmen. In sie haben die Apostel wie in eine reiche Schatzkammer auf das vollständigste alles hineingetragen, was zur Wahrheit gehört, so daß jeder, der will, aus ihr den Trunk des Lebens schöpfen kann. Sie ist der Eingang zum Leben; alle übrigen sind „Räuber und Diebe" (Joh 10, 1). Diese muß man deshalb meiden, alles aber, was zur Kirche gehört, auf das innigste lieben und die Überlieferung der Wahrheit umklammern. Wenn jedoch über eine unbedeutende Frage ein Zwiespalt entsteht, muß man dann nicht auf die ältesten Kirchen zurückgehen, in denen die Apostel gewirkt haben, und von ihnen die klare und sichere Entscheidung über die strittige Frage annehmen? Hätten nämlich die Apostel nichts Schriftliches uns hinterlassen, müßte man dann nicht der Ordnung der Tradition folgen, die sie den Vorstehern der Kirchen übergeben haben?

Irenäus kennt noch nicht den in der Reformation aufbrechenden Gegensatz zwischen dem „Wort Gottes" und der „Tradition" als dem irrtumsfähigen Lehramt, das auch menschlichen Meinungen Raum gibt. Die Grundlage seiner Gewißheit ist das Wort der Wahrheit, das apostolische Kerygma, ob schriftlich oder mündlich überliefert. Das ist der gesicherte Bestand in allen Kirchen. Die (für ihn) „unbedeutenden" Fragen kann man durch diejenigen Kirchen entscheiden lassen, die als „Mutterkirchen" in direkter apostolischer Nachfolge stehen, wie beispielsweise Rom, das zu dieser Zeit in der Sicht des Irenäus – Lyon ist „Tochterkirche" Roms – sogar zwei Apostel (Petrus und Paulus) als Gründer aufweisen kann.

43 *Irenäus, Gegen die Häresien III, 3, 2:* Weil es aber zu weitläufig wäre in einem Werke wie dem vorliegenden, die apostolische Nachfolge aller Kirchen aufzuzählen, so werden wir nur die apostolische Tradition und Glaubenspredigt der größten und ältesten und allbekannten Kirche, die von den beiden ruhmreichen Aposteln Petrus und Paulus zu Rom gegründet und gebaut ist, darlegen, wie sie durch die Nachfolge ihrer Bischöfe bis auf unsere Tage gekommen ist. So widerlegen wir alle, die wie auch immer aus Eigenliebe oder Ruhmsucht oder Blindheit oder Mißverstand Konventikel gründen. Mit der römischen Kirche nämlich muß wegen ihres besonderen Vorrangs jede Kirche übereinstimmen, das heißt die Gläubigen von allerwärts; denn in ihr ist immer die apostolische Tradition bewahrt von denen, die von allen Seiten kommen.

Womit der frühkatholische Theologe und Bischof Irenäus weit über Lukas und den 1. Klemensbrief hinausgeht, ist die Umkehrung der Abfolge: Wort der Apostel – Tradition (Sukzession) in die andere Reihenfolge: Sukzession – Wort, das heißt: Die Sukzession des Amtes verbürgt das apostolische Wort. Damit wird – zunächst nur in „unbedeutenden" Fragen – eine lehrinstanzliche Institution eingeführt, die Irenäus aus südgallischer Sicht vor allem der römischen Kirche, als von zwei Aposteln gegründet, zuweist. So gleitet das pneumatische Argument in ein kirchenrechtliches hinein: Die apostolische Sukzession verwandelt sich aus der Überlieferung des Wortes der Wahrheit in eine *episkopale Sukzession,* und eben zu dieser Zeit beginnen die Mutterkirchen, sich *Bischofslisten* zuzulegen, mit denen sie die geschlossene, authentische Apostelnachfolge durch die Namensreihe der Bischöfe erweisen wollen.

Hier erhalten die Reisen, die *Hegesipp* durch die Kirchen des Orients, Griechenlands und Italiens unternommen hat, ihre Bedeutung; denn er bezeugt, daß „in jeder Stadt, wo ein Bischof auf den anderen folgte, das kirchliche Leben der Lehre des Gesetzes, der Propheten und des Herrn" entsprach. So berichtet es Euseb in der Kirchengeschichte (IV, 22, 2 und 3). Hegesipp notiert diese Bischofslisten. Auch Alexandria, Jerusalem, Antiochia, Athen usf. stellen sie auf. Irenäus selbst teilt die Liste für Rom mit, wobei es sich bis auf seine Zeit um Presbyter handelt: Linus – Anenkletus – Klemens – Evaristus – Alexander – Xystus – Telesphorus – Hyginus – Pius – Anicet – Soter – Eleutherus.

Dogmatisch gesehen werden nunmehr *Amt und Pneuma* institutionell und rechtlich miteinander verbunden. Historisch gesehen gibt es diese Vorstellung von der *Diadoche* (der amtsgebundenen Überlieferung) sowohl im Lehrer-Schüler-Verhältnis der philosophischen Schulen als auch in der rabbinischen Thoraauslegung. Aber in den Überlegungen der frühkatholischen Theologen verbindet sich damit noch weiteres: 1. werden damit jene freien Bewegungen und Gemeinden ausgeschieden, die sich nicht der bischöflichen Großkirche anschließen. 2. werden die Bischöfe nunmehr auch zu disziplinarischen Vorgesetzten des übrigen Klerus. Es entsteht der eigentliche „monarchische Episkopat".

Die Gliedschaft an der Bischofskirche wird identisch mit der Gliedschaft am Leib Christi.

44 *Irenäus, Gegen die Häresien IV, 33, 7:* Richten wird er [Christus] auch die, welche Spaltungen verursachen. Leer von der Gottesliebe, schauen sie auf den eigenen Nutzen, aber nicht auf die Einsicht der Kirche; wegen kleiner und nichtiger Ursachen zerschneiden sie den großen und herrlichen Leib Christi in Stücke und möchten ihn, soviel an ihnen liegt, töten. Sie sagen Friede und machen Krieg, seihen die Mücken und verschlingen das Kamel [Mt 23, 24]. Denn nimmermehr können sie irgend eine Besserung bewerkstelligen, die so groß ist wie der Schaden eines Schismas [Kirchenspaltung]. Richten wird er auch alle, die außerhalb der Kirche sind. Er selbst wird aber von niemandem gerichtet.

Darum muß die Priesterschaft und müssen auch die Laien den Bischöfen Gehorsam leisten. In diesem Zusammenhang entsteht ein Bild des Presbyters resp. Bischofs, das weit über die Vaterfigur hinausreicht, das Bild eines geistlichen Machtinhabers, ja eines Herrschers.

45 *Irenäus, Gegen die Häresien IV, 26, 2:* Deswegen muß man auch den Presbytern (!) der Kirche gehorchen, die, wie wir gezeigt haben, Nachfolger der Apostel sind. Sie haben mit der Nachfolge des Episkopats das sichere *Charisma der Wahrheit* nach dem Wohlgefallen des Vaters empfangen. Die anderen aber, die der apostolischen Nachfolge fernstehen und irgendwo zusammenkommen, muß man als Häretiker oder Irrlehrer betrachten, die sich von der Kirche aus Stolz oder Eitelkeit trennen, oder als Heuchler, die sich um Geld oder eitlen Ruhmes wegen mühen. Sie alle sind von der Wahrheit abgefallen, und jene Häretiker, die fremdes Feuer, das heißt fremde Lehren, zum Altar Gottes bringen, werden vom himmlischen Feuer verzehrt werden wie Nadab und Abiud (Lev 10, 1f.)...

Es wird noch (unten S. 121ff.) zu zeigen sein, wie dieses amtsgebundene Traditionsverständnis im Ritus der (Bischofs)Weihe konkretisiert wird. Für das Verständnis der Kirche als ganzer wird vor allem diese Sicht im Frühkatholizismus wichtig: Die Kirche ist Sammlung des Heilsvolks und darüber hinausgehend die authentische und beauftragte Mittlerin des Heils. Sie ist – von der pneumatischen Leitung des Herrn wie eben nun auch von der institutionellen Nachfolge im Apostelauftrag her – die Fortsetzung der Fleischwerdung, der Inkarnation Christi in die Geschichte hinein. Diese Inkarnation überstrahlt im Selbstverständnis der frühkatholischen Theologen bei weitem das Ereignis des „Kreuzes". Gerade daran wird ein Stück weit die große Bedeutung greifbar, die die Logoschristologie der Apologeten bis in das Selbstverständnis der Kirche und des Amtes hinein gewonnen hat.

4. Die Glaubensregeln

Am Ausgang des zweiten Jahrhunderts gibt es in Rom eine Glaubensregel, das Romanum, die in etwa unserem heutigen Apostolikum entspricht. Die frühkatholische Kirche gelangt auch und gerade in der Festlegung der kernhaften Glaubensinhalte zu einer Vereinheitlichung, die sich zwar als äußerst problemgeladen erweisen wird und sich auch nicht sogleich im katholischen Umfang durchsetzen läßt, die aber doch das Ergebnis einer Reihe früherer Glaubenszusammenfassungen zu sein scheint, denen wir in den Schriften der Theologen des zweiten Jahrhunderts, von Ignatius angefangen bis hin zu den Apologeten und den frühkatholischen Theologen, begegnen. Der erste Band dieser Reihe wird schildern, daß sich schon im neutestamentlichen Überlieferungsbereich, schon bei Paulus, bekenntnisartige Formulierungen finden lassen, die ein-, zwei- oder auch dreigliedrig sind. Im Romanum hat sich eine dreigliedrige Form verdichtet: Vater – Sohn – Geist. Wie diese Glaubensregel im besonderen entstanden sein mag, darüber ist nichts bekannt. Dennoch besteht die historische Vermutung, daß solche kernhaften Lehraussagen bis in die apostolische Zeit zurückreichen.

Der Sitz im Leben dieser Glaubensregel ist die Taufe und vorangehend das Katechumenat (Taufunterricht). Der Zusammenhang von Taufe und Glaubensregel, der auch bei Justin und Tertullian beschrieben wird, wird eindrücklich bei Hippolyt etwa aus dem Jahr 215 geschildert (Römische Taufliturgie):

46 *Hippolyt, Apostolische Tradition 21:* Und wenn derjenige, der getauft werden soll, zum Wasser hinabsteigt, soll derjenige, der tauft, ihm die Hand auflegen und dabei sagen: ,,Glaubst du an Gott, den Vater, den Allmächtigen?" Und derjenige, der getauft wird, soll sagen: ,,Ich glaube". Darauf soll er ihn einmal taufen, nachdem er ihm die Hand aufs Haupt gelegt hat. Und danach soll er sagen: ,,Glaubst du an Jesus Christus, den Sohn Gottes, der vom heiligen Geist aus der Jungfrau Maria geboren wurde, der gekreuzigt wurde und starb unter Pontius Pilatus, und am dritten Tage lebendig auferstand von den Toten, und gen Himmel fuhr, und niedersaß zur rechten Hand des Vaters, und kommen wird, zu richten die Lebendigen und die Toten?" Und wenn er sagt: ,,Ich glaube", so möge er ihn zum zweiten Male taufen. Und wieder möge er sagen: ,,Glaubst du an den heiligen Geist, an die heilige Kirche und die Auferstehung des Fleisches?" Und derjenige, der getauft wird, soll sagen: ,,Ich glaube". Und so möge er zum dritten Male taufen.

Die frühkatholische Kirche umgibt diese Glaubensregeln mit apostolischer Autorität. Noch der Presbyter Tyrannius Rufinus von Aquileja überliefert um das Jahr 404 in seinem Commentarius in symbolum apostolorum die Legende, daß jeder von den zwölf Aposteln je einen Satz zum Glaubensbekenntnis beigetragen habe. Dabei übermittelt Rufinus sein eigenes Taufbekenntnis aus seiner Heimatstadt Aquileja und vergleicht es mit dem der römischen Gemeinde. Aus diesem Text läßt sich unter Zuhilfenahme des Kodex E in der Bodleian Library aus dem 6. oder 7. Jahrhundert die Gestalt des römischen Taufbekenntnisses um 200 ermitteln, das Romanum (R). Es ist eine Vorform des Apostolikums.

47 Ich glaube an Gott, den Vater, den Allmächtigen;
und an Christus Jesus, seinen einzigen Sohn, unsern Herrn,
der geboren wurde vom heiligen Geist und der Jungfrau Maria,
der unter Pontius Pilatus gekreuzigt wurde und begraben,
am dritten Tage wieder auferstand von den Toten,
aufstieg zum Himmel,

sitzt zur Rechten des Vaters,
von wo er kommen wird, zu richten die Lebendigen und die Toten;
und an den heiligen Geist,
die heilige Kirche,
die Vergebung der Sünden,
die Auferstehung des Fleisches.

Dieser Text ist noch kein Dogma, von keiner Synode verabschiedet; auch der Begriff „Symbol" findet sich erstmals in einem Brief (ep. 69) des Bischofs Cyprian aus der Mitte des dritten Jahrhunderts. Es ist vielmehr ein kernhafter und weithin auf Interpretationen verzichtender Bestand von Aussagen, deren Ansatz sich bereits bei Paulus 1. Kor 15, 3ff. findet, im Romanum aber triadisch gegliedert. *Hans Lietzmann* und *Ferdinand Kattenbusch* haben auch einen östlichen Text rekonstruiert, der den dritten Artikel nur anheftet und möglicherweise noch näher bei den paulinischen Vorgaben anzusiedeln ist und ursprünglich wohl auch nur zweigliedrig war, mit folgendem Wortlaut:

48 Ich glaube an einen Gott, den Vater, den Allmächtigen,
den Schöpfer alles Sichtbaren und Unsichtbaren;
und an einen Herrn Jesus Christus, den eingeborenen Sohn Gottes,
durch den alles geworden ist,
der Mensch wurde, litt und auferstand am dritten Tage,
und aufstieg in die Himmel,
und kommen wird in Herrlichkeit, zu richten die Lebendigen und die Toten.
Und an den heiligen Geist.

Dieser östliche Text, der eine Beziehung zum späteren Symboltext von Nizäa im Jahr 325 besitzt, zeigt, daß in Rom und im Osten bei formaler Verschiedenheit doch eine weitgehende inhaltliche Übereinstimmung bewahrt wird.

Die Schriften der Apologeten und der frühkatholischen Väter zitieren ebenfalls gelegentlich symbolartige Zusammenfassungen, die uns zeigen, wie diese Aussagen über Gott reflektiert und dabei auch mit den Denkmitteln der Zeit interpretiert werden. So benutzt Ignatius in seinem Schreiben an die Trallianer (9, 1–2) die christologischen Partien, um gegenüber den Doketen die wahre Fleischwerdung – Geburt aus der Jungfrau, Kreuzigung, Auferstehung – zu bezeugen. Ein solches christologisches Bekenntnis wird auch als Vorlage beim Apologeten Justin vermutet, der uns in seiner Apologie eine dreigliedrige Zusammenfassung übermittelt.

49 *Justin, Apologie, I, 13:* So sind wir nicht gottlos, da wir verehren den Schöpfer dieser ganzen Welt ... und daß wir mit gutem Grund ihn ehren, der uns diese Dinge gelehrt hat und dafür geboren wurde, Jesus Christus, der gekreuzigt wurde unter Pontius Pilatus, dem Statthalter von Judäa zur Zeit des Kaisers Tiberius, nachdem wir erfahren haben, daß er der Sohn des wahren Gottes ist, wobei wir ihn an zweiter Stelle betrachten, und den prophetischen Geist als dritten nach der Ordnung, das werden wir nachfolgend beweisen.

Die Untersuchung der formalen Gliederungen zielt nicht allein auf die Erhellung der Vorgeschichte, sondern auf die inhaltliche Auslegung dieser frühen Taufbekenntnisse und Lehraussagen. Daß sie auf bestimmte, konkrete Gesprächslagen zugespitzt werden können, zeigt, daß und wie diese Texte der Reflektion unterliegen und dabei auch um wichtige einzelne Bestimmungen erweitert werden. So spricht Justin ja von einer „Ordnung", in der die drei Benennungen Gottes verstanden sein sollen. Gern würde man wissen, wie sich dieses Bekenntnis Justins zum Romanum verhält, aber das läßt sich (noch) nicht aufhellen. Irenäus faßt um 180 das Taufbekenntnis in eine Paraphrase, die er als Ausgestaltung des „Kanons der Wahrheit" versteht. Bei ihm unterliegt das Verständnis Gottes in der dreigestaltigen Ordnung von Vater, Sohn und Geist einem heilsgeschichtlichen Schema, der „Heilsordnung". Die Frage, wie sich diese drei „Personen" zueinander verhalten, wieso der eine Gott dreigefächert ausgesagt werden muß, stellt er sich noch nicht. Erst wenn diese Frage gestellt wird, tritt man in die Problematik der frühen Trinitätslehre ein.

50 *Irenäus, Erweis der apostolischen Verkündigung I, 6:* Dies ist also die rechte Ordnung unseres Glaubens und das Fundament des Gebäudes und die Beständigkeit unseres Wandelns: Gott, der Vater, nicht geschaffen, nicht stofflich, unsichtbar; ein Gott, der Schöpfer aller Dinge: das ist das erste Hauptstück unseres Glaubens.

Das zweite Hauptstück ist dieses: das Wort Gottes, der Sohn Gottes, Christus Jesus, unser Herr, der den Propheten gemäß der Form ihres Prophezeiens und gemäß der Heilsordnung Gottes offenbart wurde; durch den [d. h. durch das Wort] alle Dinge gemacht wurden; der auch am Ende der Zeit, um alle Dinge zu vollenden und wiederherzustellen, zu einem Menschen unter Menschen gemacht wurde, sichtbar und anrührbar, um den Tod zu vernichten und das Leben sichtbar zu machen und die Gemeinschaft der Vereinigung zwischen Gott und dem Menschen zu stiften.

Und das dritte Hauptstück ist: der heilige Geist, durch den die Propheten prophezeiten und die Väter die Taten Gottes kennenlernten und die Gerechten auf den Weg der Gerechtigkeit geführt wurden; und der am Ende der Zeiten aufs neue auf die Menschheit aller Welt ausgegossen wurde und den Menschen auf Gott hin neu machte.

Vergleicht man das Romanum mit den Interpretationen Justins und des Irenäus, dann wird ein kerygmatischer Charakter deutlich. Der Inhalt soll nicht erwiesen oder andemonstriert werden, sondern stellt die Zusammenfassung von Heilsereignissen dar. Dabei steht der zweite, der christologische Artikel im Vordergrund. In ihm sind die Tatsachen aufgezählt, die story des Jesus Christus, wie sie „objektiv" in der heiligen

Überlieferung bezeugt wird. Das Romanum lehrt keine Logos-Christologie, scheint also älter als Justin zu sein. Während das östliche Rekonstrukt Gott als den Schöpfer betont, wird der erste Artikel im Romanum unbetont gelassen. ,,Vater" und ,,allmächtig" schließen die Schöpfung ein und lassen sich nicht auf weitere Erklärungen ein, die für hellenistische Ohren wichtig wären, wie das bei Irenäus der Fall ist.

Die Frage, wie es zur Triade kommt, die ja bereits im Neuen Testament bei Matthäus (28, 19), also im palästinisch-syrischen Traditionsgebiet anklingt, ist unaufgehellt. Die gelegentlich vermutete Beziehung zu jüdischen Vorstellungen von einem himmlischen Hofstaat, aus dem sich der Sohn und der Geist herauslösen, bleibt fragwürdig. Kelly urteilt dagegen, daß die zwei- und dreigliedrigen Formeln von vornherein dem christlichen Glauben ,,zwangsläufig geeignetere Mittel zur Mitteilung seiner Botschaft waren". Die Triade will nicht drei göttliche Personen schildern, sondern die Fülle der einen Wirklichkeit des einen Gottes aussprechen. Sie setzt dabei die Erfahrungen des alten Gottesvolkes und der Jünger wie der Apostel voraus. Die Triade hat also einen geschichtlichen Hintergrund, vor allem die Erfahrungen mit Jesus und nach Jesus. Sie will besagen, daß die Begegnungen und Ereignisse mit Jesus ebenso wie die Erfahrungen der pneumatischen Leitung der Kirche durch den auferstandenen Herrn geschichtliche, menschlich erfahrbare Wirkungen des einen Gottes sind, dem sich der Glaube anvertraut.

Selbstverständlich meint der zweite Artikel ganz realistisch die Jungfrauengeburt, nur ist diese Aussage nicht für sich zu isolieren, sondern in den Zusammenhang eingebettet, nämlich die Beschreibung des Jesus Christus als vom Geist Gottes gewirkt. Die Jungfrauengeburt steht für die Wirklichkeit Gottes, nicht für ein außergeschichtliches Wunder.

Es liegt dem Romanum eine zeitliche Abfolge zugrunde; sie zielt auf die Wiederkunft Christi und das Gericht. Das macht eine naturhafte und zyklische Betrachtung der Gottesgeschichte unmöglich. Das Romanum sperrt sich gegen eine Hellenisierung oder gar Platonisierung, die zu dieser Zeit um 200 doch denkbar wären. Es ist Bekenntnis der glaubwürdigen Epiphanie Gottes in dieser Welt. Dies verkündigt die Kirche. Wie schon beim Taufzeremoniell, das Hippolyt übermittelt, erkennbar, wird das Romanum nicht als persönliches Bekenntnis in der Ich-Form bekannt, sondern als ein interrogatives Bekenntnis in Frageform. Der Täufling bekennt nicht seine persönliche Ansicht, sondern nimmt die Überlieferung der Kirche an und wird so auch selbst der Erkenntnis Gottes teilhaftig.

5. Die Entstehung des neutestamentlichen Kanons

Die zweite Institution der frühkatholischen Kirche ist der neutestamentliche Kanon. Mit ihm fixiert die Kirche die für ihre Lehre und ihren Gottesdienst gebräuchlichen und mit apostolischer Gewißheit überlieferten Schriften.

Folgender Text ist durch den italienischen Gelehrten L. A. Muratori im Jahr 1740 auf einer Palimpsesthandschrift des 8. Jahrhunderts entdeckt worden. Er trägt nach seinem Finder den Namen Kanon Muratori.

51 *Der Kanon Muratori.* (Textverderbnis) ... wobei er (Markus) doch zugegen war und es so darstellte. Das dritte Evangelium ist dasjenige nach Lukas, ein Arzt, den Paulus nach der Auffahrt Christi gleichsam als Rechtskundigen (?) zu sich gezogen hatte, verfaßte es in eigenem Namen, doch nach (dessen) Meinung. Auch er hat indes den Herrn nicht im Fleische gesehen und beginnt daher so, wie es ihm erreichbar war, von der Geburt des Johannes an zu erzählen. Das vierte der Evangelien ist von Johannes, einem der Jünger. Als ihn seine Mitjünger und Bischöfe aufforderten, sagte er: „Fastet mit mir von heute an drei Tage lang, und was einem jeden offenbart werden wird, wollen wir einander berichten." In derselben Nacht wurde dem Andreas, einem (anderen) der Jünger, offenbart, Johannes solle alles in eigenem Namen niederschreiben, und alle sollten es überprüfen. Mögen daher in den einzelnen Evangelien auch verschiedene Anfänge gelehrt werden, so macht das für den Glauben der Christen gleichwohl keinen Unterschied, da durch den einen leitenden Geist in allen alles bekannt gemacht worden ist: die Geburt, das Leiden, die Auferstehung, der Verkehr mit seinen Jüngern und seine zwiefache Ankunft, erst verachtet in Niedrigkeit, was schon geschehen, dann im Glanz königlicher Gewalt, was noch aussteht. Was Wunder also, wenn Johannes die Einzelheiten auch in seinen Briefen so übereinstimmend vorträgt, da er von sich selbst sagt: „Was wir mit unseren Augen sahen und mit unseren Ohren hörten und mit unseren Händen betasteten, das schrieben wir euch" (1. Joh 1, 1). Denn damit bekennt er sich der Reihe nach nicht nur als Augen- und Ohrenzeuge, sondern auch als Berichterstatter über alle wunderbaren Taten des Herrn. Die Taten aller Apostel aber sind in einem Buche beschrieben. Lukas faßt für den „besten Theophilos" (Lk 1,1; Apg 1, 3) zusammen, was in seiner Gegenwart im einzelnen geschehen, wie er es ja auch deutlich dartut, indem er nicht nur das Martyrium des Petrus, sondern auch die Reise des Paulus von Rom nach Spanien wegläßt. Die Briefe des Paulus aber erklären dem Wißbegierigen selbst, welche es sind (d. h. von Paulus stammen) und von wo aus und aus welchem Anlaß sie verfaßt wurden. Zuallererst schrieb er an die Korinther, denen er die Häresie des Schismas, dann den Galatern, denen er die Beschneidung untersagte; den Römern prägte er ausführlicher ein, daß Christus die Regel der Schrift und ihr Prinzip sei. Über diese müssen wir im einzelnen sprechen, da der selige Apostel Paulus selbst – darin der Regel seines Vorgängers Johannes (bezieht sich auf die 7 Sendschreiben der Offenbarung des Johannes) folgend – mit Namensnennung nur an sieben Gemeinden schreibt, und zwar in folgender Reihenfolge: an die Korinther der erste, an die Epheser der zweite, an die Philip-

per der dritte, an die Kolosser der vierte, an die Galater der fünfte, an die Thessalonicher der sechste, an die Römer der siebente Brief. Aber wenn auch an die Korinther und die Thessalonicher zu ihrer Zurechtweisung noch ein zweites Mal geschrieben wird, dann ist gleichwohl klar erkennbar, daß es (nur) eine über den ganzen Erdkreis verstreute Kirche gibt. Denn auch Johannes schreibt in der Offenbarung (zwar) an sieben Gemeinden, redet aber zu allen. Hingegen sind der eine Brief an Philemon, der eine an Titus und die beiden an Timotheus (zunächst nur) aus (persönlicher) Zuneigung und Liebe geschrieben, dann aber doch zu Ehren der katholischen Kirche und zur Ordnung kirchlicher Disziplin geheiligt worden. Es geht auch ein (Brief) an die Laodicener, ein anderer an die Alexandriner um, auf den Namen des Paulus gefälscht für die Sekte des Marcion, und anderes mehr, was nicht in die katholische Kirche aufgenommen werden kann, da es nicht angeht, Galle mit Honig zu mischen. Ferner werden ein Brief des Judas und von dem oben erwähnten (?) Johannes zwei in der katholischen (Kirche) festgehalten; auch die Weisheit, die von Freunden Salomos zu dessen (oder: ihrer) Ehre verfaßt wurde. An Offenbarungen anerkennen wir nur die des Johannes und des Petrus: die letztere wollen einige von uns freilich nicht in der Kirche lesen lassen. Den „Hirten" dagegen hat erst vor kurzem, zu unserer Zeit, in der Stadt Rom Hermas verfaßt, als auf dem Thron der Kirche der Stadt Rom der Bischof Pius, sein Bruder saß. Deshalb soll er zwar (privat) gelesen werden, aber öffentlich in der Kirche dem Volk verlesen werden kann er weder unter den Propheten, deren Zahl abgeschlossen ist, noch unter den Aposteln am Ende der Zeiten. Von Arsinous, Valentin oder Miltiades (?) schließlich nehmen wir überhaupt nichts an; diese haben auch für Marcion ein neues Psalmbuch verfaßt, zusammen mit Basilides aus Kleinasien, dem Stifter der Kataphryger-(Montanisten-)Sekte...

Kurt Aland macht sieben Stufen der Kanonsentwicklung aus: 1. bis zu den apostolischen Vätern gibt es neben dem Alten Testament frei umlaufende Herrenworte als höchste Autorität. Die Sammlung der Evangelien führt zu ersten Verschriftungen. 2. Bis 150 setzen sich die Apostelschriften und Evangelien als den Herrenworten gleichgeachtet durch. Noch gibt es frei umlaufende Herrenwortüberlieferungen, wie der Bericht des Papias zeigt. 3. Mit dem Ende der mündlichen Herrenwortüberlieferung und mit dem Ende der Prophetien entsteht die Frage nach kanonischen Sammlungen, zumal auch die apostolischen Väter noch auf lange Zeit als apostolische Schriften bewertet werden. Die Evangelien und die Paulusbriefe werden als erste rezipiert. Diese Lage zeigt der Kanon Muratori. 4. Um 200 ist die Anerkenntnis der vier Evangelien und der Paulusbriefe bei den frühkatholischen Vätern entschieden. Was im Gottesdienst zur Lesung Verwendung findet, gilt als kanonisch. 5. Vom 3. bis 4. Jahrhundert währt die Kanonisierung einzelner Briefe: der 1. Petrus- und der 1. Johannesbrief werden als erste anerkannt; die Stellung des 2. Petrus-, des 2. und 3. Johannes- und des Judasbriefes ist schwankend in den einzelnen Kirchengebieten. Der Westen verwirft den Hebräerbrief, weil dieser die zweite Buße verweigert, der Osten die Offenbarung des Johannes. 6. Der 39. Osterfestbrief des Athanasius, Bischof von Alexandria, im Jahr 367 kanonisiert 27 Schriften des Neuen Testaments. Eine 7. Stufe ist die gebietskirchlich unterschiedliche Aufnahme vor allem des Hebräerbriefes, der sich im Westen erst zwischen dem 7. und 9. Jahrhundert endgültig durchsetzt. Andere Kirchengebiete wie Antiochia haben ebenfalls ihre Sonderverzeichnisse.

Der in schlechtem Latein geschriebene Kanon Muratori will die Schriften von apostolischer Autorität und Herkunft notieren. Das geschieht natürlich nicht mit den Mitteln neuzeitlicher Kritik. Aland meint, sein Prinzip sei die Prinzipienlosigkeit, zumal auch die Weisheit in das Neue Testament hineingenommen wird. Dem Kanon scheinen mündliche Nachrichten über den Gebrauch der Schriften in den Gemeinden zugrunde zu liegen. Er unterscheidet deutlich zwischen den Aposteln und Evangelisten, wenn auch fehlerhaft, und weiß von einer längeren Entstehungszeit der apostolischen Schriften. Er urteilt aber, daß die inhaltlich-konzeptuellen Unterschiede in den „Prinzipien", wie beispielsweise zwischen den Synoptikern und Johannes, „für den Glauben gleichwohl keinen Unterschied (machen), da durch den einen leitenden Geist in allen alles bekannt gemacht worden ist". Die Schriften sind eine suffiziente (genügsame) Mitteilung des Glaubens. Das apostolische Wort und die verbürgte Tradition liegen ineinander. Das Wort schafft den Glauben, und der Glaube rezipiert das Wort.

Es gibt keine Nachricht, daß diesem ersten Kanonsverzeichnis irgendwelche synodalen oder bischöflichen Beschlüsse vorangegangen sind. Dieses Verzeichnis gibt sich als das Ergebnis der geschichtlichen Rezeption der Kirche, nicht eines Machtspruches. Gleichwohl kommen bei den frühkatholischen Theologen Interpretationsansprüche auf, die darauf zielen, die Häretiker vom Gebrauch der kanonischen Schriften auszuschließen.

52 *Tertullian, Wider die Prozeßeinreden der Häretiker, 37:* Wenn sich das alles nun so verhält, und die Wahrheit uns zuerkannt werden muß, die wir in derjenigen Glaubensregel wandeln, welche die Kirche von den Aposteln, die Apostel von Christus, Christus von Gott empfangen hat, so steht auch unser anfänglicher Satz als begründet fest, welcher besagte, daß die Häretiker zur Einlegung einer Berufung auf die hl. Schrift gar nicht zugelassen werden würden, da wir ohne die Schrift beweisen, daß sie die Schrift gar nichts angehe. Denn wenn sie Häretiker sind, so können sie keine Christen sein, da sie die Lehren, welchen sie nach eigener Wahl anhängen und weshalb sie sich den Namen Häretiker gefallen lassen müssen, nicht von Christus erhalten haben. Als Nichtchristen erlangen sie daher keinerlei Eigentumsrecht an den christlichen Schriften.

Ebenso wird, wieder bei Tertullian, deutlich bezeugt, daß der Glaube sich auf das „Gesetz" der Glaubensregel, das heißt wohl: auf die darin übermittelten Heilsereignisse begründet, nicht auf die Schrift, erst recht nicht auf eine Schriftgelehrsamkeit.

53 *Tertullian, Wider die Prozeßeinreden der Häretiker 14:* Wofern aber nur ihre (der Glaubensregel) Form in ihrer Ordnung bestehen bleibt, magst du untersuchen und verhandeln, soviel du willst, und aller Lust des Forschens ihren freien Lauf lassen, wenn dir etwas unbestimmt gelassen oder an Dunkelheit zu leiden scheint. Jedenfalls ist ein Mitbruder da, ein Lehrer, der mit der Gnade der Wissenschaft begabt ist, einer, der sich des Verkehrs mit solchen erfreut, die besser bewandert sind, einer, der dann mit dir – aber mit mehr Sorgfalt – untersucht. Schließlich ist es besser, unwissend zu sein, um nicht kennen zu lernen, was man nicht soll; denn, was du wissen mußt, das weißt du ja. Dein Glaube, heißt es, hat dir geholfen, nicht die Vertrautheit mit der heiligen Schrift. Der Glaube ist in der Glaubensregel niedergelegt; er umschließt das Gesetz und, infolge der Beobachtung des Gesetzes, das Heil.

K. Aland urteilt im Blick auf die neueren Funde apokrypher Schriften über den Rang des Neuen Testaments so: „Keine der sog. neutestamentlichen Apokryphen ist mit dem auch nur entfernt zu vergleichen, was in das Neue Testament aufgenommen worden ist". Dieses Urteil bestätigt die in der frühkatholischen Kirche getroffene Kanonsentscheidung.

6. Das monarchische Bischofsamt

Die Frage nach der gegenseitigen kirchlichen Anerkennung der Ämter stellt heute noch eine der wichtigsten ökumenischen Fragen dar.

Der Frühkatholizismus ist in der Form des monarchischen Bischofsamtes (Episkopat) verfaßt. Die Bischöfe werden zu Vorgesetzten der Priester (Presbyter u. a.). Es entstehen erste feste Regeln für ein kanonisches Priesterrecht. Die Bischöfe leiten die Gesamtgemeinde im Sinne eines umfassenderen Ortsbereichs, während die Presbyter in einer Ortsgemeinde amtieren. Lediglich in Nordafrika gibt es den Chor-Episkopen, den Bischof als Leiter einer Ortsgemeinde, eine Einrichtung, die im dritten Jahrhundert allmählich verschwindet.

In Palästina, Kleinasien und Rom setzt sich der Bischof als Leiter von Gebietskirchen zum Ende des zweiten Jahrhunderts durch, in Kleinasien offenbar früher als in Rom. Die ägyptisch-alexandrinische Kirche hat keine Zeugnisse dieser Entwicklung aus dem zweiten Jahrhundert hinterlassen. Zum Ende des Jahrhunderts wird aber deutlich, daß sich dort nicht allein der Bischof, sondern auch schon der Metropolit mit Sitz in Alexandria heraushebt, dem die gesamte ägyptische Kirche untersteht. Ähnliches gilt in steigendem Maß dann auch für Karthago-

Nordafrika, für Rom und jene Kirchengebiete, die sich in besonderer Weise nach Rom als der Mutterkirche orientieren, wie beispielsweise Südgallien.

Die Kompetenzen dieser Bischöfe sind nicht eindeutig. Aber die Entwicklung führt darauf hin, daß der Bischof als Träger der apostolischen Nachfolge vor allem auch Träger der *Weihegewalt* ist (s. o. S. 83 und unten S. 121 ff.). Von da aus kommt ihm die Lehrentscheidung, kommt ihm die disziplinarische Gewalt, im dritten Jahrhundert dazu auch die Bußgewalt zu. Der Kern der Bischofsauffassung ist früher, etwa bei Ignatius, weniger das Prinzip des objektiven Amtes, als vor allem des würdigen Lehrers, des gerechten Vaters, des Hüters der apostolischen Überlieferung, des leidensbereiten Mannes. Erst im Laufe des zweiten Jahrhunderts wird der monarchische Bischof eine Figur des kanonischen Rechts, eine Figur der Repräsentanz. Es gibt keine Theologie dieses Amtes zu dieser Zeit. Was der monarchische Bischof darstellt, wird am ehesten aus Einzelvorgängen heraus begreiflich, wie eben dieses Amt auch aus solchen Einzelvorgängen heraus erwächst.

Das Wichtigste an dieser Entwicklung des monarchischen Episkopats ist die mit diesem Amt sich ergebende *Herrschaftseinstellung*. Die Bischöfe werden zu beherrschenden Figuren der Kirche, beginnen im großen Stil Kirchenpolitik zu treiben. Sie wissen sich als Repräsentanten von Traditionsgebieten. Das verleiht ihnen Gewicht.

a) *Der Osterfeststreit.* Der erste wirklich eindeutig monarchische Bischof in Rom ist *Viktor I.* (189–199). In Kleinasien ist Viktors Gegenspieler Bischof *Polykrates von Ephesus,* in dessen Familie das Bischofsamt in der achten Generation liegt und der als kleinasiatischer Sprecher auftritt.

Bereits in den fünfziger Jahren des zweiten Jahrhunderts wird die Frage der Ansetzung des Osterfestes und der Osterfasten zwischen B. Polykarp von Smyrna und Anicet von Rom anläßlich eines Besuches Polykarps in Rom verhandelt. Ohne Ausgleich der Meinungen feiert man doch gemeinsam die Eucharistie. Auch im Jahr 167 wird die Terminfrage erneut in Laodicea verhandelt (2. Osterfeststreit). Unter Bischof Viktor von Rom kommt es darüber zum Konflikt.

In Rom und Kleinasien besteht seit alters eine unterschiedliche Feststellung des Osterfesttermins. Nach Darstellung Eusebs in der ,,Kirchengeschichte" (V, 22–25) feiern die Kleinasiaten aufgrund einer bei ihnen noch vorhandenen Jerusalemer Überlieferung das Ende der vorösterlichen Fasten zu einem Zeitpunkt, den sie vom jüdischen Festkalender und damit vom Mondwechsel her bestimmen und zwar am jeweiligen jüdisch errechneten 14. Nisan. Sie werden deshalb die ,,Vierzehner" (Quartadezimaner) genannt. Die Jubelzeit beginnt mit dem Ende des jüdischen Erlösungspassah. So wird der Tag der Kreuzigung Jesu, also der

Freitag, als Jubeltag begangen. Rom und die westlichen Kirchen beenden die Fastenzeit erst am Sonntagmorgen, am Auferstehungstag.

Aufgrund der theologischen Entwicklung des zweiten Jahrhunderts liegen hierin mehrere Konfliktspunkte: Bindung an den jüdischen Festkalender (Judaismusfrage), gemeinsame Gestaltung der Festtage in der Catholica, aus der Sicht Roms Anspruch auf Vorrang der kleinasiatischen Kirche gegenüber dem Westen.

Viktor erstrebt eine für die Gesamtkirche geltende Terminansetzung und ist gewillt, die gesamte kleinasiatische Kirche zu exkommunizieren. Er handelt dabei aber nicht aus eigener Primatsstellung heraus, sondern fordert alle Kirchen auf, *Synoden* abzuhalten. Dem kommen auch die Gebietskirchen nach: Südgallien, Kleinasien, Osrhoëne, Pontus, Palästina. Diese Synoden berichten ihre Ergebnisse nach Rom. Sie verhalten sich dabei, wie Irenäus für Südgallien zeigt, selbständig im Urteil.

Der Briefwechsel Rom-Kleinasien ist nicht vollständig erhalten. Viktor hat sich wahrscheinlich für sein Vorgehen auch auf die Apostelgräber im Rom berufen, eine Totenverehrung, die man in Kleinasien nicht fördert. Das Antwortschreiben des Polykrates verdeutlicht den Anspruch auch der Kleinasiaten auf eine apostolische Sukzession.

54 *Euseb, Kirchengeschichte V, 24, 1–7:* In dem Briefe, welchen er [Polykrates] an Viktor und die römische Kirche schrieb, äußerte er sich über die Überlieferung, die auf ihn gekommen, also: ,,Unverfälscht begehen wir den Tag, wir tun nichts dazu und nichts hinweg. Denn auch in Asien haben große Sterne ihre Ruhestätte gefunden, welche am Tage der Wiederkunft des Herrn auferstehen werden. An diesem Tage wird der Herr mit Herrlichkeit vom Himmel kommen und alle Heiligen aufsuchen, nämlich: Philippus, einen der zwölf Apostel, der in Hierapolis entschlafen ist, mit seinen beiden bejahrten, im jungfräulichen Stand verbliebenen Töchtern, während eine andere Tochter, die im heiligen Geiste wandelte, in Ephesus ruht, und Johannes, der an der Brust des Herrn lag, den Stirnschild trug, Priester, Glaubenszeuge und Lehrer war und in Ephesus zur Ruhe eingegangen ist... [Es folgen weitere Namen von Bischöfen und Märtyrern] Diese alle haben gemäß dem Evangelium das Pascha m 14. Tage gefeiert; sie sind keine eigenen Wege gegangen, sondern der vom Glauben gewiesenen Richtung gefolgt. Auch ich, Polykrates, der geringste unter euch allen, halte mich an die Überlieferung meiner Verwandten, von denen einige auch meine Vorgänger waren. Sieben meiner Verwandten waren nämlich Bischöfe, und ich bin der achte. Und stets haben meine Verwandten den Tag gefeiert, an welchem das Volk den Sauerteig entfernte. Ich nun, Brüder, der 65 Jahre im Herrn zählt und mit den Brüdern der ganzen Welt verkehrt hat und die ganze heilige Schrift gelesen hat, ich lasse mich durch Drohungen [B. Viktors] nicht in Schrecken setzen. Denn Größere als ich haben gesagt: ,,Man muß Gott mehr gehorchen als den Menschen" (Apg 5, 29).

Irenäus von Lyon, selbst von Geburt Kleinasiate, erkennt, daß die Androhung der Exkommunikation einer ganzen Gebietskirche eine dem christlichen Ethos nicht entsprechende Herrschaftsgeste bedeutet. Obschon er Viktor in der Sache der Terminfestsetzung zustimmen möchte, bestreitet er dem römischen Kollegen das Recht, wegen bloßer Traditionsverschiedenheiten den Frieden der Catholica zu stören.

55 *Euseb, Kirchengeschichte V, 24, 14–17:* (Irenäus schreibt u. a. an Viktor von Rom): (14) Auch die vor Soter lebenden Presbyter, welche der Kirche [von Rom] vorstanden, an deren Spitze du nunmehr stehst, nämlich Anicet, Pius, Hyginus, Telesphorus, Xystus, haben weder selbst diese Praxis beobachtet, noch sie ihren Gemeinden gestattet [die in Kleinasien üblich ist]. Doch, obwohl sie dieselbe nicht beobachteten, hatten sie nichtsdestoweniger Friede mit denjenigen, welche aus Gemeinden kamen, in denen die Praxis eingehalten wurde. Und doch hätte die Ausübung des Brauches denen, die ihn nicht hatten, den Gegensatz erst recht zu Bewußtsein bringen sollen (15). Niemals wurden aus solchem Grund Leute ausgeschlossen, vielmehr schickten die, welche vor dir Presbyter [!] waren, obwohl sie die Praxis nicht hatten, an die, welche sie hatten und aus solchen Gemeinden kamen, die Eucharistie. [Weder konnte damals Anicet den Polykarp noch Polykarp den Anicet überzeugen] ... (17) Trotz dieser Differenzen blieben beide in Gemeinschaft. Und Anicet gestattete aus Ehrfurcht dem Polykarp in seiner Kirche die Feier der Eucharistie. Und im Frieden schieden sie voneinander. Und es hatte Frieden die ganze Kirche; sowohl die, welche es so hielten, als jene, welche es nicht so hielten.

Die Exkommunikationsdrohung Viktors ist wegen seines frühen Todes nicht zur Ausführung gelangt. Die Frage der Ansetzung der Daten des Kirchenjahres (Ostern, Pfingsten, Epiphanias) ist bis zur Gegenwart zwischen den Ost- und Westkirchen nicht vollständig geklärt.

b) Der Fall Origines. Rund 20 Jahre später als der 3. Osterfeststreit kommt der berühmte Gelehrte der alexandrinischen Katechetenschule, Origines, mit seinem Bischof Demetrius von Alexandria in Konflikt, und es kennzeichnet die Situation, daß es hierbei schon um die Frage geht, ob Origines ohne bischöfliche Erlaubnis lehren, sich in Palästina weihen lassen, ja ob er überhaupt Auslandsreisen unternehmen kann. In allen einzelnen Aspekten dieses Falles geht es um die Kompetenzen des alexandrinischen Bischofs und Metropoliten.

Origines, dessen Theologie wir weiter unten darlegen, ist der erste Theologe, der eine systematische Theologie entwickelt, und er leistet dies in Anknüpfung sowohl an die in Alexandria schon seit Pantänus und Klemens bestehende Katechetenschule, die Demetrius unter kirchliche Oberaufsicht zu bringen wünscht, als auch im Anschluß an die neuplatonische Philosophie des Ammonius Sakkas. Der Ruf seiner Gelehrsamkeit verbreitet sich über Alexandria hinaus nach Palästina und Kleinasien.

Origines ist weit gereist. Im Jahr 215 predigt er öffentlich bei Bischof Theoktistos in Caesarea. Diese Ausübung einer priesterlichen Funktion beanstandet der alexandrinische Heimatbischof mit der Begründung, daß Origines nicht geweiht sei.

Die arabischen und palästinensischen Bischöfe schätzen die mit der Weihe übertragenen Befugnisse offensichtlich unterschiedlich ein. Nach ihrer Einsicht dürfen auch Nicht-Geweihte predigen. Euseb berichtet in seiner Kirchengeschichte, daß Origines vor 215 (?) schon zweimal als Lehrer nach Palästina gegangen sei, einmal auf Anforderung des arabischen Statthalters an den alexandrinischen Statthalter, sodann im Zusammenhang mit einer Verfolgung in Alexandria auf Bitten der palästinensischen Bischöfe nach Caesarea, und dies, obwohl er nicht Presbyter und ungeweiht war. Daß Lehre und Gemeindeunterweisung auch von Nicht-Geweihten vorgenommen werden, schreiben in empörter Abweisung der Weihe-Forderung des Demetrius die beiden Bischöfe Alexander von Jerusalem und Theoktist von Caesarea, wie Euseb berichtet.

56 *Euseb, Kirchengeschichte VI, 19, 17–18:* (17) „Dem Schreiben fügte er [Demetrius] bei, noch niemals sei es gehört worden und auch bis jetzt nicht vorgekommen, daß Laien in Gegenwart von Bischöfen Vorträge hielten. (18) Es ist unbegreiflich, wie eine solch offenkundig unwahre Behauptung aufgestellt werden kann. Denn wo sich Leute finden, die fähig sind, den Brüdern zu nützen, da werden sie von den heiligen Bischöfen aufgefordert, zum Volke zu sprechen. So wurde in Laranda Euelpis von dem seligen Bruder Neon, in Ikonium Paulinus von dem seligen Bruder Celsus, in Synada Theodor von dem seligen Bruder Attikus dazu aufgefordert. Wahrscheinlich geschieht solche Einladung, ohne daß wir davon wissen, auch an anderen Orten."

Im Jahr 230/31 wird Origines durch den Bischof von Caesarea doch geweiht, und Demetrius beantwortet das damit, daß er Origines aus der alexandrinischen Kirche ausweist und ihm die Presbyterweihe aberkennt, diesmal auch mit dem Hinweis darauf, daß Origines verschnitten sei, was dem kirchlichen Herkommen widerspricht. Origines hat sich als Jüngling selbst entmannt, um dem Ideal der Keuschheit zu folgen, ein jugendlicher Irrtum, wie Euseb bemerkt. Die Folge dieses alexandrinischen Eingriffs ist, daß Origines nach Caesarea übersiedelt.

Dieser Fall Origines zeigt, daß in den Jahren rund 215 bis 230 die Weihegewalt der Bischöfe wächst, wenn auch in unterschiedlichen Auffassungen der Kirchengebiete. Die apostolische Sukzession wird damit in den Weiheordo, den die Bischöfe in Händen halten, hinein verengt. Damit tritt aber auch die priesterliche Amtsübertragung in ein schon sakramentales Verständnis ein.

c) Die bischöfliche Bußgewalt. Die Entwicklung der kirchlichen Buße zum Bußsakrament vollzieht sich erst zur Mitte des dritten Jahrhunderts. Davon wird im Zusammenhang des Streites um die Gefallenen zu berichten sein. Die Schritte dahin gehen nicht direkt vom Hermashirten zur Mitte des zweiten Jahrhunderts aus, sondern haben die Weihe- und Schlüsselgewalt der Bischöfe zur Voraussetzung, also den monarchischen Episkopat. Die entscheidenden Schritte zur Durchsetzung der bischöflichen Bußgewalt erfolgen wohl zwischen 210 und 230.

Einblick in diese Entwicklung geben uns Kontroversen über innergemeindliche Fragen der Ehezucht, wie sie in Karthago von Tertullian und in Rom kurz darauf von Hippolyt angeschnitten werden.

Tertullian tritt ca. im Jahr 207 zum rigorosen Montanismus über, und dieser Entschluß erklärt ein Stück weit die Schärfe seines Angriffs gegen einen „pontifex maximus", von dem nicht ganz klar ist, ob damit der römische oder der karthaginensische Metropolit gemeint ist. Die römisch-katholische Geschichtsschreibung blickt dabei mehr auf Karthago.

57 *Tertullian, Über die Ehrbarkeit 1:* Mit dem Bestand unserer Güter geht es bereits auf die Neige; sogar die Grundlage der christlichen Ehrbarkeit wird erschüttert ... Ich höre nämlich, daß ein Edikt veröffentlich worden ist, und zwar eine Definitivsentenz. Der oberste Pontifex [ironisch], das ist der Bischof der Bischöfe, erklärt: „Ich vergebe auch die Sünden des Ehebruchs und der Hurerei denen, die Buße getan haben". Unter dieses Edikt kann man nicht schreiben: Recht so, wohlgetan! Und wo wird diese Liberalität öffentlich bekannt gemacht? Vermutlich sofort in den Lasterhöhlen unter den Aushängeschildern der Bordelle! ... Doch nein! Es steht in der Kirche zu lesen, in der Kirche wird es proklamiert, und die Kirche ist doch eine Jungfrau. Fort mit einer solchen Ankündigung, fort von der Braut Christi! Sie, die da die wahre, die keusche, die heilige ist, darf nicht einmal dadurch befleckt werden, daß sie so etwas hören muß.

Wenn es sich um den römischen Bischof handelt, dann wäre Kallist zu nennen; denn er hat nach dem Zeugnis des Hippolyt die Kirche nicht als die Schar der Reinen, als die Schar der Getauften aufgefaßt, die nach dem Empfang der Taufe keine Sünden mehr begehen, sondern als jenes Fischnetz, in dem sich nach Mt 13, 47ff. sowohl die guten als auch die bösen Fische sammeln, die erst beim Jüngsten Gericht voneinander getrennt werden. Die Kirche als reine Schar oder als die gemischte Schar – darin zeigt sich die Frage nach der Kirche selbst. Zugleich wird erkennbar, daß die Buße aus dem Zusammenhang der bleibenden Sündhaftigkeit auch nach der Taufe entsteht und daß der Rigorismus in der sich ausbreitenden Kirche nicht durchgehalten werden kann, so daß die Buße nun als eine Form der Kirchenzucht eingerichtet wird. Dazu muß es Bestimmungen geben. Eine davon zitiert Tertullian mit Abscheu.

Worum es in der Sache geht, erfährt man durch einen Bericht bei Hippolyt.

58 *Hippolyt, Die Widerlegung aller Häresien IX, 12:* Auch hat er [Kallist] Frauen vornehmen Standes, die unverheiratet in noch jugendlichem Alter hei-

ratssüchtig waren, ihren Rang durch eine gesetzmäßige Ehe aber nicht einbüßen wollten, erlaubt, einen Beischläfer nach ihrer Wahl zu haben, sei es einen Sklaven, sei es einen Freien, und diesen, auch ohne rechtmäßige Ehe, für ihren Mann anzusehen. Und so begannen sogenannte Christinnen, empfängnisverhütende Mittel zu gebrauchen und sich zu schnüren, um die Leibesfrucht abzutreiben, weil sie wegen ihrer hohen Geburt und ihres Riesenvermögens kein Kind von einem Sklaven oder einem gewöhnlichen Mann haben wollten... Um diese Zeit wagten sie zuerst, eine zweite Taufe zu spenden [das heißt das Bußsakrament im Sinne von Vergebung nach der ersten Taufe] ...

Hiernach handelt es sich um eine Möglichkeit, das römische Gesetz zu umgehen, was den Juristen Tertullian ebenso entsetzt wie die Umgehung der Jungfräulichkeit. Das römische Gesetz verbietet Standespersonen die Ehe mit einem Sklaven und setzt als Strafe den Vermögensverlust dafür fest. Die Maßnahmen des Kallist kann man als Laxheit betrachten, man kann sie aber auch als mutigen Abbau der Standesgrenzen ansehen. Jedenfalls legt er es in die Hand des Bischofs, in solchen Fällen die Ehe zu legitimieren und die Sünden zu vergeben, die aufgrund der Unzucht begangen werden (zu Kallist s.u. S. 124ff.).

So liegen hier Licht und Schatten nahe beieinander. Sowohl die Erweiterung der bischöflichen Kompetenzen in die Bereiche der Lehr- und der Bußgewalt hinein als auch diese Streitigkeiten der Ära Viktor-Polykrates, Demetrius-Origines, Hippolyt-Kallist zeigen, daß sich das Ethos des bischöflichen Amtes verändert. Es wird mehr und mehr zur Herrschaft der leitenden Priester.

7. Die Theologie der Heilsgeschichte

Die frühkatholischen Theologen bilden die Anschauung von der universalen Heilsgeschichte aus, besonders Irenäus von Lyon. Zwar zeigen sich erhebliche Unterschiede etwa zwischen Irenäus und den Alexandrinern wie Origines. Aber es gibt auch Beziehungen, die darin bestehen, daß die Heilsgeschichte nunmehr die Deutungsformel für die universale Weltgeschichte zwischen Schöpfung und Erlösung wird. Ansätze dazu gibt es bereits bei Paulus in der Typologie von Adam und Christus (Röm 5, 12ff.) und bei Lukas im Geschlechtsregister, das ebenfalls Adam und Christus typologisch miteinander in Beziehung setzt. Was jedoch im Neuen Testament aus der Linie der alttestamentlichen Gottesvolksgeschichte hergeleitet wird, das wird nun im Frühkatholizismus zu einer Theorie, in die die ganze Menschheit einbezogen wird, und zwar deshalb, weil sie mehr als nur die Geschichte des Gottesvolkes ins Auge faßt, nämlich die Wirklichkeit zwischen Schöpfung und Erlösung.

Irenäus hat diese heilsgeschichtliche Konzeption in die Form der *Rekapitulationstheorie* gefaßt. Rekapitulation ist die Wiederholung der bisherigen Schöpfungsgeschichte auf einer neuen, heilsgeschichtlichen Stufe, ist der Weg der Rückführung der Schöpfung zu Gott. Irenäus verbindet dabei paulinisch-lukanische Motive mit denen des mittleren Platonismus und dessen Frage nach dem Zusammenhang der Weltwirklichkeit als ganzer. Die Heilsgeschichte nennt Irenäus die Oikonomia; so knüpft er an die Begriffe und Vorstellungen vor allem bei Paulus (Eph 1, 10; 3, 2; 1. Kor 10, 23) und sachlich bei Lukas an. Die besondere Form der Oikonomia ist die Wiederholung, die recapitulatio. Damit verbindet er eine Spekulation über die Frage, warum denn eigentlich Gott Mensch werden mußte und worin es begründet ist, daß dieser Jesus Christus durch sein Fleisch und sein Blut, also durch seine geschichtliche Seinsweise und sein Sterben, unser Erlöser ist, eine tatsächlich der Erläuterung bedürftige Frage.

Das Neue und spezifisch Frühkatholische an dieser Rekapitulationstheorie ist nicht die Beziehung des Typos Adam zum Antitypos Christus – das lehrt schon Paulus –, sondern die Theorie von den Substanzen. Die Fleischwerdung Christi ist ja deshalb eine Neuschöpfung und damit auch die Erlösung des Menschen, weil die zwei Substanzen, die des Fleisches und die Gottes, miteinander eine Beziehung eingehen und so der Widerstreit, der Dualismus zwischen beiden überwunden wird. Die schon bei Ignatius von Antiochien vorhandene Christologie von Gottessohn und Menschensohn (s. o. S. 30) im Sinne zweier dualistischer Prinzipien und Abkünfte dieses Jesus Christus tritt bei Irenäus ins Zentrum der Vorstellung von der Erlösung.

59 *Irenäus, Gegen die Häresien III, 21, 10:* Und wie jener Adam, das erste Geschöpf, aus der unbebauten und noch jungfräulichen Erde – denn noch hatte Gott nicht regnen lassen und noch hatte kein Mensch die Erde bebaut – seine Wesenheit erhielt und durch die Hand Gottes, d. h. durch das Wort Gottes, – denn alles ist durch dasselbe gemacht worden – gebildet wurde, und wie der Herr Schlamm von der Erde nahm und den Menschen bildete, so nahm das persönliche Wort [Christus], in sich den Adam rekapitulierend, geziemenderweise aus Maria, die noch Jungfrau war, seinen Ursprung zur *Rekapitulierung Adams.* Wenn demgemäß der erste Adam als Vater einen Menschen gehabt hätte und aus dem Samen eines Mannes geworden wäre, dann könnten sie [die Gnostiker] mit Recht sagen, auch der zweite Adam wäre aus Joseph geworden. Wenn aber jener von der Erde genommen und von dem Worte Gottes gebildet wurde, dann mußte auch das Wort selbst, Adam in sich rekapitulierend, in seiner Geburt ihm ähnlich sein. Warum nahm aber Gott nicht wiederum den Schlamm, sondern vollzog aus Maria seine Gestaltung? Damit dasselbe Geschöpf gebildet wurde, welches gerettet werden sollte, und in der Rekapitulierung gerade die volle Ähnlichkeit gewahrt wurde.

Das, was die Erlösung des Menschen begründet, liegt – so verstanden – nicht in seiner Person, etwa seinem Glauben oder seiner sittlichen Haltung, sondern liegt in einem objektiven, geradezu kosmogonischen Geschehen zwischen der himmlischen und der irdisch-materiellen Substanzsphäre. Wenn man sich dies verdeutlicht, dann wird klar, daß die frühkatholische Kirche die Erlösung des Menschen nicht primär als den subjektiven Akt des Glaubens an Gott oder Christus definiert, sondern als die Eingliederung in den neu zugänglichen Substanzbereich, der sich von der Fleischwerdung her ausbreitet. Damit wird nicht allein das Sakramentale betont, sondern eine Erlösungsspekulation erzeugt, die seitdem über Jahrhunderte hinweg die Theologie des Ostens und Westens bestimmen wird.

60 *Irenäus, Gegen die Häresien V, 14, 2:* (2) Wenn aber nach einer andern Ordnung der Herr Fleisch geworden ist und er aus einer anderen Wesenheit Fleisch annahm, dann hat er den eigentlichen Menschen in sich nicht rekapituliert; ja, er kann nicht einmal Fleisch genannt werden. Denn Fleisch ist in Wahrheit nur das, was von der ersten Schöpfung aus Erde abstammt. Hätte er aus einer anderen *Substanz* den Stoff haben sollen, dann hätte der Vater von Anfang an dies Gebilde aus einer anderen Substanz müssen entstehen lassen. Nun aber ist das, was der gefallene Mensch war, das heilbringende Wort geworden, indem es durch sich selbst die Verbindung und Aufsuchung des Heiles herstellte. Der gefallene Mensch aber hatte Fleisch und Blut, denn aus dem Schlamm der Erde bildete Gott den Menschen, um dessentwillen der Herr auf die Erde überhaupt kommen mußte. Also hatte auch er Fleisch und Blut; indem er kein anderes als das ursprüngliche Geschöpf des Vaters rekapitulierte, suchte er das, was verloren war. Deswegen sagte auch der Apostel im Briefe an die Kolosser: ,,Da ihr einstmals entfremdet waret und feind seinem Ratschlusse in bösen Werken, seid ihr jetzt wiederversöhnt in dem Leibe seines Fleisches durch seinen Tod, um euch heilig und keusch und ohne Tadel in seinem Angesichte darzustellen" (Kol 1, 21 f.). In dem Fleische seines Leibes wiederversöhnt, heißt es, weil das gerechte Fleisch jenes Fleisch versöhnte, das in der Sünde niedergehalten wurde, und es in die Freundschaft mit Gott brachte.

Irenäus selbst ist ein chiliastischer Denker. Die apokalyptischen Endzeitaussagen hält er für realistische Voraussagen der kommenden Ereignisse. Ebenso wichtig ist aber, daß er als Vertreter der westlichen und kleinasiatischen Theologie eine physische Erlösung lehrt, die das Schemen dieser Welt ablöst und schon jetzt auf die kommende neue Schöpfung hin in Bewegung tritt. Das verdichtet sich zu einer triumphalen Sicht des Glaubens. Der Glaube ist die Wirklichkeit, die Welt ist lediglich Schein.

61 *Irenäus, Gegen die Häresien V, 36, 1:* Da es sich um wahre Menschen handelt, müssen sie auch auf wahrhaft festem Grund bleiben, in Wirklichem fort-

schreiten, aber nicht in Gedachtes übergehen. Denn weder die Substanz noch die Wesenheit der Schöpfung wird vernichtet – wahr und zuverlässig ist der, der diese gegründet hat –, sondern nur „die Figur [Schemen] dieser Welt geht vorüber" (1. Kor 7, 31), das heißt das, worin der Mensch gesündigt hat, da er hierin alt geworden ist ... Wenn aber diese Gestalt vorüber gegangen und der Mensch erneuert ist und zur Unvergänglichkeit erstarkt, so daß er nicht mehr altern kann, dann wird der neue Himmel und die neue Erde kommen, wo der neue Mensch in beständigem Verkehr mit Gott verbleiben wird.

In das Licht dieser triumphalen Sicht der Wirklichkeit, treten auch andere Glaubensinhalte, allen voran die Christologie. Aus der Logos-Christologie wird schon bei Irenäus eine Herrschaftschristologie: Christus wird als der vorgestellt, der im Ringen der Substanzen, der Mächte Gottes und des Todes den Sieg errungen hat. Er herrscht über die Mächte der Welt; er ist Herrscher nicht durch das Kreuz, sondern durch seine Substantialität.

62 *Irenäus, Gegen die Häresien III, 18, 7:* Der Mensch war von der Sünde in die Gefangenschaft geschleppt und wurde von dem Tod festgehalten. Daher mußte die Sünde von einem Menschen [Jesus Christus] überwunden werden, damit der Mensch des Todes ledig würde. Wie nämlich durch den Ungehorsam des einen Menschen [Adam], der zuerst von der jungen Erde gebildet war, die vielen Sünder wurden und das Leben verloren, so mußte auch durch den Gehorsam eines Menschen, der zuerst von einer Jungfrau geboren wurde, viele gerechtfertigt werden und ihr Heil erlangen ... Wäre er aber nicht Fleisch geworden, sondern nur als solches erschienen [wie die Gnosis gemeint hat], so wäre auch sein Werk nicht wahr gewesen. Was er schien, das *war* er also auch: Gott faßte in sich das alte Menschengebilde zusammen, um die *Sünde zu vernichten,* den *Tod niederzuwerfen* und den *Menschen lebendig zu machen.* Deswegen sind auch „wahrhaft seine Werke" ...

So beschreitet der Mensch nunmehr den Weg zu seiner Vergottung, eine für das hellenische Denken besonders wichtige Vorstellung.

63 *Irenäus, Gegen die Häresien, III, 19, 1:* Dazu nämlich ist das Wort Gottes Mensch geworden und der Sohn Gottes zum Menschensohne, damit der Mensch das Wort in sich aufnehme und, an Kindesstatt angenommen, zum Sohne Gottes werde. Denn anders konnten wir nicht Unvergänglichkeit und Unsterblichkeit empfangen, als indem wir mit der Unvergänglichkeit und Unsterblichkeit vereint würden.

Überschaut man nun im Ganzen, wie die frühkatholische Theologie das Wort Gottes auffaßt, auf dem der Glaube beruht, dann ist es die Epiphanie der göttlichen Wirklichkeit, aus der heraus diese Welt und ihre Wirklichkeit überschaubar und erlösbar wird. Das Wort Gottes wird als Lehre der Kirche zur Lehre von der geschaffenen und erlösten Wirklichkeit des Weltbaus. Die Theologie übernimmt die Aufgabe der universalen Welterklärung.

64 *Irenäus, Gegen die Häresien III, 24, 1:* Die Predigt der Kirche aber ist in jeder Hinsicht unveränderlich und gleichmäßig; sie hat für sich, wie nachgewiesen, das Zeugnis der Propheten und Apostel und aller Jünger, wie am Anfang der Zeiten, so in der Mitte und am Ende, die ganze Heilsordnung Gottes hindurch und in all dem, was er zum Heil der Menschen zu tun gewohnt war, wie unser Glaube es lehrt. Diesen haben wir von der Kirche empfangen und bewahren ihn so auf. Ihn hat der Hl. Geist gleichsam in ein ganz kostbares Gefäß jugendfrisch hineingetan, und jugendfrisch erhält er das Gefäß, in dem er sich befindet. Dieses göttliche Geschenk nämlich ist der Kirche anvertraut, damit gleichsam das Geschöpf beseelt werde und alle Glieder, die an ihr Anteil haben, das Leben empfangen. In ihr ist niedergelegt die Gemeinschaft mit Christus, d. h. der Hl. Geist, die unverwesliche Arche, die Befestigung unseres Glaubens, die Himmelsleiter zu Gott. ,,In der Kirche nämlich", heißt es, ,,hat Gott eingesetzt Apostel, Propheten, Lehrer und die gesamte übrige Wirksamkeit des Geistes" (1. Kor. 12, 28), an der keinen Anteil haben, die sich von der Kirche fernhalten und durch ihre schlechte Lehre und ihr ganz schlechtes Leben sich selber des Lebens berauben. Wo die Kirche, da ist auch der Geist Gottes; und wo der Geist Gottes, dort ist die Kirche und alle Gnade; der Geist aber ist Wahrheit...

V. Philosophie und Theologie in Alexandria

1. Der Neuplatonismus

Gleichzeitig mit den frühkatholischen Vätern bildet sich in Alexandria eine theologische Richtung eigener Art heraus, die für die Geschichte der frühkatholischen Kirche zeigt, daß sich die Traditionsgebiete auch theologisch und religiös zu besonderen Prägungen entwickeln. Alexandria gehört zu den drei Weltstädten neben Rom und Antiochia, eine hervorragende Handelsstadt und neben Athen ein Zentrum der Bildung mit einer weltberühmten Bibliothek.

Für die Geschichte der altkirchlichen Theologie spielt das Zusammentreffen der sich entwickelnden christlichen Theologie mit dem mittleren Platonismus und dem Neuplatonismus eine besondere Rolle.

Der „mittlere Platonismus" ist in der vorchristlichen und christlichen Zeit bis zum Ende des zweiten Jahrhunderts diejenige philosophische Richtung, die sich nach einer langen Periode des Hedonismus, der Skepsis und der empirischen Welterklärungsversuche erneut religiösen Fragen zuwendet, und zwar im Nachsinnen über die Schriften Platons, insbesondere seinen „Timaios". Nur wenigen Menschen ist zu dieser Zeit ein kultiviertes und sättigendes Leben möglich. Nicht freudevoll, durchschreitbar, sondern rätselhaft, undurchdringlich erscheint den Menschen, über die die römische Macht gekommen ist, die Welt, in der sie leben. So wird erneut nach dem Glauben an einen weltjenseitigen Sinn gefragt, ja nach der ursprünglichen Einheit alles Seienden. Der Glaube tritt vor das diskursive Denken der Skepsis. Zwischen 50 v. Chr. und ca. 250 n. Chr. bewegt sich dieser „mittlere Platonismus", der in sich noch Elemente der pythagoreischen Philosophie mit ihrer Zahlenmystik und Weltflucht in sich aufnimmt, in die christliche Zeit hinein. Seine Hauptvertreter sind: *Plutarch, Eudoros* (um 100 n. Chr.), Areios *Didymos, Apuleius* von Madaura, um 180 n. Chr. *Kelsos* mit seiner antichristlichen Schrift „Das wahre Wort" und der Arzt Claudius *Galenus* (gest. um 200 n. Chr.).

Bereits Platon hat in seinem Timaios (Kap. 5 und 6) die Aussage getroffen, daß der göttliche Geist (der „Werkmeister") trotz des Dualismus, der zwischen Geist und Materie besteht, die Ordnung und Schönheit dieser Welt geschaffen hat. Der göttliche Geist ist aber dabei nicht der Schöpfer der Materie, sondern er ist ihr Ordner, der sie aus dem

Chaos herausbildet zu dem, was sie als Wirklichkeit der Welt, aufsteigend vom Körperlichen bis hin zum reinen Geist, ist. Für Platon spielt dabei die Fähigkeit des göttlichen Geistes zur „Zeugung" eine Rolle, ein Vorgang, in dem sich kundtut, daß sich der göttliche Geist mitteilt, seine Güte ausstreut, sich aus der Ruhe seines Seins heraus bewegt in die Aktualität und Bewegung der geschaffenen Wesen hinein.

Die Welt ist so das *Abbild* des göttlichen *Urbildes.* Die Welt ist das *Werdende,* das Urbild selbst ist das *Sein selbst.* Die Welt auf dieses Sein selbst hin zu denken, aufzusteigen in die Einheit alles dessen, was im Denken wie im Leben nur als Differenzierung und als Bewegung erkennbar wird, das wird auch zum Ziel der Philosophie des mittleren Platonismus.

Der Welterklärung des mittleren Platonismus eignet der idealistische Optimismus, daß der letzte Seinsgrund sinnerfüllend sein müsse. Was aber dieser letzte Seinsgrund sei, das wird ihm zum Problem. Auch der mittlere Platonismus benutzt den Begriff des Logos. Darunter stellt er sich die Allseele vor. Er benutzt ihn aber im Zusammenhang einer empirisch-physikalisch ausgerichteten Erklärung der Weltwirklichkeit, so daß er sich zwar vorstellen kann, wie sich die Weltseele, der Logos, mit der Materie verbindet, aber nicht zu definieren vermag, was dabei das Transzendente, das Weltjenseitige ist und ebensowenig, woher die Materie stammt. So drängt der mittlere Platonismus aus seiner inneren Problemführung heraus auf die Frage nach dem Sein eines transzendenten Gottes und zugleich nach einer Weltentstehungstheorie (Kosmogonie). Beides bleibt bei ihm mehr Frage und Problemstellung; aber gerade von ihm her ist die alexandrinische Theologie insoweit bestimmt, als sie dies beides, Gott und die materielle Schöpfungswirklichkeit, in einen kosmogonischen Zusammenhang bringen will.

Der *Neuplatonismus,* der sich aus dem mittleren Platonismus in Alexandria bildet, denkt nun nicht mehr naturwissenschaftlich-empirisch, gleichsam von der Sinnenerfahrung her, von unten nach oben, sondern er radikalisiert die Ideenlehre Platons und entwickelt sein Weltbild von oben nach unten. Er ist Ideenspekulation. Er leitet die Welt aus den obersten Prinzipien ab, ja diese Prinzipien gehen selbst aus einer Ureinheit hervor, die das Höchste, das Eine, das rein Geistige, die ewige, keinerlei Veränderung unterworfene *reine Potenz* ist. Plotin nennt diese Monas gelegentlich den „König". Diese Ureinheit ist etwas Weltjenseitiges und kann nur kurzfristig durch Vision und Schau erkannt werden; dann sinkt das menschliche Begreifen wieder in die Weltverhaftung zurück.

In Alexandria begründet *Ammonius Sakkas* – ursprünglich Christ – die neuplatonische Schule im zweiten Jahrhundert. Er lehrt nur auf mündlichem Weg. Drei seiner Schüler jedoch weiht er in seine zentralen Gedanken ein: *Plotin* (ca.

205–270), *Origines* (185–ca. 252/3) und *Porphyrius* (ca. 230–300), der – im Unterschied zu Plotin – das Christentum scharf befeindet und dessen Einheitsphilosophie im vierten Jahrhundert von Kaiser Julian herangezogen wird, um die Erneuerung der antiken Philosophie und der heidnischen Kulte zu begründen.

Von dieser alexandrinischen Schule unterscheidet sich die *syrische* Schule des *Jamblichus,* der einen kultischen Neuplatonismus ausbildet, und wiederum die *athenische* Schule, die später mit *Plutarch von Athen* (gest. 430) und *Proklos* (411–485) aufblüht.

Die Bedeutung des Neuplatonismus für die christliche Theologie ist trotz der Feindseligkeiten im dritten und vierten Jahrhundert kaum abzuschätzen. Keine der übrigen philosophischen Schulen hat so weit in das Christentum hingewirkt wie der Neuplatonismus. Bereits Irenäus bemerkt, daß Platon in besonderer Weise der christlichen Erkenntnis nahekommt. Augustin durchschreitet eine neuplatonische Phase und behält aus dieser Linie des Denkens gewichtige Strukturen, auch wenn er sich von der philosophischen Schule als solcher löst. In der Ostkirche wird der Neuplatonismus deswegen aufgenommen, weil er dem kontemplativen Denken der Mystik und des Mönchtums in besonderer Weise entgegenkommt. Theologen wie *Johannes von Damaskus* (ca. 670–ca. 750), *Johannes Scotus Eriugena* (gest. ca. 870) und allen voran die Schriften des uns sonst unbekannten *Pseudo-Dionysios Areopagita* aus dem 6. Jahrhundert (?) zeugen von einem geradezu *christlichen Neuplatonismus.*

2. Plotin

In Plotins Enneaden – die „neun Bücher“, ein erst von Porphyrius eingeführter Titel zur Bezeichnung der Sammlung einzelner Abhandlungen Plotins – begegnet man dem heidnischen Neuplatonismus in seiner reinsten und ruhigsten Gestalt. Er ist Lehre von der Seele, der Allseele wie der Seele des Menschen wie auch der Seelen, die in jedem einzelnen Seienden und Ding verborgen sind. Die Seele des Alls ist der Geist in seiner einfachen, ungeteilten Identität. Er ist Ausströmung des Göttlichen, das selbst nur negativ beschreibbar ist, unnennbar, ewig.

Zu einer eigentlichen Verbindung zwischen der Allseele und der Materie kommt es jedoch nicht. Es bleibt da stets in jedem Seienden ein immanenter Dualismus. Plotin denkt sich den Kosmos als einen *Stufenkosmos,* als ein pantheistisches All-Sein, in dem es keine absolute Leere und kein absolutes Nichts gibt. Das Nichts ist nur eine vom All umschlossene Leere, ist eine letzte Distanzierung vom Sein, also ein Mangel an Sein, ein privatives Nichts. So ergeben sich von oben nach unten gedacht verschiedene Schichtungen des Seins, die Stufen darstellen, auf die hin sich die Allseele differenziert und zergliedert. Auch das, was als Materie erscheint, hat noch von dieser Allseele Sein an sich. So drängt alles, was in den Dingen dieser Allseele ursprunghaft zugehörig ist, das geistig-seelische Sein, im Zuge des Weltprozesses letztlich wieder zur Einheit zurück.

Das Sein ist im Neuplatonismus ein Wertbegriff; es ist Ausdruck zugleich für das Gute und das Schöne. So verstanden ist der Neuplatonismus eine Philosophie der Identität; denn überall, wo die Allseele sich in der Zerteilung und Bewegung befindet, sucht sie sich zu „erinnern“ und zurückzukehren in den Urbereich des Seins.

Gott ist für Plotin keine Personalität, schon gar nicht eine historische Erscheinung, sondern die Allgegenwart des göttlichen Geistes in jedem Menschen, in jeder Seele. Gerade dies war die universale, die auch religionspolitisch so wichtige Aussage des Neuplatonismus: In Gott sind alle Menschen – das pantheistische Programm der natürlichen Seinsweise jedes Dings und aller Menschen in Gott.

Für die christlichen Theologen Alexandrias werden nicht nur die Vorstellungen vom Stufenkosmos und vom Ausstrahlen der göttlichen Allseele wichtig, sondern auch die Lehre von der Seele im Menschen. Seele ist im Neuplatonismus anders als die Vernunft, die zergliedert und differenziert, das sich-erinnernde Schauen des inneren Menschen auf die Ureinheit des Seins hin. Vor aller Diskursivität gibt es im Menschen diese Erlebnisschicht des Existierens im Sein selbst. Das ist das unverlierbar Göttliche am Menschen, und die Seele ist deshalb auch unsterblich, dem Tod des Materiellen überhoben. Ja, sie wandert auf ihrem Weg zur Einheit durch verschiedene Stufen zurück. Das religiöse Erleben dieser Philosophie ist eine Seelenkultur, die aus der Verfremdung der Welt herausruft in die erfahrbaren Zonen der Meditation, hin zur Vergeistigung, zur inneren Öffnung für die Lichtwelt des göttlichen Geistes.

65 *Plotin, Enneaden IV, 7, 10:* Da uns jetzt also feststeht, daß alles Göttliche und wahrhaft Seiende gutes und vernunfthaftes Leben hat, so müssen wir als nächstes prüfen, welcher Art unsere menschliche Seele ist. Nehmen wir die Seele nicht wie sie im Leibe mit unvernünftigen Begierden und Wallungen versetzt ist und andern Affektionen Einlaß gab, sondern wie sie dies von sich abstreift und soweit möglich nicht dem Leibe sich gesellt. An ihr wird es deutlich, daß das *Böse ein Zusatz* ist für die Seele und anderswoher stammt, wenn sie sich aber rein macht, ist in ihr das Edelste, Einsicht und die andere Tugend, und das ist ihr angestammter Besitz. Ist also die Seele, wenn sie zu sich selbst aufsteigt, solcher Art, so muß sie ja von jener *höheren Art sein, wie wir sie dem Göttlichen und Ewigen* allen zuschreiben. Denn Einsicht und wahre Tugend, die göttlich sind, können sich nicht wohl in einem minderwertigen und sterblichen Ding befinden, sondern ein solches Ding muß göttlich sein, da es Teil hat am Göttlichen zufolge angestammter Verwandtschaft, *Wesensgleichheit*... Man muß aber, will man das Wesen eines Dinges erkennen, auf sein reines Sein blicken; denn Zusätzliches ist immer hinderlich für die Erkenntnis dessen, dem es zugesetzt ist. Prüfe sie also, indem du das ausscheidest, oder vielmehr: Man scheide es aus und blicke auf sich selbst, dann wird man vertrauen, unsterblich zu sein, wenn man erschaut, wie man selbst ins Geistige, Reine eintritt. Man wird nämlich den Geist sehen, wie er schaut – nichts Sinnliches, nichts von unsern sterblichen Dingen, sondern *mit dem Ewigen das Ewige erkennt*, all die *Dinge im geistigen Kosmos*, wobei *er selbst auch seinerseits zu einem geistigen, lichthaften Kosmos* wird, erleuchtet von der Wahrheit, die von dem ‚Guten' kommt, welches über allen geistigen Wesen strahlt. Da wird dann jenes Wort ihm immer wieder treffend scheinen: ‚Heil euch! Ich aber bin unsterblicher Gott', nämlich *im Aufstieg zum Göttlichen* und im unverwandten *Blicken auf die Gleichheit* mit ihm.

3. Die alexandrinischen Theologen

Im Alexandria des zweiten und dritten Jahrhunderts sind noch die Wirkungen des alten Isis-Osiris-Kultes mit seinen Bildern vom Durchgang der Seele durch das Totenreich lebendig. Hier lebt die nubische Bevölkerung zusammen mit Griechen und Diasporajuden. Hier beginnt auch früh die christliche Mission nach dem Osten und Westen Nordafrikas. Weniger der Bischof, sondern der „Lehrer" spielt in der Bildungswelt dieser Stadt eine Rolle. Erstmals entsteht hier eine christliche Katechetenschule aus privater Initiative, unabhängig von der Kirche, durch den Mann, den Klemens von Alexandria „die fleißige Biene Siziliens" nennt: Pantänus. Seine Nachfolger in der Leitung der Schule sind Klemens und Origines, die ersten großen Lehrer der Ostkirche, mit deren Namen sich die alexandrinische Theologie verbindet.

Es gibt zwei Phasen dieser alexandrinischen Theologie: die ältere – Pantänus, Klemens, Origines –, die noch von den Ausläufern der Gnosis, vor allem vom Neuplatonismus bestimmt ist, und die jüngere, die sich im vierten Jahrhundert mit Athanasius, Apollinaris und Kyrill verbindet, die aber eine hochkirchliche und orthodoxe Linie vertreten. Die erstere soll uns im folgenden beschäftigen.

Die ägyptische, alexandrinische Kirche befindet sich in einer Kampfsituation. Um 202 ereignet sich eine Christenverfolgung, in der auch der Vater des Origines zum Märtyrer wird. Zudem aber wendet sich der Neuplatonismus, der sich zu dieser Zeit als henotheistische Reichsreligion aufbauen möchte, scharf gegen das Christentum. Die alexandrinische Theologie ist deswegen Kampftheologie und apologetische Systematik. Gerade hier legt es sich nahe, vom Bildungsgut des Hellenismus und Platons her das Christentum als die Welterklärung und als Seelenkultur darzulegen, die der Zeit entspricht. Origines sammelt aus diesem Grunde die ihm erreichbaren Schriften des Alten und Neuen Testaments als Kanon, und die alttestamentlichen Überlieferungen läßt er aus den Handschriften in der Form einer sechsfachen Kolumne, einer Hexapla, nebeneinanderstellen, um durch Vergleich einen authentischen Text zu gewinnen. Die Alexandriner wollen wissenschaftlich arbeiten. Sie treiben die Theologie als Offenbarungs- und Schrifttheologie.

Porphyrius, des Origines alter Kommilitone aus den Tagen des Ammonius Sakkas, des Vaters des Neuplatonismus, wirft Origines vor, er habe die Ideale des hellenischen Denkens verlassen und sich den allegorischen Auslegungsmethoden des Judentums hingegeben. Euseb berichtet das in der Kirchengeschichte (VI, 19, 5–8). Porphyrius sieht Origines als Grieche unter Griechen erzogen, der aber dann – von seinen Eltern ins Christentum eingeführt – zu barbarischer Dreistigkeit abgesunken sei. Obwohl er aus jahrelangem Studium heraus die Schriften der Philosophen seiner Zeit kannte, sei sein Leben das eines Christen gewesen und habe den Gesetzen der Philosophie widersprochen. „In seiner Auffassung von der Welt und von Gott dachte er wie ein Grieche und schob den fremden Mythen griechische Ideen unter."

Origines selbst berichtet aus der verloren gegangenen Schrift des Neuplatonikers *Kelsus* „Das wahre Wort" (aus dem Jahr 178) eine wortgetreue Passage, aus der der Vorwurf deutlich wird, den Kelsus gegen die Christen erhebt (Contra Celsum III, 55). Für Kelsus sammeln sich im Christentum die ungebildeten Unterschichten, die sich nur illegitim mit der Philosophie befassen. An den Arbeitsstätten und in den Häusern, wo sie beschäftigt sind, wagen sie in Gegenwart der Dienstherren und Väter nicht den Mund aufzutun. Wenn diese aber fort sind, machen sie sich an die Kinder, das Gesinde und die Weiber heran, tragen ihnen „ganz wunderbare Dinge" vor und fordern deren Gehorsam, wenn sie selig werden wollten. Die Christen sind mithin nicht nur ungebildet, sondern lichtscheu, verderben die guten Sitten, lösen die familiären Bande und brüsten sich mit ihrer vollkommenen Weisheit. Kelsus sieht das Christentum als Abfall aus der menschlichen und griechischen Weisheit, und schon das Judentum hätte besser daran getan, sich nicht von der ägyptischen Religion zu trennen, weil es die römische und hellenische Widerstandskraft gegen den Ansturm der Barbaren schwächt. So wird das Bildungsargument zu einem sittlichen und letztlich sogar zu einem politischen Argument. Das Christentum ist staatsauflösend wie das Judentum. Die Christen sollten besser ihre Intoleranz aufgeben und mit der Philosophie zusammen nach der einen wahren Gottheit trachten, die als das einzig Wahre und Gute über allen anderen Gottheiten steht.

4. Klemens von Alexandria

Klemens von Alexandria zeigt uns in seinen Schriften, daß eines an der Kritik des Porphyrius richtig ist: Die alexandrinische Theologie ist durch und durch griechisch geformt.

In dieser Atmosphäre der Kämpfe und Anklagen entwickelt sich die alexandrinische Schule.

Während von Pantänus nichts Schriftliches erhalten ist, gibt es von Klemens noch drei zusammengehörige Werke: der Proptreptikos (der „Mahner", der sich gegen die heidnischen Mythen wendet), der Paidagogos (der „Erzieher", nämlich Christus, eine ethische Schrift), die Stromata (die „Teppiche", die unsystematisch verschiedenen Themen gewidmet sind), dazu noch eine Predigt über das Thema: „Welcher Reiche wird gerettet werden?"

Klemens stammt aus einer heidnischen Familie, ist vermutlich in Alexandria geboren. Nach seiner Bekehrung tritt er in den Dienst der christlichen Gemeinde. Er ist weitgereist, kennt Kleinasien, Griechenland und besitzt einen Überblick über die philosophischen Schulen seiner Zeit. Um 205 geht er nach Jerusalem zu Bischof Alexander, der ihn mit einem Auftrag zur antiochenischen Kirche sendet. So sind ihm auch die östlichen Kirchengebiete Syriens und Palästinas bekannt. In der severischen Verfolgung 202 wird auch Klemens vom Angriff auf den Katechumenat betroffen gewesen sein. Sein Todesjahr muß vor 215/6 liegen.

Klemens schätzt die hellenische Kultur und Philosophie hoch ein. Er faßt sie als Hinführung zu Christus, als einen Denkweg relativer Wahrheit auf, die in der biblischen Christus-Offenbarung ihren Abschluß und ihre Erfüllung findet.

Er vermag deshalb die griechische Kultur und Philosophie in die heilsgeschichtliche Linie der einen Urwahrheit einzuordnen, die sich in der Geistesgeschichte der Menschheit Bahn bricht. Das Ganze der Geschichte erscheint ihm aus der Voraussicht, aus der *Pronoia* Gottes heraus als ein zusammenhängendes Geschehen der Entfaltung der Wahrheit, wie sie Gott im Judentum, bei den Griechen und nun schließlich bei den Christen in Erscheinung treten läßt. Christus ist für Klemens der große Lehrer, der *Erzieher* des Menschengeschlechts auf Gott hin.

In diesem Gedanken von Pronoia und Paideusis, Voraussicht und Erziehung, ergibt sich ebenfalls eine heilsgeschichtliche Sicht der Geschichte, eine das Ganze der menschheitlichen Entfaltungen zusammenfassende Zielbestimmung, die noch Gotthild Ephraim Lessing in seiner aufgeklärten Abhandlung über „Die Erziehung des Menschengeschlechts" bestimmt.

Zugleich liegt in diesem Schema die Einsicht ausgesprochen, daß die menschliche Vernunft schließlich in ihren Denkbewegungen auf den Glauben hinausläuft. Das ist eine Einsicht, die auch der Neuplatonismus seinerseits bekundet. Sie entstammt hier bei Klemens nicht der

Skepsis oder dem zerfallenden Wertbewußtsein, sondern umgekehrt dem Wissen daraus, daß alles Sein sich von Gott her in die Wirklichkeit und in die Bewegung des Daseins hinein entfaltet.

66 *Klemens, Stromata IV, 162, 5:* Gott ist ohne Anfang, der Uranfang aller Dinge; er ist Schöpfer des Anfangs. Weil er das Sein ist, ist er Anfang der Natur; weil er das Gute ist, Anfang der Ethik; weil er Geist ist, Anfang des Denkens und des Urteilens. Daher ist der Logos der einzige Lehrer, Sohn des Geistes, also des Vaters; er ist Erzieher des Menschen.

Klemens geht darin einen Schritt über Justin hinaus, daß er nicht allein vom Logos, sondern vom „Sohn" redet, also von dem Logos, der sich als der „Sohn" in der christlichen Überlieferung bekundet. Die Offenbarung Gottes erfolgt im Alten und im Neuen Testament und damit in geschichtlicher Weise. In dieser Betonung der Geschichtlichkeit, der materiellen Bindung Gottes an die konkrete jüdische Geschichte und an den fleischgewordenen Gottessohn tritt der Abstand vom Neuplatonismus zutage.

Das Ziel des Glaubens ist es, die Seele des Menschen von den materiellen Bindungen zu lösen und sie in diesen Erziehungsvorgang, in diesen Aufstieg zu Gott hineinzuleiten. Allegorese, die sowohl Klemens als auch Origines kultivieren, besagt eine Weise der Meditation, die darauf beruht, daß die materielle Welt analogiefähig für das ist, was die geistig-seelische Welt im eigentlichen ist.

67 *Klemens, Stromata II, 14, 1–3:* (1) So kann allein der Glaube zum Anfang aller Dinge vordringen. Alles Wissen ist lehrbar; lehrbar ist jedoch nur, was vorher bekannt ist. (2) Die Griechen haben den Uranfang der Dinge nicht gekannt. Ihn kannte Thales nicht, der das Wasser für den Urstoff ansah, ebensowenig die folgenden Naturphilosophen. Anaxagoras hat wohl als erster den Geist an die Spitze aller Dinge gestellt, aber selbst er hielt ihn als schöpferische Ursache nicht fest; er schuf das Bild von irgendwelchen unvorstellbaren Wirbeln und handelte von der Untätigkeit und Unverständigkeit des Geistes ... (3) Der Glaube ist aber eine Gnadengabe, durch die das Einfache vom Unbeweisbaren zur Fülle emporgeführt wird; es ist weder mit dem Stoff verbunden noch stofflich, noch vom Stofflichen abhängig.

Klemens bildet eine Phänomenologie der Erkenntnisschritte aus, die zugleich eine Art Standesordnung der Kirche oder der Gotteserkennenden ist: der *Hyliker* (der materiegebundene Denktyp, der an das Stoffliche, das Vorfindliche und die Lehre gebunden bleibt), der *Pistiker* (der Glaubende, der über das Welthafte hinaus in den Bereich einer Erfassung der Christuserkenntnis tritt, die aber noch traditions- und autoritätsgebunden bleibt) und schließlich der *Pneumatiker* oder *Gnostiker*, der in vollkommener Weise Gottes Geist an sich erfährt und sich damit auch von den materiellen Denkvoraussetzungen löst. Er ist der Schau Gottes fähig.

Der Gnostiker ist das vollkommene Abbild Christi und seiner Tugenden; er ist nach der Seite der Tugenden zur Züchtigung der inneren und äußeren Bewegungen und Begierden fähig; er ist auch nach der inneren Seite hin unveränderlich, göttlich und gottähnlich, frei von allen seelischen Irrungen und in der Liebe vollendet. Dieser Gnostiker ist – bei mancher Ähnlichkeit zur stoischen Unbewegtheit der Seele (ataraxia) – eigentlich schon ein mystisch-mönchischer Typ, ein radikaler Denker, ein Geisterfahrener.

Der Gnostiker bewegt sich ganz in den Logos-Sohn hinein und deutet nunmehr die Wirklichkeit aus dieser Erfahrung der Weltüberwindung.

68 *Klemens, Stromata VI, 78, 5–6:* (5) Der Gnostiker hat nicht nur die erste Ursache und die durch sie bestimmten weiteren Ursachen verstanden und bleibt dann standhaft dabei; er hat sich unbedingt beständige, unwandelbare und unveränderliche Grundsätze angeeignet. Er kennt die sichersten Wahrheiten über gut und böse, über alles Geschaffene und kurz gesagt über alles, von dem der Herr gesprochen hat. Diese Wahrheit gilt von Anfang bis zum Ende der Welt. Er hat sie von der Wahrheit selbst gelernt. Er wird sich nicht für etwas anderes als für die Wahrheit entscheiden, selbst wenn das andere als glaubhaft oder nach einem griechischen Wort als zwingend erscheint. (6) Er nimmt die Worte des Herrn als klar und unzweifelhaft. Von allen Dingen hat er Kenntnis, selbst wenn für andere noch Unklarheiten bestehen sollten. Unsere Lehre verkündigt, wie das ist, was besteht, wie das Kommende sein wird und wie das Gewesene geschah.

Gerade das zuletzt Gesagte zeigt, wie die alexandrinische Theologie Welterklärung sein will, und vergegenwärtigt man sich dabei das antike ptolemäische Weltbild und den neuplatonischen Stufenkosmos, so wird deutlich, wie sehr sich die christliche Theologie dieser Zeit in die Denkvoraussetzungen der Epoche hinbegibt.

Dennoch wird diese alexandrinische Theologie trotz aller Betonung der Schriftgemäßheit nicht zu einem kirchlichen Dogmatismus, sondern sie weist den Weg zur meditativen Selbsterfahrung des Christen. Christus selbst ist der, der sich als der Logos offenbart und damit jene Fähigkeit zum Aufstieg der menschlichen Erkenntnis vermittelt. Jesus Christus ist gerade auch in seiner menschlichen Erscheinensweise das Vorbild des Gnostikers.

69 *Klemens, Stromata VI, 71, 1–3:* (1) Unser Gnostiker ist nur von den Trieben abhängig, die zur Erhaltung des Körpers nötig sind, wie Hunger, Durst und dergleichen. (2) Doch es wäre lächerlich, von dem Heiland zu erwarten, daß er in seiner Leiblichkeit um des Leibes willen die nötigen Verrichtungen zum Leben gebraucht habe. Er aß nicht, weil er Hunger hatte, denn der Leib wurde durch eine heilige Kraft erhalten, sondern nur darum, daß die, mit denen er zusammen war, nicht falsch von ihm denken sollten. Später waren ja einige der Ansicht, daß er sich nur zum Schein offenbart habe (gemeint ist: die Doketisten). Er selbst war vollständig frei von den Leidenschaften; Erregungen, Zorn oder Schmerz kannte er nicht. (3) Dank der Lehre ihres Herrn konnten die Apostel in gnostischer Weise Zorn, Angst, Begierde beherrschen. Sie ließen sogar Regungen, die als gut gelten, wie Mut, Eifer, Freude und Frohsinn bei sich keinen Raum. In ihrer Gesinnung standen sie unerschütterlich fest und ließen sich durch nichts von ihrer Meinung ändern. Sie blieben stets in der gleichen zuchtvollen Haltung, wenigstens seit der Auferstehung des Herrn...

5. Origines

Der Nachfolger des Klemens in der Leitung der alexandrinischen Katechetenschule ist Origines, die große Gestalt der östlichen Theologie im dritten Jahrhundert, ein Mann von universaler philosophischer Bildung. Ihm vor allem ist es zu verdanken, daß die christliche Theologie systematische Züge erhält. Dabei bleibt die Theologie dieses Lehrers der Kirche in späterer Zeit nicht unangefochten. Seine Christologie wird wegen ihres Subordinatianismus (s. Bd. 3, Kap. I, 3) im Jahr 400 von Timotheus von Alexandria und dann noch einmal auch vom römischen Bischof Anastasius I. verurteilt. Im 6. Jahrhundert entsteht abermals ein origenistischer Streit, der durch Kaiser Justinian mit der Verurteilung von „drei Kapiteln“ aus dem Werk des Origines auf dem 5. ökumenischen Konzil in Konstantinopel (553) entschieden wird.

Origines wird in einer christlichen Familie geboren. Nach der bei Euseb in der Kirchengeschichte übermittelten Biographie ist er von Anfang an ein orthodoxer Christ und ein Mann der Kirche. Die Hinrichtung seines Vaters in der severischen Verfolgung 202 läßt ihn sich bereits 203 der Katechetenschule von Alexandria anschließen. In diesem Zusammenhang wählt er das asketische Leben und entmannt sich selbst nach Mt 19, 12, ein Entschluß, den er später verwirft. Gleichwohl bleibt er in seiner Bildungsarbeit, die ihn durch alle damaligen Wissenschaften führt, ein radikaler Denker. Er will die heidnische Bildung ganz in sich aufnehmen (seit 210/212 ca.) und studiert zunächst die gnostizistischen Systeme, dann das platonisierende System der Pythagoreer und schließt sich längere Zeit Ammonius Sakkas an.

Zwischen 212 und 230 lehrt Origines an der Didaskalia, einer Art Universität für alle Wissenschaften in Alexandria, im Dienst am Wort der heiligen Schrift. An die zweitausend Schriften soll er abgefaßt haben, freilich unter Inanspruchnahme von Stenographen, die seine Vorträge aufzeichnen, darunter eine Reihe von exegetischen Kommentaren zu Schriften des Alten und des Neuen Testaments. Außer den frühen Schriften Stromateis und „Über die Auferstehung“ ist sein Hauptwerk die Darstellung der christlichen Wirklichkeitslehre, die erste Dogmatik, unter dem Namen „Vier Bücher von den Prinzipien“ (De principiis) im Stil und im Aufriß neuplatonischer Gelehrsamkeit.

Origines knüpft an den Neuplatonismus, abgesehen vom hellenistischen Gottesverständnis, vor allem in zwei Punkten an: in der Theorie vom Stufenkosmos als dem geschichteten Seinsaufbau und sodann in der Seelenlehre. Aus Gott stammt die Welt, und zwar auch die materielle, die leibhafte Welt. Dieser Kosmos gliedert sich aber in die Welt der Ideen, den kosmos noetos, und die Welt der materiellen Erscheinungen, den kosmos aisthetos. So ergeben sich drei Stufen: Gott, kosmos neotos, kosmos aisthetos. Sie bilden eine von oben nach unten abnehmende Seinswertigkeit. Diese drei Stufen gehören dadurch zusammen, daß der unbewegte und einheitliche Geist (Gott) sich aus sich heraus bewegt; er *emaniert.*

Die erste dieser Emanationen ist der Sohn, der aus dem Willen oder dem „Wesen" des Vaters stammt und dadurch charakterisiert ist, daß er zwar vom Vater gezeugt, aber nicht – wie die übrigen Wesen – geschaffen ist. Er hat eine vorzeitliche, präexistente Beziehung zum Vater, ist aber doch – als Gezeugter – eine niedere Seinsverwirklichung als der Vater selbst. Er ist eine *Hypostase.*

Den Gottesbegriff beschreibt Origines in Anlehnung an Platons Höhlengleichnis.

70 *Origines, Von den Prinzipien I, 1, 5 und 6:* (5) Nachdem wir also, so gut wir konnten, jegliche Auffassung widerlegt haben, die etwas Körperliches in die Vorstellung von Gott hineinbringen will, stellen wir nun den Satz auf, daß Gott in Wahrheit unbegreiflich und unermeßlich ist. Wenn wir uns nämlich überhaupt eine Vorstellung und einen Begriff von Gott machen können, so müssen wir notwendig annehmen, daß Gott in vieler Hinsicht weit erhabener ist als unsere Vorstellung. Es ist so, wie wenn wir mit einem Menschen zu tun hätten, der kaum einen Lichtfunken oder das Licht der kleinsten Laterne anzuschauen vermag, und ihn, der mit der geringen Schärfe seiner Augen nicht mehr Licht fassen kann als wir sagten, über die Helligkeit und den Glanz der Sonne belehren wollten. Müßten wir ihm nicht sagen: Der Glanz der Sonne ist unsäglich und unermeßlich größer und erhabener als alles Licht, das du siehst? So steht es auch mit unserer Vernunft, wenn sie in den Kerker von Fleisch und Blut eingeschlossen und entsprechend ihrer Teilhabe an diesem Stoff stumpf und träge geworden ist...

(6) Aber es scheint mir angebracht, um den Sachverhalt deutlicher vor Augen zu stellen, noch ein anderes Gleichnis zu gebrauchen. Unsere Augen können zunächst die Natur des Lichtes selbst, d. h. die Substanz der Sonne, nicht anschauen; wir können aber ihren Glanz oder die Strahlen betrachten, die etwa durch Fenster oder irgendwelche kleinen Lichtöffnungen fallen, und daraus schließen, wie groß die glühende Masse sei, der das körperliche Licht entströmt. So sind auch die Werke der göttlichen Vorsehung und der kunstvolle Bau dieses Alls gleichsam Strahlen von Gottes Natur im Vergleich zu seiner Substanz und Natur selbst. Unsere Vernunft erkennt also, da sie Gott nicht an sich, so wie er wirklich ist, betrachten kann, aus der Pracht seiner Werke und der Schönheit seiner Geschöpfe den Vater des Alls.

Die mystische Sprache von Gott als dem ewigen Licht spielt bei Origines eine große Rolle. Von dieser Sprache aus versucht er, auch die Stellung des „Sohnes“ zu beschreiben, und es liegt ihm alles daran, daß die „Zeugung“ des Sohnes durch den Vater etwas ist, das sich mit keiner anderen Weise der leiblichen Fortpflanzung vergleichen läßt.

Der Sohn ist in einer besonderen vorzeitlichen Weise vom Vater gezeugt worden als dessen „Weisheit“, so daß es sich zwischen dem Sohn und dem Vater nicht um eine Erkenntnis im Sinne vernünftiger Objektivation handelt, sondern um einen Vorgang des gegenseitigen Erkennens und Erkanntwerdens. Das ist darum bei Origines wichtig, weil er ausdrücken will, daß auch der Sohn nicht den Vater körperlich „sieht“, wie auch der heilige Geist nicht den Sohn „sieht“. Es bestehen zwischen diesen drei Größen schon in aller Vorzeitlichkeit deutliche Unterordnungen. Der Sohn ist dem Vater *subordiniert,* und darum bleibt die Gottheit Gottes unzugänglich selbst für den Sohn. Dieser „Sohn“, der in einzigartiger Weise Geborene, ist nun dem Lichtstrahl zu vergleichen, der von der Sonne ausgeht und wie durch einen Spalt in die Welt hineinfällt. An ihm und durch ihn kommt die Kunde von der Lichtsubstanz Gottes zu den Menschen.

Der Sohn wird nicht einmalig gezeugt, sondern seine Zeugung ist von ewiger, fortwährender Art. Die subordinatianische Vorstellung und diese Theorie von der ewigen Zeugung des Sohnes durch den Vater hat später zur Inkriminierung der Theologie des Origines geführt.

71 *Origines, Von den Prinzipien, I, 2, 4:* (4)... [Es] ist doch der Gedanke unaussprechbar und unerlaubt, daß Gott Vater, was die Zeugung seines eingeborenen Sohnes und sein Ins-Dasein-Treten betrifft, irgendeinem Menschen oder sonstigen Lebewesen bei seiner Zeugung zu vergleichen wäre. Es muß sich hier notwendigerweise um etwas Besonderes handeln, das Gottes Würde entspricht und wofür sich überhaupt kein Vergleich finden läßt, nicht nur in der Wirklichkeit, sondern nicht einmal im Denken und in der Vorstellung, so daß das menschliche Denken erfassen könnte, auf welche Weise der ungeborene Gott zum Vater des eingeborenen Sohnes wird. Denn (diese) *Zeugung ist ebenso ewig und immerwährend wie die Zeugung des Glanzes durch das Licht.* Denn nicht kraft einer Adoption durch den Geist wird er von außen her (kommend) zum Sohn, sondern *von Natur aus* ist er Sohn.

Das Besondere an dem Christus-Sohn Gottes ist – im Gegensatz zu anderen Vernunftseelen, die in die Leibeswelt abgestiegen sind und körperliches Sein angenommen haben –, daß er das Urbild, den Abglanz Gottes rein in sich bewahrt. Der Erlöser ist der echte Abdruck des Urbildes, und ihm ist es als „Seele“, die er hat, möglich, eine Fleischesgestalt anzunehmen. Die „Seele“ vermittelt also zwischen der göttlichen Abbildhaftigkeit und Authentizität vor aller Ewigkeit einerseits, dem „Fleisch“ andererseits.

In der Schrift „Von den Prinzipien“ (II, 6, 3) beschreibt Origines diesen vorzeitlichen Vorgang der Zeugung des Gottessohnes, der ja nach

Kol 1, 15 das „Bild des unsichtbaren Gottes“ ist. Der eingeborene Sohn ist der Schöpfer alles Geschaffenen. Nur er ist das Abbild Gottes, weil nur seine „Seele“ das Urbild Gottes, des Vaters, in sich bewahrt. Die anderen Geschöpfe hingegen nehmen ihre Willensfreiheit in Anspruch, und das gereicht ihnen zum Abstieg in die Leibeswelt, ein Motiv, das in abgewandelter Weise auch in der Gnosis zum Ausdruck gelangt: die vorzeitliche Entzweiung der himmlischen Mächte. In den nach unten Abgestiegenen verliert sich das Urbild Gottes, so daß Gotteserkenntnis nur noch so möglich ist, daß das Geschöpf an der das Urbild in sich tragenden Seelensubstanz des „Sohnes“ Christus Anteil gewinnt und – wie die Apostel – mit ihm „ein Geist“ wird.

In dieser Weise versucht Origines, versucht aber auch der Frühkatholizismus auf breiter Linie, durch spekulative Verknüpfungen das Weltbild mit dem christlichen Kerygma in Übereinstimmung zu bringen, so daß für die Menschwerdung und für die in der Person Jesu Christi geglaubte Erlösung des Menschen nachgeschobene Begründungen greifbar werden.

Wie eng die Bindung an das neuplatonische Weltbild ist, zeigt sich in weiteren Partien des Denkens des Origines. Für ihn ist es selbstverständlich, daß auch die Sonne, der Mond und die Sterne eine „Seele“ besitzen wie jedes andere Ding, ja, die Dinge werden überhaupt erst dadurch zu etwas Seiendem, daß sich die Seele, also ein Teil der Allseele, mit einer materiellen Substanz verbindet. So tritt Origines vor das Substanzproblem. Er stellt zum Beispiel die Frage, ob die materielle Substanz gleich ewig ist wie die Seele und der Geist. Das verneint er ausdrücklich.

Aus dieser Verneinung entsteht bei ihm eine denkwürdige Spekulation. Wenn sich am Ende dieser Weltzeit die Seelen der Dinge und der Menschen wieder zu Gott zurückwenden, wenn sich also die *apokatastasis pantoon* (die Wiederbringung aller Dinge) ereignen wird, über die Paulus bereits in 1. Kor 15, 24 f. 53 ff. nachgedacht hat und für die Lukas in Apg 3, 21 den Begriff bereit stellt, wird die materielle Substanz in eine andere Seinsweise übergehen. Der „fleischliche“ Leib wird zu einem „geistigen“ Leib. Es ist dann nicht der Körper, der die Seele umschließt, sondern umgekehrt umschließt die aufsteigende Seele den Körper und nimmt ihn mit in die Ewigkeit des Geistes.

Nur bleibt dabei doch immer dieses bestehen, daß keine außergöttliche Seinsweise wirklich körperlos sein, rein geistig sein kann, und weil die Mischungen, die sich aus der Verbindung von Seele und Körper ergeben, schon wegen des freien Willens unendlich sind, darum ist es denkbar, daß sich nach der Errettung der Welt abermals ein Aufstand der Vernunftwesen im Himmel ereignet, der zu einem *neuen Abfall* und zu einer *neuen Welt* führen kann.

In dieser Spekulation drückt sich – in deutlichem Gegensatz zur linearen Endzeitlehre des Irenäus – ein zyklisches Denken aus, das dem Platons eng benachbart ist. Die physischen Welten umkreisen in der Weise von Weltepochen die zentrale geistige Ruhe des Seins. So lösen einander die Weltepochen ab. So steigen auch die Seelen in neue Lagen der Erlösung auf. Origines bewegt sich in der Denkform der Seelenwanderung, der Unsterblichkeit der Seele, nicht in der aus dem Indischen bekannten Weise eines auch denkbaren Abstiegs für sündhaftes Leben, etwa in tierische Daseinsformen hinein, sondern in der anderen Weise der epochalen Wiederkehr der abgefallenen Körperwelt in die ewige Substanz, von der alles ausgegangen ist.

Die Auferstehung der Toten erscheint bei Origines an jener Stelle (Von den Prinzipien II, 3, 2), wo er die Schilderung des Paulus von der Auferstehung (1. Kor 15, 53–56) auslegt, nur als Spezialfall der allgemeinen Wiederbringung aller Wesen zur Allseele. Der Körper des Menschen ist wie ein „Kleid", das der Mensch anzieht, das er mit dem Tod wieder ablegt, und anstelle der körperlichen Materie wird der Auferstehende „Unvergänglichkeit" anziehen. Das Fortleben der Seele nach dem Tod erfolgt in einer gewandelten Körperlichkeit.

72 *Origines, Von den Prinzipien II, 3, 3:* ... Wenn dies einleuchtend ist, so werden wir vielleicht dereinst ohne Körper weiterleben. Wenn aber der, der Christus vollkommen unterworfen ist (1. Kor 15, 27–28), als körperlos anzusehen ist, und wenn alle Christus unterworfen werden sollen, so werden auch wir ohne Körper sein, wenn wir ihm vollkommen unterworfen sind. Wenn ferner das, was Christus unterworfen ist, am Ende auch Gott unterworfen wird, so werden alle die Körper ablegen, und ich nehme an, daß zu diesem Zeitpunkt eine Auflösung der körperlichen Natur ins Nichtsein erfolgen wird. Sie wird ein zweites Mal ins Dasein treten, wenn wieder Vernunftwesen [von der Einheit mit Gott] herabsteigen. Denn Gott hat die Seelen dem Zustand von Kampf und Ringen überlassen, damit sie wissen, daß sie einen vollen und endgültigen Sieg nicht aus eigener Kraft, sondern aus Gottes Gnade erreicht haben.

73 *Origines, Von den Prinzipien III, 6, 3:* ... Nun ist aber ein periodisch wiederholtes Eingehen in die Körperlichkeit durchaus nicht auszuschließen. Es ist nicht zu bezweifeln, daß nach gewissen zeitlichen Zwischenräumen erneut Materie ins Dasein tritt, Körper entstehen und die Mannigfaltigkeit einer Welt aufgebaut wird auf Grund der verschiedenen Willens(bewegungen) der Vernunftgeschöpfe, welche nach der vollkommenen Seligkeit bis zum Ende aller Dinge allmählich herabsinken und dabei so viel Bosheit in sich aufnehmen, daß sie sich ins Gegenteil verwandeln, da sie nicht willens sind, im Anfangszustand und im Besitz ungetrübter Seligkeit zu verharren. Man muß auch wissen, daß viele Vernunftgeschöpfe bis zur zweiten, dritten und vierten Welt im Anfangszustand verharren und der Veränderung in sich keinen Raum geben; daß andere so wenig von ihrem alten Zustand absinken werden, daß sie fast nichts verloren zu haben scheinen; und daß einige in einem großen Fall in den untersten Abgrund stürzen

werden. Und Gott, der für alles fürsorgt, weiß bei der Schöpfung der Welten die einzelnen zu gebrauchen nach ihrem Verdienst, nach der Zweckmäßigkeit und nach dem Kausalzusammenhang, der den geregelten Gang der Welt aufrechterhält und [überhaupt erst] in Gang setzt: Wer an Bosheit alle übertrifft und sich ganz auf die irdische Ebene begibt, der wird in einer anderen, später zu schaffenden Welt zum Teufel, zum „Beginn der Schöpfung des Herrn, gemacht dazu, daß die Engel seiner spotten" (vgl. Hiob 40, 19)...

Trotz aller heutigen Distanz sind die Spekulationen der alexandrinischen Theologen auch positiv zu würdigen. Das tritt in zwei Linien hervor: 1. darin, daß diese unsere Weltwirklichkeit keineswegs gottleer, sondern von Gott geschaffenes und wieder zu ihm zurückführendes Dasein ist, 2. daß die Seele des Menschen, das, was seine Individualität und Personalität, mehr noch: seine Geistfähigkeit umschreibt, erlösungsbedürftig, vor allem aber auch erlösungsfähig ist. Die Erlösung ist etwas, was sich erfahren läßt, worauf hin Erziehung gedeiht, was im Zusammenhang des kosmischen Daseins, in das Menschen eingelassen sind, auch zu verantworten ist. Diese Vergottung des Menschen bleibt das religiöse Ziel der Ostkirche. Der Frühkatholizismus insgesamt teilt mit den Alexandrinern den Bezug des Glaubens auf die Welt, auch auf die innere Welt, in der wir leben.

VI. Der Ausbau der Bischofskirche im dritten Jahrhundert

1. Die Verfestigung der frühkatholischen Kirche

Adolf von Harnack hat einmal geurteilt, daß die Jahre zwischen 220 und 240 mit die wichtigsten der Kirchengeschichte gewesen sind. In diesen Jahren tritt die Kirche als eine selbständige Religion erfolgreich in das öffentliche Bewußtsein ein und wird zu einem religionspolitischen Faktor. Die Ausgestaltung zu einem sakramentalen Kultverband mag dazu erheblich beigetragen haben, weil diese Organisationsform dem antiken Leben längst vertraut ist. Das bedeutet aber nach innen hin, daß sich die Kirche nicht mehr primär als eschatologisches Gottesvolk versteht, sondern sich als eine irdische Kultgröße begreift, die das ein für allemal von Gott dargereichte Heil durch sich, ihre Ämter, ihre Gottesdienste und Sakramente vermittelt.

Harnack beobachtet: „Die intensive Verbreitung des Christentums tritt in erster Linie und am deutlichsten in dem Stärkegefühl der Christen zutage.“ Der Geist, der diese Generation des dritten Jahrhunderts prägt, zeigt sich im Missionseifer, im Bewußtsein, die wahre Religion zu besitzen, die wahre Sittlichkeit zu vertreten, aber auch in der internen Gemeinschaftsbildung und – nicht zuletzt – in der sozialen Hilfeleistung für die Glaubensbrüder.

Über das Verhältnis der Zahlen der Gesamteinwohnerschaft des Imperiums zu denen der Christen wird viel gerätselt. Die Gesamteinwohnerschaft des Reiches wird – keineswegs exakt – in der Größenordnung von 7 Millionen vorgestellt. Im ausgehenden zweiten und im dritten Jahrhundert hat es vermutlich einen oder mehrere Geburtenschübe gegeben. Dem steht gegenüber, daß durch mehrere Pestwellen seit der Regierungszeit Marc Aurels die Zahl der Einwohner wieder reduziert worden ist.

Die Anzahl der christlichen Gemeindeglieder kann keineswegs groß gewesen sein. Die Angaben der antiken Quellen sind meist stereotyp oder folgen bestimmten Zwecken, wie zum Beispiel die Gemeinden zu Spenden zu veranlassen. Neuere Berechnungen schätzen für die Stadt Rom eine Gesamteinwohnerzahl in der Größenordnung von 700 000 Menschen, und die Zahl der Christen in dieser Stadt schwankt nach Angaben der Forscher zwischen 7000 und 15–20 000. Natürlich kann man

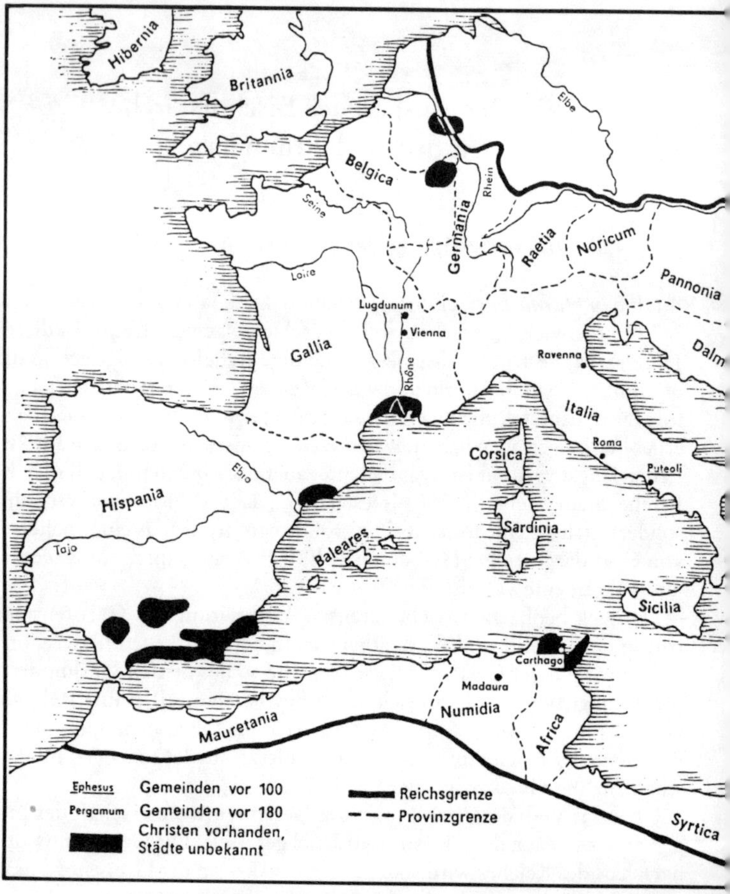
Hibernia
Britannia
Belgica
Seine
Germania
Rhein
Elbe
Raetia
Noricum
Pannonia
Dalm
Loire
Lugdunum
Vienna
Gallia
Rhône
Ravenna
Italia
Roma
Puteoli
Corsica
Sardinia
Hispania
Ebro
Tajo
Baleares
Sicilia
Carthago
Madaura
Numidia
Africa
Mauretania
Syrtica
Ephesus Gemeinden vor 100
Pergamum Gemeinden vor 180
Christen vorhanden, Städte unbekannt
Reichsgrenze
Provinzgrenze

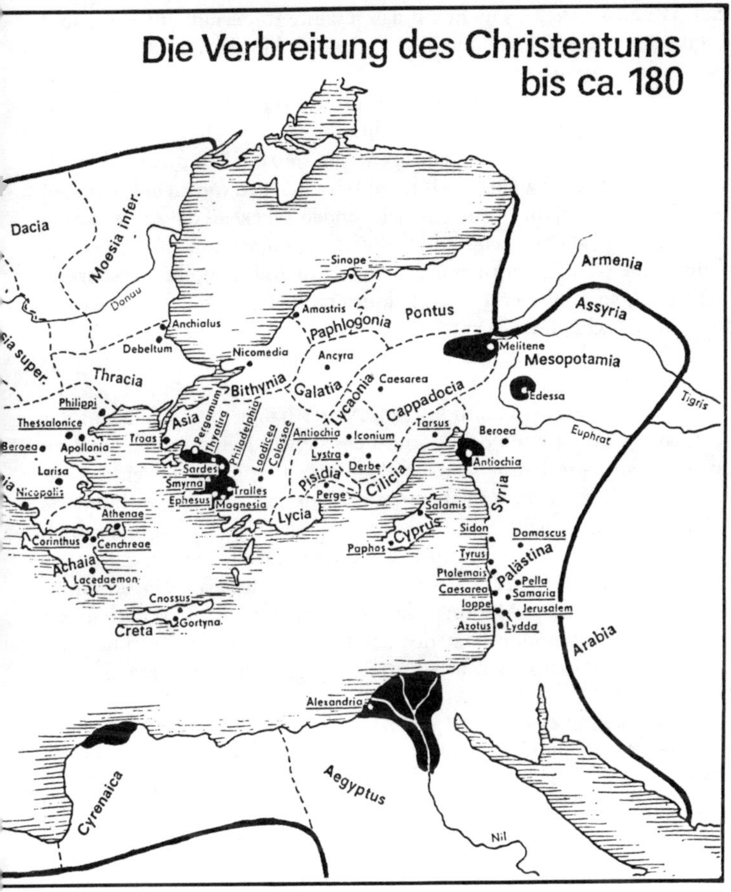

Die Verbreitung des Christentums bis ca. 180

dieses Zahlenverhältnis nicht auf das gesamte Imperium umlegen, aber es gibt doch eine Vorstellung davon, daß die Anzahl der Christen vergleichsweise gering ist.

Die christlichen Selbstdarstellungen sind darauf ausgerichtet, zu zeigen, daß die Christen bereits eine politisch relevante Menge in den Städten ausmachen. Derlei Darstellungen, wie sie zum Beispiel bei Tertullian in seiner Schrift an den verfolgungswütigen Prokonsul in Karthago, Scapula, aus dem Jahr 212 erscheinen, sind im Blick auf die Zahlen kaum beweiskräftig, aber sie zeigen den politischen Impetus solcher Angaben; denn wenn Scapula wirklich die Christen ausrotten wollte, so schreibt Tertullian, so müßte er Tausende hinrichten lassen, Karthago und die Provinz tief schädigen, ja er würde Verwandte und Hausgenossen, Personen auch hohen Ranges, Männer und Frauen unter den Verfolgten finden (An Scapula 5).

Der Ausbau der frühkatholischen Ämter hängt nicht allein mit der Kultusverwaltung und den gottesdienstlichen Funktionen, sondern auch mit der wirtschaftlich-finanziellen Verwaltung der Gemeinden zusammen. Wenn auch die Christengemeinde des dritten Jahrhunderts noch über keine eigenen Kirchengebäude verfügt, so kann sie doch weithin als Begräbnisverein in den Vereinsregistern eingetragen werden, Grund und Boden erwerben. Mehr aber noch ist ja die Diakonie als solche ein besonderes Merkmal christlicher Solidarität. Was nach dieser Seite hin die Gemeinden darstellen und leisten, beschreibt Tertullian aus der Sicht Nordafrikas in seiner Verteidigungsschrift „Apologeticum".

74 *Tertullian, Apologeticum 39 (198 n. Chr.):* ... Wir bilden eine Korporation durch unsere religiöse Überzeugung, durch eine göttliche Sittenzucht und durch das Band einer gemeinschaftlichen Hoffnung. Wir treten zu einem Bund zusammen und halten gemeinschaftliche Versammlungen ab, um, gleichsam ein Heer bildend, Gott mit Bitten zu umlagern. Eine solche Gewalttätigkeit ist Gott wohlgefällig.

Wir beten auch für die Kaiser, für diejenigen, welche kaiserliche Ämter bekleiden und Machtvollkommenheiten ausüben, für den Bestand der Welt, für die Ruhe der Staaten, für den Aufschub des Endes.

Wir kommen zusammen zur Erforschung und Erwägung der göttlichen Schriften, wenn die Beschaffenheit der gegenwärtigen Zeitläufte eine Ermahnung oder Erinnerung erheischt, nähren wir durch heilige Worte unseren Glauben, richten die Hoffnung auf, befestigen das Vertrauen und geben eben so sehr der Disziplin Festigkeit durch Einschärfung der sittlichen Vorschriften. Ebenda geschehen auch die Aufmunterungen, Zurechtweisungen und die göttliche Rüge. Es wird nämlich auch Gericht gehalten mit großem Nachdruck, wie bei Leuten, die der Gegenwart Gottes gewiß sind, und es ist ein höchst ergreifendes Vorgericht des künftigen Gerichts, wenn jemand so gefehlt hat, daß er von der Gemeinschaft des Gebetes, der Zusammenkünfte und des gesamten heiligen Verkehrs zurückgewiesen wird.

Es führen den Vorsitz die jedesmaligen bewährteren Ältesten, die jene Ehre nicht durch Geld, sondern durch gutes Zeugnis erlangt haben; denn es ist keine göttliche Gabe durch Geld feil. Und wenn auch eine Art von Kasse vorhanden ist, so wird sie nicht etwa durch eine Aufnahmegebühr [wie bei den städtischen Kultämtern oder beim Eintritt in heidnische Kultvereine üblich], was eine Art von Verkauf der Religion wäre, gebildet, sondern jeder einzelne steuert eine mäßige Gabe bei an einem bestimmten Tage des Monats, oder wann er will, wofern er nur will und kann. Denn niemand wird dazu genötigt, sondern jeder gibt freiwillig seinen Beitrag. Das sind gleichsam die Sparpfennige der Gottseligkeit. Denn es wird nichts davon für Schmausereien und Trinkgelage oder nutzlose Freßwirtschaften ausgegeben, sondern zum Unterhalt und Begräbnis von Armen, von elternlosen Kindern ohne Vermögen, auch für bejahrte, bereits arbeitsunfähige Hausgenossen, ebenso für Schiffbrüchige, und wenn welche in den Bergwerken, auf Inseln oder in den Gefängnissen, selbstverständlich nur dann, wenn wegen der Sache der Genossenschaft Gottes diese Heimsuchung sie trifft, Versorgungsberechtigte ihres Bekenntnisses werden. Aber sogar die Ausübung dieser hohen Art von Liebe drückt uns bei gewissen Leuten einen Makel auf. „Siehe", sagen sie, „wie sie sich untereinander lieben" – sie selber nämlich hassen sich untereinander – und „wie einer für den anderen zu sterben bereit ist"; sie selber nämlich wären eher bereit, sich gegenseitig umzubringen.

Die Amtsträger des späten zweiten und des dritten Jahrhunderts haben wir uns bereits als besoldete Diener der Kirchen, jedenfalls der bemittelten, vorzustellen, und die finanzielle Betreuung der Gemeindeeinnahmen und -lasten wird zur besonderen Aufgabe der Diakone, deren Position aus diesem Grund sehr stark ist, wenn auch ihr Rang in der Weihehierarchie relativ niedrig steht.

2. Die sieben Weihegrade des Klerus

Abgesehen von den pneumatisch-charismatischen Randgruppen setzt sich in der frühkatholischen Kirche des Ostens wie des Westens in einer erstaunlichen Einhelligkeit ein siebenfach abgestufter Weiheklerus durch. Die erste Notiz darüber gibt Euseb in seiner Kirchengeschichte (VI, 43, 11), wo er berichtet, daß nach einem Schreiben des römischen Bischofs *Kornelius* (251–253) in dieser Stadt ein Bischof, 46 Presbyter, 7 Diakone, 7 Subdiakone, 42 Akoluthen, 52 Exorzisten, Lektoren und Ostiarier (Türhüter) ihres Amtes walten. In Nordafrika kann anstatt des Türhüters der Totenbestatter erscheinen. Die höheren Weihen (Diakone, Presbyter, Bischöfe) sind hauptamtlich; die niederen Weihen setzen wohl eine berufliche Nebentätigkeit voraus.

Das Verhältnis des Klerus zur Stadt Rom läßt sich aus einer Notiz des liber pontificalis (Papstbiographien mit Angaben von Dauer, wichtigsten Ereignissen eines Pontifikats) ablesen, wonach Bischof Fabian von Rom (236–250) das Amt der sieben Diakone so aufgeteilt hat, daß entweder ein Diakon für je zwei Regionen der Stadt verantwortlich ist oder aber die Stadt Rom in kirchlicher Hinsicht von ihm in sieben Regionen aufgeteilt worden ist, für die dann die nach Apg 6 zahlenmäßig begrenzten Diakone eingesetzt werden. Das läßt Rückschlüsse auf die kirchliche und diakonische Versorgung der Stadt zu, aber auch auf die Verantwortlichkeit der Catholica hinsichtlich der volkskirchlichen Situation. Nach der Kornelius-Notiz wird die Zahl der römischen Gemeindemitglieder auf 50000 geschätzt, wovon circa 1500 Witwen und Bedürftige sind, die täglich aus der Gemeindekasse versorgt werden. Das begründet auch, warum den Diakonen alsbald Subdiakone beigegeben werden.

Die Differenzierung der Ämter beruht auf zwei Überlegungen, auf der Unterscheidung der Funktionen und der Abstufung der Weihegrade. Der älteste hierfür belangreiche Text befindet sich in den *Apostolischen Konstitutionen*, der ersten Kirchenrechtssammlung, die um 380 in Syrien oder Konstantinopel entstanden sein kann. Die in dieser Sammlung verarbeiteten Texte gehen aber auf wesentlich ältere Formulare zurück, so vor allem das achte Buch (AK VIII), das als die *Kirchenordnung* des *Presbyters Hippolyt* aus Rom identifiziert ist und uns in die Zeit zwischen 200 und 220 führt.

Nach dieser Kirchenordnung des Hippolyt lassen sich die Funktionen und Aufgabenbereiche des Klerus folgendermaßen gliedern:

Der *Bischof* weidet die Herde Gottes (Joh 20; Mt 16 und Mt 18). Er bringt die eucharistischen Gaben dar, leitet den Gottesdienst. Er verwaltet die Bußdisziplin, und zwar für die Gemeinde und für die Priester unter ihm. Er hat die später sogenannte Schlüsselgewalt, zu binden und zu lösen, die ihm im Zuge der Entwicklung des Bußsakraments zuwächst (zweite Taufe), und er übt sie disziplinarisch vor allem auch über den Klerus aus. Er setzt die Priester und Diakone sowie die übrigen Weihegrade in das Amt ein (Weihe, Ordination). Zudem urteilt er in Lehrfragen, wie das Beispiel Kallist zeigt; er vertritt die Gemeinde nach außen gegenüber den Behörden und gegenüber anderen Bischöfen und insbesondere auf den Synoden der Kirchengebiete, die sich seit dem Ende des zweiten Jahrhunderts durchsetzen.

Die *Presbyter* walten gottesdienstlich in den Pfarrgemeinden, das heißt in räumlich abgegrenzten Bezirken. Ob es vor Konstantin bereits Kirchengebäude gegeben hat, scheint fraglich; aber christliche Häuser privater Herkunft gibt es, und ebenso gibt es in den Katakomben christliche Versammlungsstätten. Die Priester sind so zahlreich wie die zur Verfügung stehenden Gemeindekreise. Auch sie üben im Gottesdienst den Vollzug der Fürbitten und der Eucharistie.

Die *Diakone* sind für die Güterverwaltung zuständig, sind sozusagen sendungsbereite Gehilfen der Presbyter, nehmen auch am eucharistischen Dienst teil. Ihre zahlenmäßige Begrenzung und vor allem ihr Einfluß in der Verwaltung macht sie, obschon im Weihegrad tiefer stehend, gelegentlich einflußreicher als die Presbyter. Bereits im dritten Jahrhundert gibt es Diakone, die dem Bischof zur besonderen Verfügung stehen als Bischofsdiakone.

Die *Akoluthen* haben gegenüber den Diakonen eine Dienstfunktion, vor allem in den Gebetsteilen des Gottesdienstes. Die *Exorzisten* sind als Weihegrad der Versuch, dieses ursprünglich charismatische Amt, das im Osten besondere Bedeutung besitzt, in die Pyramide der Ämter einzubauen und es der Gemeindeversorgung und -betreuung dienstbar zu machen. Seine gottesdienstliche Verwendung liegt im Zusammenhang der Taufe. Die *Ostiarier* (Türhüter) sorgen für die Entfernung der Katechumenen und der Büßenden beim eucharistischen Opfer, also für den Einlaß zum Gottesdienst. Die *Lektoren* sind die Vorleser der Schriften im ersten Teil des Wortgottesdienstes.

Die Weihe besteht in einem Ordinationsakt, teils mit, teils ohne Handauflegung, in sorgsam geregelter Weise. Sie überträgt fürbittend, gleichwohl wirksam und gültig den heiligen Geist, nicht als persönliche Auszeichnung oder als Besitz, sondern als Beistand in der Ausübung des Amtes. Gerade aufgrund dieser theologischen Auffassung ist die Weihe der Priester ein kirchenrechtlich grundlegender Vorgang in der Sicht der frühkatholischen Kirche.

In den Apostolischen Konstitutionen VIII befindet sich außer dem ältesten Meßformular (Liturgie der Messe = des eucharistischen Gottesdienstes), der sogenannten klementinischen Liturgie, die Beschreibung der Priesterweihen in der Form einzelner canones (Rechtssätze). Von Bedeutung ist vor allem die Regelung der Bischofsweihe. An der Wahl des Bischofs ist die Gemeinde, das Volk beteiligt, jedenfalls in der Form der Akklamation. Die Einsetzung des Bischofs hingegen ist ein Vorgang, der wohl nur von Bischöfen selbst vollzogen wird, also in apostolischer Sukzession. Dazu werden Bischöfe der umliegenden Kirchen hinzugezogen, die auf diese Weise auch die koinonia, die eucharistische Gemeinschaft bezeugen.

75 *Apostolische Konstitutionen VIII, 4 und 5:* (4) [In diesem Text werden die Apostel als Urheber der canones angesehen. Darum heißt es:] Als erster sage ich, Petrus, daß, wie wir im vorausgehenden alle miteinander verordnet haben, als Bischof ein Mann geweiht werde, der in allen Stücken tadellos und vom ganzen Volke gewählt ist. Wenn er genannt ist und Anerkennung findet, soll sich am Sonntag das Volk mit dem Presbyterium und den anwesenden Bischöfen versammeln, der Vorsteher der übrigen soll das Presbyterium und das Volk fragen, ob er derjenige ist, den sie zum Führer verlangen. Wenn sie zustimmen, soll er noch fragen, ob er von allen dieser großen und glänzenden Gewalt als würdig bezeugt werde, ob von ihm die Religionspflichten gegen Gott gut erfüllt und das gegen die Menschen Gebührende beobachtet worden ist, ob sein Hauswesen gut verwaltet und seine Lebensführung tadellos sei ... Wenn jene zum drittenmal zustimmen, daß er würdig sei, sollen alle zum Zeichen der Zustimmung aufgefordert und, nachdem sie es gegeben, bereitwilligst erhört werden. Wenn Stillschweigen eingetreten ist, stellt sich der erste der Bischöfe zugleich mit zwei anderen in die Nähe des Altares, während die übrigen Bischöfe und die Priester stillschweigend mitbeten, die Diakonen das geöffnete Evangelium über das Haupt des Weihekandidaten halten, dann bete er zu Gott: (5) . . . [folgt längerer Text dieses Weihegebetes. Dann setzt das Formular fort]: Wenn er dieses gebetet hat, sollen die übrigen Priester antworten: Amen, und mit ihnen das ganze Volk. Nach dem Gebet soll einer der Bischöfe das Opfer in die Hände des Geweihten legen und mit Tagesanbruch soll er von den übrigen Bischöfen auf den ihn auszeichnenden Thron gesetzt werden, nachdem ihm alle den Kuß im Herrn gegeben haben.

Ob es in der frühkatholischen Kirche gelegentlich möglich ist, daß ihrerseits auch Priester einen Bischof einsetzen und weihen, darüber gehen die Meinungen auseinander. Die römisch-katholische Forschung verneint das strikte.

Der Kanon 28 dieser Apostolischen Konstitutionen bestimmt die übertragenen Funktionen der Weihegrade.

76 *Apostolische Konstitutionen VIII, 28.* [Kanones über die Rechte und Pflichten der höheren und der übrigen Kleriker] . . . Der Bischof segnet und wird nicht gesegnet; er legt die Hände auf, weiht und bringt das Opfer dar. Den Segen empfängt er von den Bischöfen, niemals aber von den Priestern. Der Bischof setzt jeden Kleriker, der die Absetzung verdient, ab mit Ausnahme eines Bischofs; denn dies kann er nicht allein tun.

Der Priester segnet und wird nicht gesegnet; Segnung erhält er vom Bischof und einem Mitpriester und erteilt sie ebenso dem Mitpriester. Er legt die Hände auf, aber er weiht nicht, setzt nicht ab, aber er scheidet die Untergeordneten aus, wenn sie diese Strafe verdienen.

Der Diakon weiht nicht und erteilt auch nicht den Segen, aber er empfängt ihn vom Bischof und Priester, er tauft nicht und opfert nicht, aber vom Opfer des Bischofs oder Priesters teilt er dem Volke mit, nicht als Priester, sondern im Dienst der Priester. Von den übrigen Klerikern ist es keinem gestattet, das Amt des Diakons auszuüben.

Die Diakonissin segnet nicht und tut überhaupt nichts von demjenigen, was die Priester und Diakonen tun, sondern hat die Kirchtüren zu bewachen und des Anstandes wegen den Priestern bei der Taufe der Frauen zu dienen.

Der Diakon scheidet einen Subdiakon, Vorleser, Sänger oder eine Diakonissin aus, wenn es in Abwesenheit eines Priesters notwendig ist.

Dem Subdiakon ist es nicht gestattet, einen Kleriker oder Laien auszuscheiden, auch nicht einen Vorleser oder einen Sänger oder eine Diakonissin, denn sie sind Diener der Diakonen.

3. Turbulenzen in der römischen Gemeinde

Katholische Darstellungen der Papstgeschichte bestehen weithin darauf, daß sich die römischen Bischöfe des beginnenden dritten Jahrhunderts bereits als Päpste gewußt und damit auch als Vertreter der christlichen Einheit verstanden hätten. Dem widersprechen aber deutlich jene Vorgänge, die sich in Rom in der Zeit der ersten zwei Jahrzehnte ereignen. Es sind Vorgänge, die in anderer Form sicherlich auch in anderen Gemeinden der Catholica denkbar sind, weil sie den Umbruch in der Organisation und im Verständnis der frühkatholischen Kirche widerspiegeln, an dem auch das eigentliche historische Interesse hängt.

Im dritten Jahrhundert kommen auf die Bischöfe Fragen zu, die sowohl die Lehre als auch die christlichen Verhaltensregeln – vor allem in den Situationen der Verfolgung – aber auch z. B. die Fragen des Eherechts betreffen.

Gerade in der römischen Gemeinde, die in ihrer großen Ausdehnung den Charakter eines melting pot gehabt haben wird, treffen unterschiedliche Strömungen aufeinander, die wie unter Kallist und Hippolyt zum Schisma führen können. Der Streit dieser beiden Prätendenten um das Bischofsamt zeigt uns noch, wie sehr die Fragen der Lehre und der Organisation personalisiert sind und wie relativ schnell sich dort Sondergemeinschaften bilden, wo sich abweichende Meinungen ergeben.

Nach Viktor I. (189–199) wird Zephyrin Bischof in Rom (199–217). Schon unter seiner Ägide kommt es zu Auseinandersetzungen nicht allein um die Nachfolge und um die finanziellen Belange der Gemeinde, sondern auch um Probleme der Gotteslehre und der Christologie. Viktor, Zephyrin und dessen Nachfolger, Bischof Kallist (217–222) sind sich darin relativ einig, daß sie sich der Aufnahme der Logoschristologie widersetzen wollen.

In Rom vertreten um diese Zeit besonders *Noet* und *Sabellius* einen Monarchianismus, dessen Ziel es ist, die Logostheorie abzulehnen, um die Einheit von Gott und Christus zu wahren. Gott ist einer, und darum ist Christus für diese Monarchianer also im vollen Sinne Gottheit und Gott selbst. Bereits Zephyrin greift ein, indem er erklärt: „Ich kenne *einen* Gott Jesus Christus und außer ihm keinen anderen gezeugten und leidensfähigen." Dieser – übrigens erste – lehramtliche Satz der christlichen Geschichte besagt dann, daß Gott selbst gelitten hat und daß es eine personhafte Differenzierung zwischen dem Vater und dem Sohn nicht gibt.

Hippolyt hingegen sucht im Gegenzug die Logostheorie einzuführen, und das Ringen der beiden Bischofsbewerber hat auch diesen Anlaß der Christologie; denn Kallist wirft seinem Gegner vor, er sei ein „Ditheist". Um sich zugleich auch gegenüber den Monarchianern abzugrenzen, präzisiert Kallist den Satz Zephyrins in die Formel hinein: „Nicht der Vater ist gestorben, sondern der Sohn."

Hier zeigt sich, daß zwar lehramtliche Gewalt ausgeübt wird, die aber keineswegs zur Einheit, sondern vielmehr zur Spaltung führt. Denn Hippolyt hat noch auf lange Zeit eine Sondergemeinde gebildet, bis er – zusammen mit Bischof Pontian – während der Verfolgung des Kaisers Maximinus Thrax in den sardinischen Bergwerken umkommt (235).

Daß in diesem Streit auch ständische Belange eine Rolle spielen, zeigt sich aus der Schilderung, die Hippolyt in seinen „Philosophumena" (Widerlegung aller Häresien) über seinen Gegner gibt:

Kallist ist ein Mann aus dem Sklavenstand, Hippolyt gehört einem höheren Stand zu. Schon unter Viktor veruntreut Kallist ihm anvertraute Gelder, auch Spareinlagen von Gemeindegliedern. Weil er nun von einem Karpophorus belangt werden soll, sucht er aufs Schiff zu fliehen und unternimmt sogar noch einen vergeblichen Selbstmordversuch. Um doch noch sein Leben zu endigen, dringt Kallist in die jüdische Synagoge ein und erregt dort Tumult. Er wird deshalb aber vom Gericht zur Arbeit in den Bergwerken verurteilt. Die Konkubine des Kaisers Commodus, Marcia, erwirkt für die dort gefangen gehaltenen Christen Freilassung, und es gelingt Kallist, in dieses Freilassungsdekret mit einbezogen zu werden, möglicherweise, indem er sich jetzt der christlichen Gemeinde anschließt. Verärgert setzt ihm Viktor eine Rente aus, aber Zephyrin holt ihn nach Rom in offensichtlich wichtige Funktionen der Gemeindeorganisation. Von dieser Position als Praktiker wird er zum Bischof gewählt.

Über die charakterliche Schilderung des Kallist durch Hippolyt muß mit Vorsicht geurteilt werden. Im Hintergrund des Streits steht aber als weiteres, daß Kallist bereits eine Art *volkskirchliche* Konzeption vertritt und damit die Rigoristen verprellt. Schon sein Bußedikt in Sachen der Eheschließung zwischen Frauen höherer Stände und Sklaven (s. o. S. 96) weist in diese Richtung; mehr noch seine Auffassung von der Kirche als dem coetus permixtus: Man kann nicht allen unterschiedslos die vollen asketischen Forderungen auferlegen. Hinzukommt, daß ihm Hippolyt vorwirft, er halte die Presbyter für unabsetzbar, eine Linie, die sich ja schon im ersten Klemensbrief ankündigt, für die Rigoristen aber nicht haltbar erscheint. Letztendlich führt Kallist offenbar das Bußsakrament als eine „zweite Taufe" ein: „Um diese Zeit wagten sie zuerst, eine zweite Taufe zu spenden", das erste Beispiel einer aus der bischöflichen Vollmacht heraus gestalteten sakramentsähnlichen Stiftung ohne ein diesbezügliches Herrenwort.

In diesen sicherlich mit Mißgunst untermischten Berichten des Hippolyt aus der Gemeinde in Rom zeigt sich eine Wandlung des Kirchenverständnisses von weitreichenden Folgen für die weitere Kirchengeschichte. Die Kirche ist die aus Heiligen und Sündern gemischte Schar.

4. Christliche Mentalität und Sitte

Weil es immer noch an einer Gesamtdarstellung der christlichen Ethik und Sitte in der alten Kirche fehlt, ist das Urteil über die Moralen und Normen der antiken Christenheit naturgemäß unsicher. Es wird mit Recht schon vom Urchristentum gesagt, daß es eine eigenständige Ethik nicht entwickelt, sondern sich an die im Judentum und im Heidentum bestehenden Auffassungen der Tugenden und Laster angeschlossen habe. Andererseits wird aber auch erkennbar, daß die Christen der alten Kirche die Herrengebote, auch die der Bergpredigt, für erfüllbar und verpflichtend für alle Getauften angesehen haben. So gibt es zwei Züge, einerseits die mit dem hellenistisch-römischen Tugendverständnis zusammengehende Auffassung von den sittlichen Werten, andererseits die besondere christliche Radikalität ihrer Befolgung im Sinne der Nachfolge.

Die sittlichen Zustände in den Gemeinden sind aber sicherlich je nach den Missionsgebieten und dem Stand der Erziehung unterschiedlich. Die Kanones der Synode von Elvira in Spanien treffen Bestimmungen, von denen aus auf einen schlimmen Zustand in den dortigen Gemeinden geschlossen werden muß.

Die theologische Entwicklung des Frühkatholizismus hat dahin geführt, daß gerade die Ethik und die moralischen Fragen im Sinne der Zwei-Wege-Ethik eine heilshafte, eine soteriologische Bedeutung gewinnen. Das kann streckenweise, etwa bei Tertullian, zu einem regelrechten Antipaulinismus führen, also zu einem bewußten Gegensatz gegen die Gnadenlehre, wie sie Paulus auf dem kleinasiatischen Missionsfeld vertreten hat und Marcion auch durchzuhalten versucht.

Ist das sittliche Verhalten die Voraussetzung für das ewige Heil, ist entsprechend auch die bischöfliche Ausübung der Schlüsselgewalt in diese Heilsvermittlung einbezogen und nicht nur eine innergemeindliche Gerichtsbarkeit zeitlicher Art, dann wird verständlich, daß sich die Christen der alten Kirche dem zeitgenössischen Heidentum in manchmal geradezu arroganter Weise überlegen fühlen. Tertullian kann in seinem Apologeticum in aller Selbstgerechtigkeit sagen (cap. 45): „Wir sind also die einzigen sittenreinen Menschen", und er meint damit nicht nur die Reinheit des göttlichen Gesetzes, sondern gerade auch die sittliche Beschaffenheit der Christen.

Es versteht sich von selbst, daß diese hohen Selbstansprüche zu Berührungsängsten hinsichtlich der Heiden und vor allem bestimmter heidnischer Berufe führen müssen. Die Apostolischen Konstitutionen enthalten eine Liste der für Christen verbotenen Berufe. Die Probleme, die die antike Gesellschaft in ihrem Zusammenleben stellt, werden somit durch institutionelle Grenzziehungen zu lösen versucht.

Der in dieser Liste leitende Gesichtspunkt ist aber nicht einfach eine Art von Apartheit, sondern besteht darin, daß bestimmte Berufe, besonders der des Soldaten, der zu kultischen Verehrungen des Kaisers verpflichtet ist, einer anderen, heidnischen Geisteswelt zugehören. Christen müssen darum auch hinsichtlich ihrer Lebensformen sich so verhalten, daß sie dem Geist Christi nachfolgen können.

In den Apostolischen Konstitutionen (VIII, 32) gibt es eine Liste von Taufhindernissen, die eine relativ flexible Behandlung von Taufbewerbern aus verschiedenen Berufsrichtungen und Ständen vorsieht. Bei Sklaven ist das Leumundszeugnis des Herren Voraussetzung der Taufzulassung. In freier Ehe Lebende sollen heiraten. Besessene werden nur im Fall des drohenden Todes aufgenommen. Zuhälter und Huren, Götzenbildner, Schauspieler, Wagenlenker, Gladiatorenmeister, Zauberer, Sterndeuter, Vogelflug- und Eingeweidebeschauer, überhaupt solche Berufe, die dem heidnischen Opferwesen und den Spielen verbunden sind, werden abgewiesen und die Bewerber zum Berufswechsel aufgefordert. ,,Wenn ein Soldat kommt, soll er belehrt werden, niemand Unrecht zu tun, ,nicht zu verleumden, mit seinem Solde zufrieden zu sein' (Lk 3, 14); läßt er sich überreden, so werde er aufgenommen, widerspricht er, so soll er abgewiesen werden." Lehrer werden jedoch akzeptiert, und für alle Taufbewerber währt das Katechumenat drei Jahre.

Diese Liste kanonischer Taufhindernisse läßt sich durch die Weisungen ergänzen, die etwa Tertullian in seinen – auch den vor-montanistischen – moralischen Schriften vorträgt. Das christliche Bekenntnis nötigt zu Berufen, die sich auf der Ebene des Handwerks oder der geringeren Dienstgrade bewegen. Der Kaufhandel, der dem Geiz und der Begierde dient, ferner auch die Staatsämter, die kultischen Ämter und die Zulieferberufe für den heidnischen Devotionalienhandel sind den Christen verschlossen. Daß dabei gelegentlich auch die Versorgung der Menschen in Gefahr geraten kann, wenn ein Taufbewerber seinen Beruf wechseln muß, macht für Tertullian keinen Eindruck, weil der Herr für den kommenden Tag sorgen wird.

Die moralischen Wertvorstellungen der frühkatholischen Kirche bewegen sich in der asketischen Linie der Unterdrückung des ,,Fleisches". Der jüdische und urchristliche Schöpfungsglaube ist an und für sich keineswegs leibfeindlich. Die Askese ist sowohl bei den spätjüdischen Randsekten als auch im Hellenismus und in der Stoa gut bezeugt, die ja auch innere Ausgeglichenheit und Abkehr von der Welt lehrt. Auch die römische Tugend- und Pflichtenlehre kehrt sich von einer rauschhaften oder hedonistischen Lebensführung ab.

Die Askese bedeutet die Möglichkeit einer Wahl und Gestaltung der Lebensweise. Ohne sie ist das sittliche Verhalten den Trieben ausgeliefert. Das gilt insbesondere für die Sexualität. Das Natürliche hingegen wird dabei weithin bejaht. Für Tertullian sieht das so aus, daß seine Bestimmungen über den weiblichen Putz es untersagen, daß sich eine Frau schmückt, schminkt, sich die Haare nach germanischer oder gallischer Sitte rot färbt, ihre Nägel pflegt über die allgemeine Sauberkeit hinaus, Lippenstift oder Augenbrauentusche verwendet. Sie soll auch keinen Schmuck aus Gold, Silber oder Edelsteinen tragen. Das sind materielle Güter. Anstelle dessen soll sie allein ihrem Mann gefallen, ihren Fuß nicht aus dem Haus unnötig heraussetzen; denn sie hat schon einmal in der Eva des Paradieses zur Sünde verleitet, und sie ist nach den Vorstellungen des Alten Testaments verführbar für die Engel, die sich menschliche Frauen zum Weibe genommen haben. Auf ihnen liegt noch die „Strafsentenz" Gottes (Über den weiblichen Putz I, 1). Natürlich sollen die Frauen nicht verwildert oder schmutzig aussehen, aber alle künstlichen Schönheitsmittel sind teuflisch.

In dieser auf die Natur, das Schlicht-Einfache bezogenen Geschmacksbildung tritt ein kleinbürgerliches Element auf. „Der Eintritt in die Kirche möge also allen offen stehen", so schreibt Tertullian (Über den Götzendienst 5), „welche sich durch ihre Handarbeit und ihr Schaffen ernähren, wofern keine Ausnahme gemacht wird für Fertigkeiten, welche die christliche Sittenzucht nicht duldet".

Dieser Zug der christlichen Mentalität zur Askese und Triebbegrenzung hängt mit der hellenisierten Heilsvorstellung im Frühkatholizismus zusammen. Bei Paulus verbindet sich das endzeitliche Gericht mit der Ansicht einer Neuschöpfung des leiblichen Menschen jenseits des Todes in einem neuen Äon. So gibt es zwar eine Zucht des leiblichen Trieblebens, aber der Zugang zum neuen Äon, zum Heil erfolgt nicht aufgrund der asketischen Bußleistungen, sondern aufgrund der freien Gnade des erwählenden Gottes. Man könnte hierbei von einer linearen Ethik sprechen: das zukünftige Heil wird „schon jetzt" ethisch antizipiert.

Für das hellenistische Denken jedoch ist die Ewigkeit eine immer gegenwärtige und präsente Ewigkeit. Die Geschichte läuft gleichsam kreisartig (zyklisch) um diese ewige Mitte und ihre unbewegte Ruhe herum. Diese Ethik hat deshalb die Neigung, den Menschen aus den natürlichen, das heißt den fleischlich-materiellen Triebstrukturen zu befreien und ihn zu befähigen, „noch" zwar die leibliche Naturhaftigkeit zu erdulden, aber doch so, daß der Wille des Menschen aktiviert wird, „schon" ganz dem Geist zu leben, also nicht nur äußerlich die Satzungen dieser Welt zu erfüllen, sondern das, was Natur und äußere Rechtsform verlangen, zu unterdrücken und so die Geistzuwendung als Weltabwendung zu gestalten.

Als Tugenden gelten deshalb solche Eigenschaften, die den Ichtrieb und den Lebensegoismus des Menschen eingrenzen, insbesondere den sexuellen. Das bedeutet nicht grundsätzliche Sexualfeindlichkeit, sondern, wie die Ehegebote zeigen, Kultivierung und Zucht des Sexuallebens in der Form der Treue und Selbstbegrenzung. Die Ehe ist natürlich und erlaubt. Aber die Zweitehe erscheint allgemein als bedenklich. Das Ideal der geschlechtlichen Askese setzt sich freilich als Erweis besonderer pneumatischer Leistung durch. Schon zu dieser Zeit beginnen die Kleriker, ehelos zu bleiben.

In der Ethik spielt sich für Tertullian die Anfechtung durch die Dämonen eine Rolle. Die Welt als ganze lebt stets in Freude. Er aber weiß, daß sich die Lage drehen wird, wenn das Reich Gottes kommt. Er bezieht die himmlische Belohnung bereits jetzt in sein Lebensverständnis ein.

77 *Tertullian, Über die Schauspiele (ca. 197–200) 28:* Die Welt dreht sich. Jetzt haben sie ihre Freude und wir die Bedrängnisse. Heißt es doch: ,,Die Welt wird sich freuen, ihr aber werdet traurig sein" (Joh 16, 20). Trauern wir mithin, indessen die Heiden lustig sind, damit wir, wenn sie einmal anfangen werden zu trauern, uns freuen können und nicht dann auch mit ihnen trauern müssen, weil wir uns jetzt mit ihnen freuen.

Diese christliche Mentalität nimmt die übrigen Menschen der Welt nicht mit in das künftige Heil hinein, sondern bewegt sich in einer Art Freund-Feind-Scheidung. Es steckt darin ein Herrschaftsanspruch, der mit der Logoschristologie in einer latenten Verbindung steht. Der Logos dieser Welt ist der von den Christen angebetete wahre Herrscher, der den Seinen einmal alle Herrschaft anvertrauen wird.

Aus dieser Frömmigkeit heraus erscheint die Buße für Tertullian als die Reparatur der Taufe. Er drückt das mit dem Bild einer Planke aus, die den, der aus dem Schiff der Taufe herausgefallen ist, retten kann, ,,wie ein Schiffbrüchiger einem Brett vertraut" (Über die Buße 4).

Für die Ausrichtung der altkirchlichen Ethik ist der *eschatologische* Gesichtspunkt erheblich. Schon die Apologeten treten mit dem Anspruch auf, daß die Christen die eigentlichen Träger von Staat und Kultur sind. Die christliche Sittlichkeit hat diesen Anspruch auch bejaht, daß sich aus dem Glauben an den Herrn eine mentale und kulturelle Wandlung der menschlichen Vergemeinschaftung ergibt. Das drückt sich allerdings nicht in Programmen aus, sondern zunächst in der Abwehr der heidnischen Menschenverachtung, vor allem der trieborientierten Naturkulte.

Bei vielen Vätern der frühkatholischen Kirche ist ein sittlicher Abscheu vor der Gewalt festzustellen, der die Gewaltakte des Staates, die man in den Verfolgungen am eigenen Leib erfährt, aber auch die der Soldaten einschließt. Daß es eine grundsätzliche Ablehnung des Krieges als solchen gegeben hat, kann man nicht sagen, wohl aber gibt es eine

Reihe von einzelnen Stimmen in diese Richtung. Die Skepsis gegenüber dem Militär beruht aber im wesentlichen auf dem Gesichtspunkt der Idolatrie. Soldaten sind dienstlich zur Kaiserverehrung verpflichtet. Weil sich Soldaten im dritten Jahrhundert wohl nur selten als Taufbewerber anmelden, ist die Frage nach dem Verhältnis von Bergpredigt und Krieg kein grundsätzliches Problem. Der Soldatenstand erscheint deshalb als gefährdet, weil er in der Verführung steht, seine Macht auszunutzen und sich unrechtmäßig zu nehmen, was er will, über seinen Sold hinaus. Hier bindet die Weisung des Herrn aus Lk 3, 14, also eine Standesweisung. Erst im vierten Jahrhundert kommt Skepsis gegenüber der militärischen Gewalt des frühbyzantinischen Staates auf. Tertullian faßt seine Skepsis in die Regel: „Ich darf niemandem als unentbehrlicher Helfer dienen bei etwas, was mir selber nicht erlaubt ist" (Über den Götzendienst 11).

Der Abscheu vor der Gewalt kommt vor allem in der Ablehnung der Gladiatorenspiele zum Ausdruck, allerdings nicht nur bei den Christen. Bei Cyprian wird dabei kenntlich, daß er die sittliche Orientierung der Christen ganz deutlich an die endzeitliche Sicht bindet. Im Aufblick also auf die Endzeit relativieren sich die Sitten der Umwelt. Wer die Wahrheit im Glauben sieht und erkennt, kann das Vergnügen dieser Welt nicht gutheißen. Er tritt in eine Umwertung der Moral.

78 *Bischof Cyprian von Karthago, An Donatus 6 und 7 (ca. 245/49):* (6)... Sieh nur, wie die Straßen von Wegelagerern versperrt, wie die Meere von Seeräubern besetzt und wie Kriege mit dem blutigen Greuel des Lagerlebens über alle Länder verbreitet sind! Es trieft die ganze Erde von gegenseitigem Blutvergießen; und begeht der einzelne einen Mord, so ist es ein Verbrechen; Tapferkeit aber nennt man es, wenn das Morden im Namen des Staates geschieht. Nicht Unschuld ist der Grund, der dem Frevel Straflosigkeit sichert, sondern die Größe der Grausamkeit.

(7) Wendest du nunmehr deine Augen und dein Gesicht den Städten zu, so wirst du da ein Gewühl finden, noch betrübender als alle Einsamkeit. Da rüstet man zu einem Fechterspiel, damit Blut die Gier grausamer Augen letze. Damit der Körper zur Vollkraft sich entwickelt, wird er erst mit besonders kräftigen Speisen gefüttert, und die starken, massigen Glieder nehmen zu, bis sie Polster von Fett ansetzen, damit der für diese Grausamkeit Herausgemästete als um so wertvolleres Opfer fällt. Der eine Mensch wird hingemordet zum Vergnügen des anderen, und daß einer zu morden versteht, das heißt Geschicklichkeit, das heißt Fertigkeit, das heißt Kunst; das Verbrechen wird nicht nur verübt, sondern sogar regelrecht gelehrt... Den eigenen Söhnen sehen die Väter zu, der Bruder steht auf dem Kampfplatz, und die Schwester ist als Zuschauerin zugegen, und selbst wenn die prunkvollere Ausstattung des Festes den Eintrittspreis für das Schauspiel noch erhöht, die Mutter zahlt – wie schrecklich! – auch diesen, nur um als Mutter ihren eigenen Seelenqualen beizuwohnen. Und bei solch gottlosen und grausigen Schauspielen sind sie sich gar nicht bewußt, daß sie durch ihre Augen die Mörder ihrer eigenen Angehörigen sind.

5. Buße und Gebet im Frühkatholizismus

In der Zeit der frühkatholischen Kirche verändert sich auch die Frömmigkeit der Christen. Das ältere Christentum, wie es noch weithin in den pneumatisch-charismatischen Bewegungen und bei den rigoristischen Sekten lebendig ist, versteht den Übertritt ins Christentum als einen das Innere des Menschen verpflichtenden Bußvorgang.

Das sakramentalistische und episkopalistische Verständnis der Kirche hingegen verlegt den Akzent auf die Mitgliedschaft im objektiven Sinne, auf die Eingliederung in das übergreifende Heilsgeschehen. So gehen viele Christen auch der subjektiven Verantwortung des Glaubens und der Lebenshaltung aus dem Weg. Ein Zeichen dafür ist die Institution der Klinikertaufe, die erst auf dem Totenbett begehrt wird, um nicht für die Sünden nach der Taufe noch verantwortlich sein zu müssen. Dieses sakramentalistische und ,,objektive" Verständnis von Taufe und Buße hat wohl vor allem in der ,,Volkskirche" seinen Ort und erwächst weitgehend Hand in Hand mit dem steigenden Episkopalismus, dem liturgischen Präzisismus und freilich auch vor dem Hintergrund der antiken Kultauffassungen überhaupt, wie sie vor allem im römischen Bereich gelten.

Die frühkatholische Kirche hat mit der Frage zu ringen, wie der Anspruch auf den Wandel des ganzen Menschen zur Praxis kommen soll. Tertullian bezeugt uns für Nordafrika zu Beginn des dritten Jahrhunderts eine scharfe Gemeindegerichtsbarkeit: Die Büßer müssen im öffentlichen Gottesdienst die *Exhomologese,* das öffentliche Bekenntnis ihrer Schuld ablegen, müssen danach die ihnen auferlegte ,,Genugtuung" (satisfactio) ableisten. Erst im frühen Mittelalter wird das so begründet, daß die verletzte Ehre Gottes wiederhergestellt werden müsse. Für Tertullian ist Gott selbst das Urbild der menschlichen Reue, weil er seinen Strafbeschluß über den Menschen in Christus zurückgenommen, ihn ,,bereut" hat.

In diesem Bußgeschehen spielt das *fürbittende Gebet* der Gemeinde füreinander und die Fürbitte Christi im Himmel für die Gemeinde eine große Rolle. Diese Fürbitte, die die Heiligen im Himmel leisten, wird auch für entschlafene Christen wirksam. Von diesen Fürbitten getragen, soll der Büßende auf den Weg zum rechten Ernst gebracht werden. Würde er sich dieser Prüfung nicht unterziehen, so würde er zum Heuchler; aber Gott erforscht die Gewissen ohnehin durch und durch.

Den Büßenden werden nach Tertullians Schilderung von den Klerikern sühnende Bußleistungen als Zeichen der Reue auferlegt. Das geht soweit, daß ihnen ,,betreff der Kleidung und Nahrung" geboten wird, ,,in Sack und Asche zu liegen, den Körper durch Vernachlässigung der Sauberkeit zu verunstalten, den Geist in Trauer zu versenken, seine

Sünden durch das bittere Andenken daran wieder zurückzunehmen; als Speise und Trank aber nur Ungewürztes zu genießen, natürlich nicht des Gaumens wegen, sondern um das Leben zu fristen..." (Tertullian, Über die Buße 9). Hinzu kommen Gebetsübungen, Absonderungen, schonungsloses Sich-Demütigen.

Im kirchlichen Osten wird die Wiederzulassung (Rekonziliation) der Büßenden soweit differenziert, daß vier Stufen eingerichtet werden: die „Weinenden", die im Vorhof der Kirche um die Fürbitte der Christen betteln, die „Hörenden", die am Wortgottesdienst teilnehmen dürfen, die „Knieenden" oder „Liegenden", die nach dem Wortgottesdienst eine besondere Segnung des Bischofs empfangen, sodann die „Mitstehenden", die zwar dem eucharistischen Gottesdienst wieder beiwohnen, jedoch nicht kommunizieren. Die Zeiten des Verweilens in diesen Ständen können je nach der Schwere der Sünden unterschiedlich ausfallen. Das vierte Jahrhundert ringt deshalb darum, einheitliche Bußbestimmungen aufzustellen.

Der kirchliche Westen teilt mit dem Osten die Überzeugung, daß es Todsünden ohne Vergebungsmöglichkeit gibt (nach dem Vorgang von Hebr 10, 26; 12, 26f. und 1. Joh 5, 16): allen voran die Verleugnung des Herrn als das bewußte Abtun des Heils, sodann die Sünden Götzendienst, Abfall, Mord, Hurerei und Unzucht. Die vergebungsfähigen (läßlichen) Sünden unterliegen der Beurteilung durch die Gemeinde und die Bischöfe.

Deren Gebet hat eine reale Bedeutung für die Gefallenen und Sünder. Es ist in ein überzeitliches, eschatologisches Verständnis eingebettet. Tertullian versteht es als einen militärischen Dienst im Kampf gegen die dämonischen Weltmächte, aber auch ein Ringen mit Gott selbst.

79 *Tertullian, Über das Gebet (ca. 198–204) 29:* Christus wollte, daß nichts Böses durch [das Gebet] bewirkt werde. Er hat ihm jede Macht zum Guten verliehen. Daher vermag es nichts als nur die Seelen der Verstorbenen vom Wege des Todes zurückzurufen, die Schwachen wieder herzustellen, die Kranken zu heilen, die Dämonischen zu befreien, die Riegel des Kerkers zu öffnen, die Bande der Unschuldigen zu lösen. Es wäscht die Fehltritte ab, vertreibt die Versuchungen, löscht die Verfolgungen aus, tröstet die Kleinmütigen, erfreut die Hochherzigen, geleitet die Wanderer, beschwichtigt die Wogen, setzt die Räuber in Verwirrung, verschafft den Armen Nahrung, leitet die Reichen, richtet die Gefallenen wieder auf, hält die Strauchelnden und verleiht den Stehenden [die an der Eucharistie als Stehende teilnehmen dürfen] Festigkeit. Das Gebet ist die Mauer des Glaubens und unsere Schutz- und Angriffswaffe gegen den uns auf allen Seiten auflauernden Feind. Wandeln wir mithin niemals ohne Waffen einher. Am Tage wollen wir des Postenstehens nicht vergessen, bei Nacht nicht des Wachens! Mit den Waffen des Gebetes angetan, wollen wir das Feldzeichen unseres Heerführers bewahren und betend die Posaune des Engels erwarten.

Es beten ja auch die Engel alle, es betet jegliche Kreatur, es betet das Vieh und die wilden Tiere. Auch sie beugen ihre Knie, und wenn sie aus ihren Ställen und Höhlen herauskommen, so blicken sie nicht untätigen Mundes gen Himmel empor, sondern lassen den Hauch sprühend ausgehen in ihrer Weise. Die Vögel nehmen, wenn sie sich vom Nest erheben, die Richtung gen Himmel, breiten anstatt der Hände die Flügel in Kreuzform aus und lassen Laute hören, die als Gebet gelten können. Was soll ich also noch mehr über die Pflicht des Gebetes sagen? Dies: Auch der Herr selbst hat gebetet, dem Ehre und Macht sei in die Ewigkeit der Ewigkeiten!

6. Die bischöfliche Liebeskirche bei Cyprian

Erstaunlicherweise gibt es bis zur Mitte des dritten Jahrhunderts keine Theorie über die Kirche, sondern nur eine Reihe mehr oder weniger zusammenhängender Aussagen über sie. Für das fromme Leben der Christen ist sie wie jenes Boot, in dem Jesus während des Seesturmes geschlafen hat, ein Raum des Friedens und des letzten Schutzes vor den Gefahren der Welt, der Dämonien in ihr und der Straferwartungen des Jüngsten Gerichts. Wie aber wird die Organisation, die irdische Kirche eingeschätzt? Sie gilt nunmehr als ein Heilsfaktum. Was aber bedeutet dies für ihre Einheit angesichts der Verschiedenartigkeit der Traditionen und der Kirchengebiete?

Mitten aus der decischen Verfolgung heraus konzipiert der nordafrikanische Bischof und Metropolit von Karthago, Cyprian, erstmals eine Theorie von der Kirche in seinem Buch „Über die Einheit der katholischen Kirche".

Seine Konzeption und die des Frühkatholizismus ist der *Episkopalismus.* Die Bischöfe sind die Repräsentanten der Kirche, der Tradition, der Lehre und der heilsgeschichtlichen Funktionen der Kirche. Ihnen ist von Christus in der Vermittlung durch die Apostel die Weidegewalt übergeben. Die Buße und damit die Vollmacht, Sünden zu vergeben oder zu behalten, liegt in ihren Händen. Sie verwalten die „Schlüssel".

Für Cyprian gibt es kein Einheitsamt in der Catholica. Die Bischöfe stellen eine Gemeinschaft dar, die mit dem Amt zugleich den Geist, der diesem Amt zugesagt ist, innehaben, und ihre grundsätzliche Gleichstellung bringt es mit sich, daß sie nicht in der Weise von Über- und Unterordnung miteinander verkehren, sondern sich als eine Gemeinschaft der Liebe und des Geistes begreifen. Die Ökumenizität der Kirche wird von Cyprian nicht an ein oberstes Amt oder an das Recht der Kirchen gebunden, sondern an das in ihr waltende Ethos, die brüderliche Gemeinschaft der Bischöfe. Die Bischofskirche ist die Geistkirche.

80 *Cyprian, Über die Einheit der katholischen Kirche, 4 und 5:* (4) ... Der Herr spricht zu Petrus die Worte (Mt 16, 18f.): Ich sage dir: „Du bist Petrus, und auf diesen Felsen werde ich bauen meine Kirche, und die Pforten der Unterwelt werden sie nicht überwältigen. Ich will dir die Schlüssel des Himmelreichs geben; und was du binden wirst auf Erden, wird auch im Himmel gebunden sein, und alles, was du lösen wirst auf Erden, wird auch im Himmel gelöst sein." Auf *einen* baut er die Kirche, und obwohl er den Aposteln allen nach seiner Auferstehung gleiche Gewalt erteilt und sagt (Joh 20, 21–23): „Gleichwie mich der Vater gesandt hat, so sende auch ich euch. Empfanget den Heiligen Geist! Wenn ihr einem die Sünden erlaßt, so werden sie ihm erlassen werden; wenn ihr sie einem behaltet, so werden sie ihm behalten werden", so hat er dennoch, um die Einheit deutlich hervorzuheben, durch sein Machtwort es so gefügt, daß der Ursprung eben dieser Einheit von *einem* sich herleitet. Gewiß waren auch die übrigen Apostel das, was Petrus gewesen ist, mit dem gleichen Anteil an Ehre und Macht ausgestattet, aber der Anfang geht von der Einheit aus, damit die Kirche Christi als eine erwiesen werde ... Wer an dieser Einheit nicht festhält, vermeint der an dem Glauben festzuhalten? Wer der Kirche widerstrebt und sich widersetzt, ist der noch überzeugt, innerhalb der Kirche zu stehen? ...

(5) Diese Einheit müssen wir unerschütterlich festhalten und verteidigen, vor allem wir Bischöfe, die wir in der Kirche den Vorsitz haben, damit wir auch das Bischofsamt selbst als ein einziges und ungeteiltes erweisen. Niemand täusche die Gemeinde der Brüder durch eine Lüge, niemand fälsche die Wahrheit des treuen Glaubens durch treulose Entstellung! Das Bischofsamt ist nur eines, an dem jeder einzelne nur unter Wahrung des Ganzen seinen Anteil hat. Auch die Kirche ist nur eine, die sich zur Vielheit bloß durch ihr üppiges Wachstum immer mehr ausbreitet, ebenso wie die Sonne viele Strahlen hat, aber nur ein Licht, und wie der Baum zwar viele Zweige besitzt, aber nur einen auf fester Wurzel gegründeten Stamm; und wenn aus einem Quell noch so zahlreiche Bäche entspringen, die Einheit bleibt dennoch im Ursprung gewahrt, mag auch eine recht stattliche Anzahl [von Gewässern] aus dem Reichtum überquellender Fülle zu entströmen scheinen ...

Für die spätere Entwicklung des Papstamtes wird es bedeutsam, wie Cyprian die Würde der Bischöfe aus der Stelle Mt 16, 18 begründet. Er selbst ist der Meinung, daß die hier dem Petrus übergebene Weidegewalt allen Bischöfen zukommt. Seine römischen Dialogpartner jedoch fassen diese Stelle aufgrund der in Rom nunmehr fest etablierten Petrustradition als eine allein dem Petrus zugesprochene Beauftragung auf, die dann entsprechend der episkopalen Sukzession vor allem dem römischen Bischof zukommt. Cyprian hat wider Willen dem aufsteigenden Papsttum einen wichtigen Hinweis geliefert. Noch aber wird zur Mitte des dritten Jahrhunderts der römische Anspruch nur in verdeckter Weise angedeutet.

Die Kollegialität der Bischöfe in der Ökumene beruht auf dem Gedanken, daß die Geistleitung Gottes in den verschiedenen Kirchen auch in gleichen Auffassungen und Erkenntnissen zutage tritt. Die Beschlüsse der Synoden haben darum auch stets Bedeutung für Nachbarsynoden. In deren Schriftverkehr untereinander entsteht ein ökumenisches Kirchenrecht. Es ist ein *pneumatisch begründetes Kirchenrecht.* So besteht die irdische Kirche in einer geistgewirkten Einheit.

Das Bild von der Kirche als der *Mutter* der Gläubigen macht die Heilsfunktion der Kirche deutlich. Durch sie steht der Gläubige in einem lebendigen Lebenszusammenhang mit dem Herrn, aber auch nur durch sie. Die Kirche hat darin ihr Ethos, daß sie dieses Heilsgut nicht befleckt.

81 *Cyprian, Über die Einheit der katholischen Kirche, 6:* Zum Ehebruch läßt sich die Braut Christi nicht verführen, sie ist unbefleckt und züchtig. Nur ein Haus kennt sie, die Heiligkeit eines Schlafgemachs bewahrt sie in keuscher Scham. Sie ist es, die nur für Gott errettet, sie weist die Kinder, die sie geboren hat, seinem Reich zu. Jeder, der sich von der Kirche trennt und sich mit einer Ehebrecherin verbindet, schließt sich aus von den Verheißungen der Kirche, und wer die Kirche Christi verläßt, wird nicht zu den Belohnungen Christi gelangen. Er ist ein Fremder, er ist ein Unheiliger, er ist ein Feind. *Gott kann der nicht mehr zum Vater haben, der die Kirche nicht zur Mutter hat.*

Die Kirche ist in einem institutionellen Sinn heilig. Der Sinn der christlichen Gemeinde als einer Personengemeinschaft derer, die an Christus glauben, beginnt sich aufzulösen.

Cyprians Ansicht von der Kirche atmet ökumenischen Geist deswegen, weil so, wie er das Bischofsamt auffaßt, nämlich als Amt des heiligen Geistes, die Pluralität und die Verschiedenheit der Kirchengebiete in eine übergreifende Gemeinsamkeit aller Bischöfe hineingebettet wird. Jede dieser Bischofskirchen ist in ganzer Weise Kirche Christi. Zur Einheit bedarf es weder eines Konzils noch eines zentralen Papsttums. Die Einheit ist Gemeinschaft in der Wahrheit und im Geist Gottes. So gesehen, beschreibt Cyprian eine bischöfliche Liebeskirche.

Diese nordafrikanische Konzeption ist bis zur Zeit Konstantins in der ganzen Catholica als geltend vorauszusetzen. Die Bischöfe sind eine Gemeinschaft der Liebe, nicht des Rechts, schon gar nicht einer organisierten Unterordnung. So überdeutlich Cyprian die Heilsmittlerschaft der „Mutter" hervorhebt, so klar behauptet er auch die altkirchliche *Autonomie* der Gebietskirchen.

VII. Die Christenverfolgungen

1. Die Verfolgungsliteratur des zweiten Jahrhunderts

Die Verfolgungen der Christen durch den römischen Staat bedeuten für die alte Kirche eine besondere Erfahrung ihres Christseins: Man kann in dieser Welt nicht Christus angehören, ohne von der Welt verfolgt zu werden. Die Zugehörigkeit zu Gott und die Zugehörigkeit zur Welt schließen sich aus.

Die Kirchengeschichte des Euseb ist über lange Strecken hin eine Geschichte der Märtyrer und des Leidens der Kirche unter den heidnischen Kaisern. Die neuerdings aufgeworfene Frage, wie groß die Zahl der Märtyrer gewesen sein mag, wird mit einer relativ kleinen Zahl beantwortet. Euseb selbst zählt bei der Verfolgung unter Diokletian und Maximian in Palästina 91 Märtyrer, von denen nur 16 von den römischen Behörden aufgespürt worden sind. Die übrigen haben sich selbst gestellt oder haben die Aufmerksamkeit sonst auf sich gelenkt, und 44 sind in die Bergwerke, nicht direkt zum Tod verurteilt. Ähnlich geringe Zahlen ergeben sich auch für die Zeit unter Marc Aurel in Gallien. Dort ist die Zahl geringer als 48. Das zeigt, daß die Bedeutung der Martyrien für die Frömmigkeit und den Kirchenkampfseifer weniger aus dem Umfang der Verfolgungen, als vielmehr aus den Berichten der Kirchen über diese Verfolgungen erwächst.

Die Überlieferungen von den Christenverfolgungen haben ihren Höhepunkt im zweiten Jahrhundert und stellen eine Literaturgruppe besonderer Art dar. Schon in der Apostelgeschichte ist der *Märtyrer* der *Nachfolger des Leidens und des Todes Christi,* der im Augenblick seines Sterbens den Himmel offen sieht (Apg 6). Der Märtyrer wird zum Zeugen eines unbesiegbaren Glaubens an den auferstandenen Herrn. In diesem Sinne begehrt Bischof Ignatius, daß man sich nicht für ihn in Rom bei den Behörden verwende. Er will dort von den Tieren gefressen, selbst eucharistisches Brot werden. Aus diesen Glaubenszeugnissen erwächst, wenn auch nicht in allen Kirchengebieten, die Märtyrerverehrung, besonders in Rom.

Für Rom wird für das Jahr ca. 180 eine Gaius-Notiz von Euseb überliefert, die uns bekundet, daß zu dieser Zeit die Grabesstätten des Petrus und Paulus an bestimmten Orten fixiert und verehrt werden. Ob sie wirklich die Grabesstätten sind, ist fraglich.

82 *Euseb, Kirchengeschichte II, 25, 6 und 7:* Dieser Bericht [Tertullians über Kaiser Neros Untaten], wird bestätigt durch die noch bis heute erhaltenen Namen Petrus und Paulus in den römischen Zömeterien sowie durch einen kirchlich glaubwürdigen Mann, namens Gaius, der unter dem römischen Bischof Zephyrinus lebte und in einem schriftlich überlieferten Dialog mit Proklus ... über die Stätte, wo die heiligen Leiber der genannten Apostel ruhen, sagt: „Ich kann die Siegeszeichen der Apostel zeigen. Du magst auf den Vatikan gehen oder auf die Straße nach Ostia, du findest die Siegeszeichen [tropaia] der Apostel, welche diese Kirche gegründet haben."

Die Martyriumsberichte des zweiten Jahrhunderts sind formal Nachfolgeschilderungen über einzelne glaubensstarke Christen, oftmals abgefaßt in Analogie zur Leidensgeschichte Jesu. Sie entstammen entweder den Augenzeugenschilderungen der Gemeinde, aufgefüllt mit christlichen Motiven, oder aber auch den staatlichen Prozeßakten, die dann entsprechende christliche Interpolationen aufweisen. Sie sind in der Regel als ökumenische Rundbriefe abgefaßt. Der Staat und seine Behörden erscheinen in apokalyptischem Licht, und zwar gerade auch bei Schilderungen aus dem Raum frühkatholischer Gemeinden wie etwa Lyon.

Der älteste außerneutestamentliche Märtyrerbericht ist der des Bischofs *Polykarp von Smyrna.* Polykarp wird im Jahr 155/56 oder im Jahr 165 hingerichtet. In der Höhe seines Alters wird sein Martyrium zur öffentlichen Proklamation des erhöhten Kyrios.

Auch bei Polykarp gibt es einen Verräter, einen jungen Sklaven, der die Häscher zum Haus des Bischofs leitet. Polykarp bietet seinen Verfolgern Speise und Trank, während er selbst noch betet, und leistet keinen Widerstand. Im Verhör vor dem Irenarchen (Polizeipräfekt) wird er vergeblich aufgefordert, „Herr (ist der) Kaiser" zu sagen. Das Versprechen der Straflosigkeit ändert seinen Sinn nicht. „Sechsundachtzig Jahre diene ich ihm, und er hat mir nie ein Leid getan; wie könnte ich meinen König und Erlöser lästern?" Polykarp wird öffentlich verbrannt. Die umstehenden Christen vernehmen dabei köstlichen Duft und werden Zeuge des Wunders, daß, als ihm der Konfektor – der Töter, der den Todesstoß versetzt – den Dolch in die Brust stößt, eine solche Menge Blut hervorquillt, daß das Feuer erlischt.

Getreu der Bergpredigt (Mt 5, 39) wird kein Widerstand geleistet. Der Bericht löst den Widerwillen gegen die ungerechte Verurteilung aus: Die Unschuld wird vernichtet.

Der christliche Philosoph *Justin* wird in Rom ca. 165 hingerichtet, zusammen mit fünf weiteren Männern und einer Frau. Dem „Martyrium des Justin" scheinen die staatlichen Prozeßakten, also die Verhandlungsprotokolle, vorzuliegen. Die vom Präfekten Rustikus (Präfekt in Rom in den Jahren 163–167) geführte Verhandlung hat mehrere

Abschnitte: zunächst die Aufforderung zur Kaiserverehrung, zur Verehrung der „Götter" und damit zum Abschwur von Christus. Sodann folgt die Darlegung des Kerns des christlichen Glaubens durch Justin, ferner die Befragung Justins nach den Orten der christlichen Zusammenkünfte. Auch die übrigen Angeklagten werden in ähnlicher Weise befragt. Danach erkundigt sich der Präfekt nach der Gewißheit des Auferstehungsglaubens.

83 *Das Martyrium des Justin und seiner Genossen.* (5) Der Präfekt sagt zu Justinus: Höre, der du als gelehrt giltst und die wahre Wissenschaft zu haben vermeinst: Glaubst du, wenn du gegeißelt und enthauptest wirst, in den Himmel aufzusteigen? Justinus antwortete: Ich glaube, daß ich seiner Verheißungen teilhaftig werde, wenn ich dieses leide; ich weiß, daß allen, die so leben, das göttliche Gnadengeschenk bis zum Ende des Weltalls bleiben werde. Der Präfekt Rustikus sagte: Du nimmst also an, du werdest in den Himmel aufsteigen, um einen Lohn zu erlangen? Justinus antwortetete: Das nehme ich nicht an, sondern ich weiß es und bin ganz überzeugt davon. Der Präfekt Rustikus sagte: Treten wir endlich an die hier vorliegende Sache heran, die drängt: Kommt und opfert einmütig den Göttern! Justinus antwortete: Keiner, der recht gesinnt ist, verläßt die Gottseligkeit, um zur Gottlosigkeit überzugehen...

Nach einer abermaligen Abmahnung werden die christlichen Zeugen verurteilt und nach vorhergehender Geißelung enthauptet. Dieser deutlich mit apologetischen Motiven aufgefüllte Bericht läßt erkennen, welches die Gründe und Motive sind, mit denen die christliche Verkündigung in ihrer Zeit wirbt, wo auch von heidnischer Seite aus die wirklich strittigen Punkte zwischen dem christlichen und nichtchristlichen Existenzverständnis liegen.

In anderen Hinrichtungsfällen, wie etwa bei der *Blandina* im Zusammenhang der Verfolgungen in *Lyon* im Jahr 177, wird die Verurteilung und Hinrichtung zu einem tumultuarischen Haßgeschehen, das nach einer Kette von Quälereien das Opfer schließlich durch Verbrennung und Zerstreuung der Asche in die Rhône so unkenntlich macht, daß es als Person für immer ausgelöscht erscheint. In ähnlicher Weise geschieht dies auch bei der Hinrichtung der Märtyrer im nordafrikanischen *Scili* im Jahr 180.

Der Bericht über die Hinrichtung der *Blandina* ist auch aus anderem Grunde von Bedeutung. Die Rolle der Frau wird darin aufgewertet. Sie ist glaubensstark, leidensfähig und -bereit; sie ist Heldin. An ihr wird die Schwäche, die in Wahrheit Stärke ist, erkennbar. Sie wird in ihrer Standhaftigkeit zur „Mutter" des Glaubens. Ihre Hinrichtung erfolgt im Zusammenhang von circensischen Spielen.

84 *Euseb, Kirchengeschichte V, 1, 41–42:* (41) Blandina wurde an einem Pfahl aufgehängt und sollte den auf sie losgelassenen wilden Tieren zur Speise dienen. Dadurch, daß die Angebundene in ihrem inbrünstigen Gebet die Kreuzesform

zeigte, flößte sie den Kämpfern großen Mut ein; denn in ihrem Kampfe schauten sie so mit ihren fleischlichen Augen in der Schwester den, der für sie gekreuzigt worden war ... (42) Da nun keines der wilden Tiere Blandina berührte, wurde sie vom Holze abgenommen und wiederum in den Kerker geworfen, um sie für einen neuen Kampf aufzubewahren ... Sie, die kleine, schwache, verachtete Christin, sollte, angetan mit dem großen, unbesiegbaren Kämpfer Christus, in vielem Ringen der Widersacher niederwerfen und im Wettkampf mit dem Kranze der Unsterblichkeit gekrönt werden ...

Am letzten Tag der Kampfspiele wird sie abermals in die Arena geführt, damit sie den Götzen schwöre. Man foltert sie und den jungen Knaben Pontikus vergeblich. Pontikus stirbt vor ihr. Sie selbst wird in viehischer Weise zu Tode gebracht.

85 *Euseb, Kirchengeschichte V, 1, 56–59:* Nachdem sie gegeißelt, den wilden Tieren vorgeworfen und geröstet worden war, steckte man sie zuletzt in ein Netz und warf sie einem Stier vor. Als sie vom Tier wiederholt emporgeschleudert worden war, wofür sie infolge ihrer unerschütterlichen Hoffnung auf das, was sie glaubte, und infolge ihres Verkehrs mit Christus gar kein Empfinden mehr hatte, wurde auch sie getötet. Selbst die Heiden mußten zugeben, daß bei ihnen noch nie ein Weib so viele Qualen solcher Art erduldet hatte. (57) Aber gleichwohl war ihre Wut und ihre Grausamkeit gegen die Heiligen nicht befriedigt. Denn, wilde und rohe Stämme, die ein wildes Tier aufgehetzt, ließen sich nur schwer besänftigen. Ihre Verwegenheit vergriff sich noch in abartiger Weise an den Leichnamen. (58) Da sie sich nicht von menschlichem Verstand leiten ließen, brachte sie ihre Niederlage nicht zur Besinnung ... Statthalter und Volk hörten nicht auf, an uns ihren ungerechten Haß auszulassen ... (59) Diejenigen, welche im Gefängnis erstickten, wurden von ihnen den Hunden vorgeworfen. Und sorgfältig wachten sie Tag und Nacht darüber, daß wir keinen bestatteten. Die von den Tieren und vom Feuer übriggelassenen, zerfleischten und verkohlten Körperreste und von den übrigen Märtyrern die Köpfe samt ihrem Rumpfe wurden zur Schau gestellt und ebenfalls mehrere Tage unter militärischer Bewachung unbeerdigt gelassen ...

Ein besonderes Kennzeichen dieser Prozeßführung seitens der Behörden besteht darin, daß die Christen während des Verfahrens selbst auf ihre Stellung zum Kaiserkult hin befragt werden und dabei entweder abschwören können oder aber durch ihr Zeugnis überhaupt erst den Taterweis in actu erbringen. Gerade dieser Umstand gibt den Denunziationen und Vermutungen, daß – wie Kelsus das in seiner Schrift „Das wahre Wort" formuliert – „die Christen heimliche Verbindungen untereinander außerhalb der gesetzlichen Ordnung" bilden, weiten Raum. Immer deutlicher stellt die Majestätsbeleidigung den zentralen Punkt der Anklage dar. Das 3. Jahrhundert kennt dann keine Anklagen wegen Atheismus, Blutschande, Kinderopfer etc. mehr. Diese Verletzung des Prozeßrechts – Anklage ohne Straftatbestand – läßt Tertullian sagen:

86 *Tertullian, Apologeticum 40:* Man müßte im Gegenteil denen den Namen einer Parteiung beilegen, welche zum Haß gegen die Guten und Rechtschaffenen sich verschwören, welche nach dem Blut Unschuldiger schreien, indem sie zur Rechtfertigung ihres Hasses auch noch jenen leeren Vorwand gebrauchen, daß sie wähnen, von jeder öffentlichen Kalamität, von jedem das Volk treffende Ungemach seien die Christen die Ursache. Wenn der Tiber bis in die Stadtmauern steigt, wenn der Nil nicht bis über die Feldfluren steigt, wenn die Witterung umschlagen will, wenn die Erde bebt, wenn es eine Hungernot, wenn es eine Seuche gibt, sogleich wird das Geschrei gehört: ,,Die Christen vor die Löwen!" So viele vor einen? Ich bitte euch, wie viele Kalamitäten haben nicht schon vor Tiberius, das heißt vor der Ankunft Christi, den Erdkreis und die Stadt betroffen?...

2. Die reichseinheitlichen Verfolgungen im dritten Jahrhundert

Im Übergang vom zweiten zum dritten Jahrhundert tritt die Catholica auch für die kaiserliche Zentralgewalt in das politische und religiöse Bewußtsein. Obschon gelegentlich der Unterschied zwischen Judentum und Christentum den Behörden immer noch nicht recht klar ist – was Tertullian beispielsweise reklamiert –, kommt es unter Kaiser Alexander Severus im Jahr 202 zur ersten Verfolgung aufgrund eines kaiserlichen Befehls mit Geltung für das gesamte Imperium. Diese Verfolgung richtet sich nicht nur gegen die Christen, sondern auch gegen die Juden und überhaupt dagegen, daß noch andere orientalische Kulte nach Rom einwandern. Sie hat den Charakter eines Religionsstopps. Darin kommen Motive zum Ausdruck, die sich nur noch mittelbar mit dem Kaiserkult verbinden lassen, Motive, die in der Religionspolitik der Kaiser liegen.

Die Gründe dafür, daß bereits unter dem Stoiker-Kaiser *Marc Aurel* (161–180) die Verfolgungen häufiger werden, sind in der wachsenden Unsicherheit des Reiches in den persischen und germanischen Grenzgebieten, aber auch in dem Wildwuchs der orientalischen Kulte in Rom, in der Pest und schließlich auch darin zu suchen, daß sich das politische Bewußtsein der Stände aufzulösen beginnt. Zentralisation der Verwaltung und Militarisierung der Staatsmacht setzen unter diesem Kaiser ein. Die aus dem Osten in das Reichszentrum eingewanderten Kulte wollen Chancen wahrnehmen, in die Rolle eines Staatskultes aufzusteigen. Dem auf Einheit hin ausgerichteten Geist dieser Zeit des beginnenden dritten Jahrhunderts liegt es nahe, einen dieser Kulte so zu favorisieren, daß er – in einem henotheistischen Sinne – die anderen Kulte übergreifen oder gar in sich aufnehmen kann. Kaiser *Commodus* (180–192), der Nachfolger Marc Aurels, bereits ein Soldatenkaiser, läßt sich in mehrere orientalische Mysterien einweihen (Kybele, Mithras, Isis-Sarapis), und seine Religionspolitik zielt darauf, die altrömischen Götter und diese orientalischen Kulte in eine einzige, oberste Gottheit hinein aufgehen zu lassen, den Jupiter exsuperatorius, der als der „alleroberste" Jupiter die monarchische Spitze aller Götter, der Lebensspender schlechthin sein soll. Das hindert Commodus nicht, eine christliche Konkubine, die Marcia, zu haben, und auch nicht, dem Mithraskult der Soldaten in aktiver Beteiligung zuzugehören. Er greift auf die orientalischen Kulte offensichtlich deshalb zurück, weil sie dem monarchischen und absolutistischen Gedanken des Königtums weitaus mehr entsprechen als die römischen Kulte. Der Senat hat dieser Selbstverehrung des Commodus nach seinem Tod die übliche Vergottung des Kaisers, die Apotheose, mit Fluch verweigert.

Auch die Kaiser der nachfolgenden severischen Dynastie versuchen eine zentrale Neuorientierung der Religionspolitik unter Rückgriff auf den Orient. Obschon es unter Kaiser *Septimius Severus* (193–211) zu Kontakten zwischen dem Hof und christlichen Theologen kommt – Kaiserin Julia Domna bestellt Origines zum Vortrag –, läßt die Kaiserin von dem Neupythagoreer Philostrat die Lebensgeschichte jenes Apollonius von Tyana schreiben, der als Wundertäter gilt und auf seinen Reisen bis nach Indien hin die Religionen und Kulte kennen gelernt haben will mit dem Ergebnis, daß letztlich hinter diesen Kulten doch nur eine, durch Askese und durch Gerechtigkeit zu verehrende Gottheit begegne. Daß der Kaiser selbst den orientalischen Einflüssen entgegenlenkt, scheint spannungsvoll, findet sich aber doch in dem Willen zur Überwindung des religiösen Pluralismus zusammen.

Gleichwohl dringen unter den nachfolgenden syrischen Kaisern, *Caracalla* (211–217), *Elagabal* (Heliogabal 218–222) bis zu *Alexander Severus* (222–235) die orientalischen Kulte weiter nach Rom vor, insbesondere der Sonnen- (Helios oder Sol-)Kult und der Mithraskult. Beide Kulte sind monotheistisch und wären geeignet, die römischen Stadtgottheiten abzulösen und in sich aufzunehmen. Möglicherweise hängen mit diesen religiösen Zentralisierungstendenzen auch die Ausdehnung des römischen Bürgerrechts (212/3 – die constitutio antoniana) auf alle Reichsbürger und die Zentralisierung des Staatsrechts unter dem Rechtsgelehrten *Ulpian* (gest. 223) zusammen. Unter Caracalla ereignet sich in Nordafrika eine kurze heftige Christenverfolgung (211).

Am deutlichsten sind diese kaiserlichen Vereinigungsversuche unter *Kaiser Elagabal* (218–222) gediehen. Schon vor seiner Thronbesteigung ist er Priester des Sonnengottes von Emesa, und in einer Art Gewaltstreich suchen er und seine Familie diesen Sonnenkult in der Form einer Kultuszentralisation nach Rom zu überführen, gegen den Willen der dortigen senatorischen Kreise, die sich einen orientalischen Herrscher, aber kein orientalisches Gott-Kaisertum gefallen lassen wollen. Obschon in diesen Plänen gescheitert, beginnt mit Elagabals Sonnenkult doch eine henotheistische Entwicklung im dritten Jahrhundert, die dahin führt, daß der Sonnenkult die wichtigste Konkurrenz für das Christentum noch weit hinauf bis ins vierte Jahrhundert wird. Elagabal ist religionspolitisch Henotheist. Ihm wird es zugeschrieben, den jüdischen, den christlichen und den samaritanischen Kultus mit dem der karthagischen Göttin Tanit und dem des Sonnengottes zu einem Kult des summus deus, des höchsten Gottes, verbinden zu wollen und diesem dann einen zentralen Tempel in Rom zu widmen, der zugleich Zentralstätte auch aller anderen Kulte sein sollte.

Auch Kaiser *Alexander Severus* (222–235) soll in vergleichbarer Weise in seiner Hauskapelle neben Apollonius von Tyana und Orpheus auch die Büsten von Christus und Abraham neben denen seiner eigenen Ahnen aufgestellt haben. Die Kaiserin-Mutter Mammäa läßt sich von Hippolyt sogar eine Schrift widmen.

Diese Epoche der religionspolitischen Einigungsversuche ist für die christlichen Gemeinden weithin doch eine Zeit der Ruhe, ja erster Beziehungen zum kaiserlichen Hof. Von Alexander Severus wird berichtet: „Als er einmal zu entscheiden hatte, ob ein gewisses staatliches Grundstück den Schankwirten oder der christlichen Gemeinde abgegeben werden sollte, bestimmte er, es sei besser, wenn dort die Gottheit, gleichgültig, auf welche Weise, verehrt würde, als daß es den Schankwirten überlassen würde". Unter diesem Vorzeichen wird es erklärlich, daß es trotz gelegentlicher Verfolgungen den Gemeinden möglich ist, Grundbesitz zu erwerben, beispielsweise die Katakomben als Begräbnis- und Versammlungsstätten auszubauen und auch die Gottesdienste zu vollziehen.

Ohnehin besitzen die Richter bei den Verurteilungen von Christen einen erheblichen Ermessensspielraum. Sie können auch die Angeklagten freisprechen oder sie nur mit einer längeren Haftstrafe bedenken. Wird jedoch das crimen laesae majestatis festgestellt, dann werden römische Bürger, insbesondere wenn sie höheren Standes (honestiores) sind, enthauptet oder aber, wie bei Matronen oft der Fall, verbannt, bei Männern auf die Inseln ad metallas, das heißt zur Bergwerksarbeit auf Sardinien. Die Niedriggestellten (humiliores) werden gekreuzigt, verbrannt (crematio, vivus exuri), den Tieren vorgeworfen. Kinder und Jungfrauen werden als Sklaven verkauft oder den Bordellen übergeben, also in den Stand der Ehrlosigkeit versetzt.

Die erste reichseinheitliche Verfolgung unter Septimius Severus verläßt die bisher geltenden Rechtsverfügungen von Trajan und Hadrian. Kaiser *Maximinus Thrax* (235–238), der erste aus der Reihe der „Soldatenkaiser", geht zu einer aktiven Verfolgungspolitik über und gibt die

Anweisung, „allein die Vorsteher der Kirche" hinrichten zu lassen, ob nur Bischöfe oder auch sonstige Kleriker wird aus dem Bericht bei Euseb (Kirchengeschichte VI, 28) nicht recht deutlich.

Kaiser Maximinus Thrax konzentriert sich als erster wieder bewußt auf die Rom-Tradition und damit auch auf den kaiserlichen Genienkult. Die Christenverfolgung wird zur Kirchenverfolgung. Auch dies muß im Zusammenhang mit der Lage des Reiches gesehen werden. Die Soldatenkaiser setzen bewußt den Weg zu einem absolutistisch und zentralistisch regierten Verwaltungsstaat fort.

Die steigende Militarisierung der Staatsmacht zeigt sich darin, daß die Wahl der Kaiser von der Zustimmung der Legionen und der Prätorianer abhängig wird. Das bedeutet einen erheblichen Machtverlust der senatorischen Kreise in Rom. Eine Reihe von Soldatenkaisern sucht die Truppen durch Geldgeschenke geradezu zu kaufen. Die kaiserliche Würde beginnt zu zerfallen. Im dritten Jahrhundert wird das Prinzipat zunehmend Handelsobjekt im Gerangel um die Macht.

Zudem hat bereits seit Marc Aurel wirtschaftliche Stagnation eingesetzt. Das Institut der Sklaverei löst sich streckenweise auf. Die Städtearistokratie ist durch die ihr auferlegten Lasten für die finanzielle Versorgung der Kommunen und der Spiele überfordert, zumal sich die landwirtschaftlichen Einkünfte verringern. Der Ritterstand sucht sich diesen Anforderungen durch die Flucht aufs Land zu entziehen. Die gestreuten Grundbesitze des senatorischen Adels sind vom Niedergang dabei weniger betroffen als die sogenannte Villenwirtschaft, die sich in Abhängigkeit von den Munizipalverwaltungen als landwirtschaftliche Organisationsform durchsetzt. Anstelle der Sklavenwirtschaft entwickelt sich die Bewirtschaftung der Latifundien durch Kolonen, die Grund und Boden im Entgelt durch Naturalabgaben pachten und vor allem Dienstleistungen zu erbringen haben; ohne im eigentlichen Sinn unfrei zu sein, sind sie scholle- und klassegebunden mitsamt ihren Familien.

Es kommt hinzu, daß im militärischen Bereich, aber auch in den Provinzialverwaltungen Machthaber emporsteigen, die aus den Provinzen, einige sogar schon aus germanischen Stämmen kommen. Die syrischen Kaiser ziehen orientalische Verwaltungsbeamte nach. Diese nicht-römischen Kräfte dienen um Sold, nicht aus der Motivation römischer Staatstugenden. So zeigt sich im dritten Jahrhundert auch ein Verfall des politischen Bewußtseins, und in diesen Zusammenhang sind die Verfolgungen zur Mitte des Jahrhunderts einzuordnen.

Der Nachfolger von Maximinus Thrax, Kaiser *Philippus Arabs* (244–249) soll christlicher Überlieferung nach Orientale und sogar Christ gewesen sein und mit Origines noch korrespondiert haben, aber religionspolitisch bekennt er sich zum Staatskult. Im Jahr 248 jedoch kommt es unter den Mitgliedern des römischen Senates zu einer Renaissance des römischen Staats- und Kaiserkults. In den Augen dieses Adels ist das Christentum eine eingedrungene orientalische Religion. Kurze Zeit, nachdem man die Tausendjahrfeier der Gründung Roms pompös abgehalten hat, beginnen neue, schwere Christenverfolgungen. *Kaiser*

Decius (249–251) hat sich in den Germanenkämpfen ausgezeichnet und wird von den illyrischen und pannonischen Truppen, die hart auf das römische Staatsideal eingeschworen sind, zum Kaiser ausgerufen. Von seinen Truppen geht das Programm aus, mit militärischer Unduldsamkeit die einheitliche Verehrung des Jupiter optimus maximus, der Juno und der Minerva durchzusetzen.

Diese Linie einer rigiden nationalen Religion wird von *Kaiser Valerian* (253–260) noch verschärfend fortgeführt. Die Christenverfolgungen unter diesen beiden Kaisern, die decisch-valerianischen Verfolgungen in den Jahren 250 und 257/8, stellen die Kirche auf eine äußerste Belastungsprobe. Sie zwingen sie, sich auf die alten Märtyrerideale zurückzubesinnen und sich aus den schon in vieler Weise vorhandenen Anpassungen an den Staat und die Provinzialverwaltungen wieder zu lösen, ja mehr noch: sich dabei über das Wesen der Kirche und ihrer Ämter grundsätzliche Klarheit zu geben.

Am Ende des Jahres 249 erläßt Decius sein Edikt gegen die Bischöfe und prominente Kleriker, dem eine Reihe von Bischöfen zum Opfer fällt. Sie werden zwangsweise vorgeladen und zum Opfer aufgefordert. Der Verweigerung folgt die Todesstrafe. Die Bischöfe Dionys von Alexandria und Cyprian von Karthago haben uns Nachrichten über diese Vorgänge hinterlassen. Cyprian flieht aufs Land, wird dort aber aufgespürt und am 14. 9. 258 hingerichtet.

Im Frühsommer 250 wird das Edikt des Decius erweitert zur Opferanweisung an alle Bürger des Reiches, auch an die Nichtchristen. Dieses zweite Edikt enthält keine Strafbestimmungen. Daraus erklärt sich die relativ hohe Zahl der Konfessoren, das sind Christen, die ihr Bekenntnis standhaft abgelegt haben und doch der Hinrichtung entgehen. Gleichwohl verzeichnen die christlichen Gemeinden einen Massenabfall von Gläubigen.

Aus dieser zweiten Welle sind Opferbescheinigungen (libelli) aus Fajum in Ägypten erhalten, die den Vollzug des Opfers vor einer Kommission bestätigen. Das Pflichtopfer soll am dies imperii (Tag des Imperiums, der Kaisereinsetzung) den kapitolinischen Göttern dargebracht werden, und zwar als Weinopfer und als nachfolgende Opfermahlzeit. Wer nicht opfert, erhält eine Nachfrist. Wer auch dann nicht opfert, wird in der Regel der Majestätsbeleidigung angeklagt.

87 *Ein libellus aus Fajum:* An diejenigen, die zur Überwachung der Opfer gewählt sind. Von Aurelia Kamis aus dem Dorf Filagris, wohnhaft in der Ortschaft Theadelphia. Ich habe immer und ohne Unterbrechung den Göttern geopfert, und auch jetzt habe ich in Eurer Gegenwart geopfert und ein Trinkopfer dargebracht und vom Opferfleisch gekostet, wie es befohlen war. Ich bitte darum, mir dies zu bescheinigen. Lebt wohl.

Wir, Aurelius Serenus und Aurelius Hermos, sind Zeugen dafür, daß Sie geopfert haben.

Im ersten Regierungsjahr des Imperators Caesar Gaius Messius Quintus Traianus Decius Pius Felix Augustus, am 22. Juni.

Im Jahr 257 verschärft Valerian die Opfergesetzgebung: Bischöfe und Kleriker müssen vor den Statthaltern oder Gerichtsinstanzen erscheinen und das Opfer vollziehen. Bei Weigerung erfolgt Verbrennung. Christliche Zusammenkünfte jeglicher Art werden verboten. Der Besuch der Zömeterien (der christlichen Begräbnisstätten) wird untersagt. Das Ziel dieser Bestimmungen beabsichtigt die Schließung der Gemeinden, die Konfiskation der Gottesdienststätten, die Eliminierung der Leiterkreise. Ein Prozeß zum Nachweis der Opferwilligkeit findet nicht mehr statt. Christsein als solches ist Delikt. Ein zweites Edikt Valerians besagt zusätzlich (258), daß Bischöfe, Presbyter und Diakone hinzurichten sind und daß christliche Hofbeamte, ohne irgend noch abschwören zu können, zur Zwangsarbeit verurteilt werden und ihrer Güter verlustig gehen. Christen aus dem Senatoren- oder Ritterstand sollen ihren Rang und ihr Vermögen einbüßen. Damit wird das Christentum als solches kriminalisiert; das Prozeßrecht ist ausgeschaltet.

In Gallien wird dieses zweite Edikt vermutlich im wesentlichen als ein Versammlungsverbot aufgefaßt; der Westen zeigt sich in der Verfolgung milder als der Osten. Dieses zweite Edikt steht im Zusammenhang des Aufbruchs Valerians zu den Perserfeldzügen; es soll seinem Sohn und Mitaugustus Gallienus gleichsam die Linie des künftigen Vorgehens vorzeichnen.

Nach dem Tod Valerians im Krieg gegen die Perser nimmt sein Sohn Gallienus die Edikte seines Vaters zurück und leitet damit eine Entwicklung ein, die unter Konstantin zur Erfüllung kommt. Die Gallienus-Konstitution aus dem Jahr 260 hat folgenden Wortlaut:

88 *Euseb, Kirchengeschichte VII, 13:* Der Kaiser Caesar Publius Licinius Gallienus, der Fromme, Glückliche, Erlauchte an Dionysius Pinnas, Demetrius und die übrigen Bischöfe. Ich habe Befehl gegeben, daß die Wohltat meines Gnadenerlasses über die ganze Welt sich erstrecken solle. Demzufolge sind die geweihten Stätten wieder zurückzugeben, und möget auch ihr euch der Verordnung meines Reskriptes erfreuen, so daß euch niemand weiter belästige. Das, was euch darnach zu tun frei verstattet ist, ward auch von mir schon vor geraumer Zeit in Huld verfügt. Darum wird auch Aurelius Quirinius, der Großschatzmeister, über die von mir erlassene Verordnung sorgsam wachen ... [Euseb setzt dann fort:] Noch eine andere Verordnung desselben Kaisers ist überliefert. Er hatte sie an die übrigen Bischöfe gerichtet und darin gestattet, die sogenannten Zömeterien wieder in Besitz zu nehmen.

Über die Gründe der Zurücknahme der Erlasse des kaiserlichen Vaters sind nur Vermutungen möglich. Gallienus ist Neuplatoniker, Verehrer der eleusinischen Mysterien. Er kehrt zum Henotheismus zurück, und diese Linie mag der Einsicht entspringen, daß sich eine reichseinheitliche Religion nicht durchsetzen läßt. Dabei ergibt sich unter seiner Herrschaft in der zweiten Hälfte des dritten Jahrhunderts eine juridische oder doch jedenfalls protokollarische Beziehung zwischen den Bischöfen und dem Staat. So entmachtet Gallienus den Bischof des palmyrenischen Gebiets jenseits der Ostgrenze, Paul von Samosata, der schon zu dieser Zeit eine patriarchenähnliche Stellung im Reich der Königin Zenobia einnimmt, die – eine tatkräftige Frau – ihrerseits ein religiös einheitliches Reich von Persien bis nach Ägypten erstrebt, dem Christentum Vorschub leistet, aber dabei den römischen Interessen bedrohlich erscheinen muß. In anderen Fällen schlichtet er Streitigkeiten zwischen christlichen Bischöfen. Die Beziehungen verdichten sich soweit, daß die Gallienus-Zeit für Eusebs Kirchengeschichte als „Zeit der Windstille" erscheint. Dem entspricht auch die Gallienus-Konstitution:

Das Gemeindeeigentum wird rückerstattet. Die Kirchengemeinden sind als collegia licita (erlaubte Vereine) gestattet, jedoch noch nicht als religio licita (erlaubte Religion). Die Christen sollen, wenn sie schon nicht den Staatskult bedienen, wenigstens ihren eigenen Gott um den Schutz des Staates anflehen. Darin steckt ein Kompromiß, der die Sachfragen in der Beziehung zwischen dem zentralistischen Militärstaat und der Pluralität der Religionen verdeckt. So bereitet sich das Entweder-Oder zwischen Staatskult und Christenanerkennung vor. Die Verfolgungen unter Diokletian und Maximian werden die Entscheidung bringen.

Unter Gallienus dringen der Manichäismus und der Mithraskult weiter vor. Das öffentliche Leben jedoch wird weithin vom Sol invictus, von der unbesiegbaren Sonne bestimmt, und für viele Glieder des Reiches fließt der Sonnengott mit dem Jupiter exsuperatorius und mit dem Jupiter optimus maximus zusammen in eins. Aus dem Gräberfeld unterhalb der Peterskirche in Rom gibt es in der Grabesstätte der Aelier das Bild des Helios, der das Zeichen der Sonnenstrahlen in der Form eines christlichen Kreuzes trägt. So fließen die Gottheiten wohl auch für christliche Gemeindeglieder ineinander.

Die auf Gallienus folgenden illyrischen Kaiser *Claudius II.* (268–270) und *Aurelian* (270–275) sind erneut scharf national-römisch eingestellt. Claudius vermag die Goten an den balkanischen Grenzen aufzuhalten, und Aurelian gelingt es, die Sonderreiche in Britannien, Gallien und Palmyra aufzulösen. Aber trotz seines stolzen Titels restitutor orbis romani (Erneuerer des römischen Erdkreises) muß er um die Stadt Rom eine Mauer errichten, um sie verteidigungsfähig zu machen. Auch Aurelian erstrebt eine absolutistische Reichseinheit in Verwaltung, Militär und Kultus. Gewohnt, Widerstände zu brechen, erklärt er im Jahr 274 die Sonne zum obersten Reichsgott. Im neu errichteten Sonnentempel in Rom fungiert er selbst als Oberpriester (pontifex maximus). Das Geburtsfest des Sol invictus am 25. Dezember wird später im 4. Jahrhundert zum Geburtsfest Christi. Nach Andeutungen des Laktanz soll Aurelian Verfolgungen gegen die Christen geplant haben, über die er hinweggestorben ist.

Kaiser *Diokletian* (284–305) sieht schließlich nur in der Anwendung neuerlicher Gewalt den Weg zur endgültigen Lösung der religionspolitischen Probleme des Reiches. Manichäismus und Christentum stehen ihm dabei als erste im Weg. Sie werden von dem ersten Verfolgungsedikt betroffen (s. u. S. 161).

Die Verfolgungen der christlichen Gemeinden sind die Folge des Schwankens der römischen Religionspolitik zwischen Nationalreligion und den Möglichkeiten des Synkretismus. Der „Sieg" des verfolgten Christentums ist nur über die Parteinahme Konstantins möglich. Aber damit tritt es auch in die Gefahr hinein, die Rolle der staatlichen Einheitsreligion erfüllen zu sollen. Doch jene Klärungen, die sich hinsichtlich des Selbstverständnisses der Kirche aus den Verfolgungen des dritten Jahrhunderts ergeben, bewirken, daß sich die christliche Kirche in sehr unterschiedlicher Weise mit der neu entstandenen Lage einer privilegierten Religion auseinandersetzen kann.

3. Der Streit um die Gefallenen (lapsi)

Die Verfolgungen des zweiten und dritten Jahrhunderts prägen das Selbstverständnis der Christen und der Kirche. *Hans von Campenhausen* hat die Beobachtung gemacht, daß die im 2. Jahrhundert übliche Märtyrerverehrung einzelner Personen im dritten Jahrhundert in die Selbstdarstellung der Catholica übergeht: „So hat die katholische Idee die Idee des Martyriums tatsächlich abgelöst und verflüchtigt." Im dritten Jahrhundert sieht sich die frühkatholische Kirche als Kirche verfolgt. Sie ist als Kirche der Nachfolgeweg Christi und erleidet sein Schicksal. Wie soll sie dann aber mit den haufenweise Abgefallenen (lapsi) umgehen? Was sind die Bedingungen der Buße, wenn diese Abgefallenen erneut aufgenommen werden wollen? Was ist ein echter Märtyrer? Wie ist mit abgefallenen Bischöfen zu verfahren?

Bisher gilt der Abfall vom Glauben als eine Todsünde und als unvergebbar. Kann man aber jedem Christen das Martyrium zumuten? Die decische Verfolgung bewirkt innerhalb der Kirche einen Streit um ihren Charakter als Volkskirche oder als rigorose Nachfolgegemeinschaft. Zunächst sucht man die Lösung in einer Unterscheidung der Gefallenen. Es gibt diejenigen, die sich lediglich einen libellus verschafft haben (libellatici) im Unterschied zu denen, die das Kaiseropfer vollzogen haben, sei es als turificati (Weihrauch- oder Trankopfer), sei es als sacrificati (einschließlich Opferschmaus). Den unterschiedlichen Gruppen gebühren unterschiedliche Bußauflagen. Aber damit ist das Problem nicht gelöst.

Besonders in Nordafrika sprechen die Gefallenen die Konfessoren an und bitten sie um Rekonziliationsbriefe. Konfessoren vollziehen nicht nur die Buße, sondern sie taufen sogar – an den Bischöfen vorbei. Diese Einschätzung der Konfessoren als besonderer Pneumaträger hängt mit der in diesen Gebieten noch lebendigen pneumatisch-charismatischen Überlieferung zusammen, die etwa bei Tertullian hervortritt: ethisches Nachfolgechristentum. Das wirft für die nordafrikanischen Bischöfe die Frage nach der Geltung der Weihegewalt auf. In Rom wiederum ist es seit Kallist Brauch, Christen, die außerhalb der Gemeinden bei schismatischen Sekten auf die dreieinige Gottheit getauft worden sind, lediglich in der Form der Handauflegung bei sich aufzunehmen und damit diese Taufe anzuerkennen. Das entspricht der Weite der Volkskirche.

Die Beschlüsse der drei nordafrikanischen Synoden aus der Zeit 255/256 bestimmen, daß Gefallene wieder aufgenommen werden können, was ökumenische Praxis wird. Jedoch anerkennen sie nicht die von den Konfessoren, in ihrem Sinne: von Schismatikern vollzogenen Rekonziliationen und Taufen. Cyprian, Bischof von Karthago, zieht die Konsequenz: Die von Konfessoren vollzogene Taufe ist ungültig; es muß wiedergetauft werden; denn Bekenner kann nur der sein, der als Glied der Catholica die Wahrheit bekennt und nicht außerhalb der Kirche.

89 *Cyprian, Über die Einheit der katholischen Kirche, 14:* Selbst wenn solche bei dem Bekenntnis des [christlichen] Namens ihren Tod finden, so läßt sich dieser Flecken nicht einmal durch das Blut abwaschen [daß sie außerhalb der Kirche und Schismatiker sind]. Die unsühnbare, schwere Schuld der Zwietracht wird selbst durch das Leiden nicht getilgt. Wer nicht in der Kirche steht, der kann kein Märtyrer sein; zum Himmelreich wird der nicht gelangen können, der sie verläßt, die zur Herrschaft im Himmel bestimmt ist. Den Frieden hat uns Christus gegeben; eines Herzens und eines Sinnes zu sein, hat er uns befohlen, den Bund der Zärtlichkeit und Liebe hat er uns unversehrt und unverletzt zu bewahren geboten. Der kann sich nicht als Märtyrer erweisen, der an der brüderlichen Liebe nicht festgehalten hat.

Cyprian hat in Karthago einen heftigen Streit mit dem Diakon Felicissimus und dessen Presbyteranhang schon im Jahr 252 durchzustehen. In diesem Zusammenhang schreibt er sein Buch „Über die Gefallenen". Aber auch in Rom kommt es zwischen den Rigoristen und den Laxen zum Streit. Novatian, der sich auf den Bischofssitz Aussicht macht, wird nicht gewählt, sondern der Presbyter *Kornelius* (251–253). Novatian stellt sich daraufhin an die Spitze der dortigen Rigoristen, gründet drei Sondergemeinden und setzt diese seine Bemühungen nach seiner

Übersiedlung nach Karthago in Nordafrika fort. Auch dort entstehen novatianische Sondergemeinden. So bricht ein Schisma auf. Cyprian stellt sich in diesem ökumenischen Konflikt auf die Seite des Kornelius, der selbst am 14. Sept. 252 verbannt wird und alsbald darauf stirbt.

In diesen Zusammenhang gehört ein Briefwechsel zwischen Rom und Karthago, der auch für die Entwicklung des römischen Primates von Bedeutung ist. In Rom besteht nach dem Tod des Bischofs *Fabian* (250) eine Sedisvakanz, und in dieser Zeit leitet Novatian als Presbyter die Gemeinde. Im Namen der römischen Presbyter und Diakone läßt er Cyprian schreiben, ihnen sei zu Ohren gedrungen, daß Cyprian während der Verfolgung die Stadt Karthago verlassen habe. Deshalb ermahnen sie, daß kein Bischof sich wegen der Verfolgung von der Gemeinde entferne. Cyprian ist über dieses unverfrorene Schreiben und die darin enthaltene Anmaßung einer römischen Aufsicht so erbost, daß er es mit der Aufforderung zurücksendet, Briefpapier und Unterschrift zu prüfen, ob es sich nicht um eine Fälschung handele. Sachlich jedoch stimmt er soweit zu, daß jedenfalls die Kranken und Sterbenden Wiederaufnahme finden sollten, „damit unser Verfahren, das gemeinsam und übereinstimmend in allem sein muß, nicht irgendwie verschieden sei" (Cyprian, Brief 20).

Die Römer antworten (Brief 30 der Briefe Cyprians) zustimmend und formulieren dabei: „... der du nach deiner rücksichtsvollen Art und dem dir eigenen Eifer uns nicht sowohl zu Richtern als zu Teilnehmern deiner Entschlüsse machen wolltest, damit wir mit dir in deinen Handlungen, indem wir sie billigen, Lob erlangen". Die Römer stellen sich auf Cyprians Bischofsbruderschaft ein und lassen doch anklingen, daß sie in dieser Sache eine richterliche Stellung beanspruchen möchten, mehr freilich zu dieser Zeit auch nicht.

Nach Kornelius wird *Stephan I.* (254–257) Bischof von Rom, er bereits ein Mann von papalen Ansprüchen, der den römischen Standpunkt als normativ auch für Karthago herausstellt und befindet, daß auch in den Fällen, wo von schismatischen Gemeinden, also von sogenannten Ketzern, Getaufte die Aufnahme begehren, keine Wiedertaufe zu erteilen sei, sondern lediglich die Handauflegung. So wird aus dem Streit um die Gefallenen der Ketzertaufstreit, dessen Kern und Zentrum die Frage nach der ökumenischen Lehrgewalt ist. Aus einem bei Euseb mitgeteilten Brief des alexandrinischen Bischofs Dionys an Bischof Xystus von Rom (Euseb, Kirchengeschichte VII, 5, 4 und 5) erfahren wir, daß Stephan in der Frage der Wiedertaufe auch bereit ist, die Bischöfe Ciliciens, Kappadoziens, Galatiens sowie sämtlicher angrenzender Provinzen zu exkommunizieren oder doch die Kirchengemeinschaft mit ihnen aufzuheben, wenn sie die Häretiker wiedertaufen sollten. Der Osten neigt mehr zur Wiedertaufe.

Für Stephan stellt sich in diesem Streit die Frage, wo die Normen für solche ökumenischen Entscheidungen zu finden sind, und seine Antwort ist die Tradition, das Herkommen, und da nun die gebietskirchlichen Traditionen unterschiedlich sind, beansprucht er die Normativität der römischen Tradition. Seinen Standpunkt erfährt man aus einem Zitat, das Cyprian in einem seiner Schreiben mitteilt:

90 *Cyprian an Bischof Pompejus (Brief 74 der Briefe Cyprians) 1:* (Cyprian zitiert Bischof Stephan von Rom): Wenn also welche von irgendeiner Ketzerei zu euch kommen, so möge man nichts Neues einführen, als was schon überliefert ist, nämlich die Handauflegung zur Buße, da auch die Ketzer umgekehrt die zu ihnen Kommenden nicht eigens taufen, sondern sie lediglich in ihre Gemeinschaft aufnehmen.

Die Tradition gilt als Norm. Das Schwergewicht liegt bei Aufnahme der Abgefallenen nicht auf der Taufe, sondern auf der Buße. Die Taufe ist nicht abhängig von der Würde oder der konfessorischen Leistung dessen, der sie spendet, sondern sie wirkt und gilt wegen des „Namens" Christi, nicht aus dem Grund der persönlichen Beschaffenheit des Spenders.

Cyprian macht im Gegensatz dazu die Gültigkeit der Taufe von der Weihe des Spenders abhängig. Nur ein Geweihter kann taufen, und nur innerhalb der Sukzession der katholischen Kirche. Extra ecclesiam nulla salus – außerhalb der Kirche gibt es kein Heil.

91 *Cyprian an den mauretanischen Bischof Jubaianus (Brief 73 der Briefe Cyprians) 21:* ... Wenn aber dem Ketzer selbst die Taufe des öffentlichen Bekenntnisses und des Blutes nicht zum Heil verhelfen kann, weil es außerhalb der Kirche kein Heil gibt, wieviel weniger wird es ihm dann nützen, wenn er im Verborgenen und in einer Räuberhöhle sich mit unechtem Wasser hat begießen und beflecken lassen und so, statt die alten Sünden abzulegen, vielmehr noch neue und größere auf sich geladen hat! Deshalb können wir die Taufe unmöglich mit den Ketzern gemeinsam haben, mit denen wir weder Gott, den Vater, noch Christus, seinen Sohn, noch den heiligen Geist, mit denen wir weder den Glauben noch auch die Kirche gemeinsam haben...

Hinsichtlich der von Stephan angeschnittenen Frage nach der ökumenischen Norm drückt sich Cyprian so aus:

92 *Cyprian, Brief an den mauretanischen Bischof Quintus (Brief 71 der Briefe Cyprians) 3:* Bei Vorschriften aber darf man sich nicht auf das Herkommen berufen, sondern die Vernunft muß siegen. Denn auch Petrus, den der Herr als ersten auserkor und auf den er seine Kirche baute, hat keinen übermütigen Anspruch erhoben oder stolze Anmaßung gezeigt, als nachmals Paulus mit ihm über die Frage der Beschneidung rechtete [Gal 2]. Er hat nicht gesagt, er habe den Vorrang [Primat] und die Neulinge und Späteren müßten ihm gehorchen; auch schätzte er den Paulus keineswegs als früheren Verfolger der Kirche gering, son-

dern er beherzigte seinen vernünftigen Rat und stimmte mit Freuden der richtigen Auffassung bei, die Paulus vertrat.

So wird schon zu dieser Zeit die Primatsfrage anhand der Petrusüberlieferung angeschnitten, jedoch wird der Anspruch der römischen Traditionalisten und Stephans I. auch von anderen Bischöfen, wie etwa Bischof Firmilian von Caesarea, zurückgewiesen: Stephan ist nicht der „Nachfolger auf dem Stuhl Petri" (Briefe Cyprians 75, 17).

In der sachlichen Frage nach der Anerkennung der Ketzertaufe setzt sich der römische Standpunkt durch. Die Synode von Arles im Jahr 314 beschließt im Blick auf das ähnlich gelagerte Problem des donatistischen Schismas im canon 8 folgendes:

93 *Schreiben der Synode von Arles 314 an Bischof Silvester von Rom:* Canon 8. In Bezug auf die Nordafrikaner [hier: die Donatisten] gilt, da sie ihrem Sonderrecht der Wiedertaufe folgen, folgendes: Wenn irgendeiner aus einer Ketzerei zur Kirche kommt, soll man ihn nach dem Taufbekenntnis fragen, und wenn man klar gesehen hat, daß er auf Vater, Sohn und heiligen Geist getauft ist, soll ihm nur die Hand aufgelegt werden, daß er den heiligen Geist empfange. Wenn der Gefragte aber nicht das Bekenntnis zur Dreieinigkeit zur Antwort gegeben hat, so soll er getauft werden.

Der Streit um die Gefallenen und der Ketzertaufstreit gewinnen ökumenische Bedeutung nicht nur hinsichtlich der ökumenischen Tauf- und Bußfrage, sondern auch im Blick auf die Unterschiedlichkeit der Gebietsüberlieferungen und der damit verbundenen Normenfrage. Ferner zeigt sich noch ein weiteres Problem: das ökumenische Bischofsrecht.

Auch Bischöfe sind zu Libellatikern geworden, so die beiden spanischen Bischöfe Basilides von Legio Asturica und Martialis von Merita. Beide erweisen sich auch sonst mit ihren Familien als unchristlich. Darum werden sie abgesetzt. Basilides wendet sich daraufhin an Stephan von Rom mit der Bitte um Schutz. Es gelingt ihm, Stephan für sich zu gewinnen. Inzwischen werden anstelle der Abgesetzten zwei neue Bischöfe, Sabinus und Felix eingesetzt. Diese beiden wenden sich nun an Cyprian mit der Bitte um Hilfe gegen die Ansprüche ihrer Vorgänger. Cyprian urteilt, daß die Gemeinde sich von gottlosen Bischöfen trennen muß und ihr das Recht zusteht, würdige Bischöfe neu zu wählen (Briefe Cyprians 67, 3). Stephan hingegen schwankt in seiner Entscheidung.

Ein anderer Fall ist der des Bischofs von Arles, Marcianus, der sich den Novatianern angeschlossen hat. So droht hier ein Schisma. Sein Kollege, Faustinus von Lyon, sucht bei Cyprian und Stephan um Rat nach. Stephan zögert erneut, und Cyprian ist es, der ihn drängt, nach Südfrankreich zu schreiben (Briefe Cyprians 68, 3).

So gibt es noch keine Oberinstanzen. Die Bischöfe richten ihre Anfragen an bedeutende Bischöfe oder Bischofssitze; keineswegs gibt es dabei einen Instanzenweg. Gleichwohl taucht die Notwendigkeit auf, auch im Blick auf die autonomen Bischöfe zu einem übergreifenden Rechtsverhalten ökumenischer Art hinzugelangen.

Die Christenverfolgungen des dritten Jahrhunderts haben politische und innerkirchliche Wirkungen. In der Erinnerung der Frömmigkeit sind die Verfolgungen das Zeichen der standhaften Kirche. Sie sind es bei allen Menschlichkeiten auch gewesen.

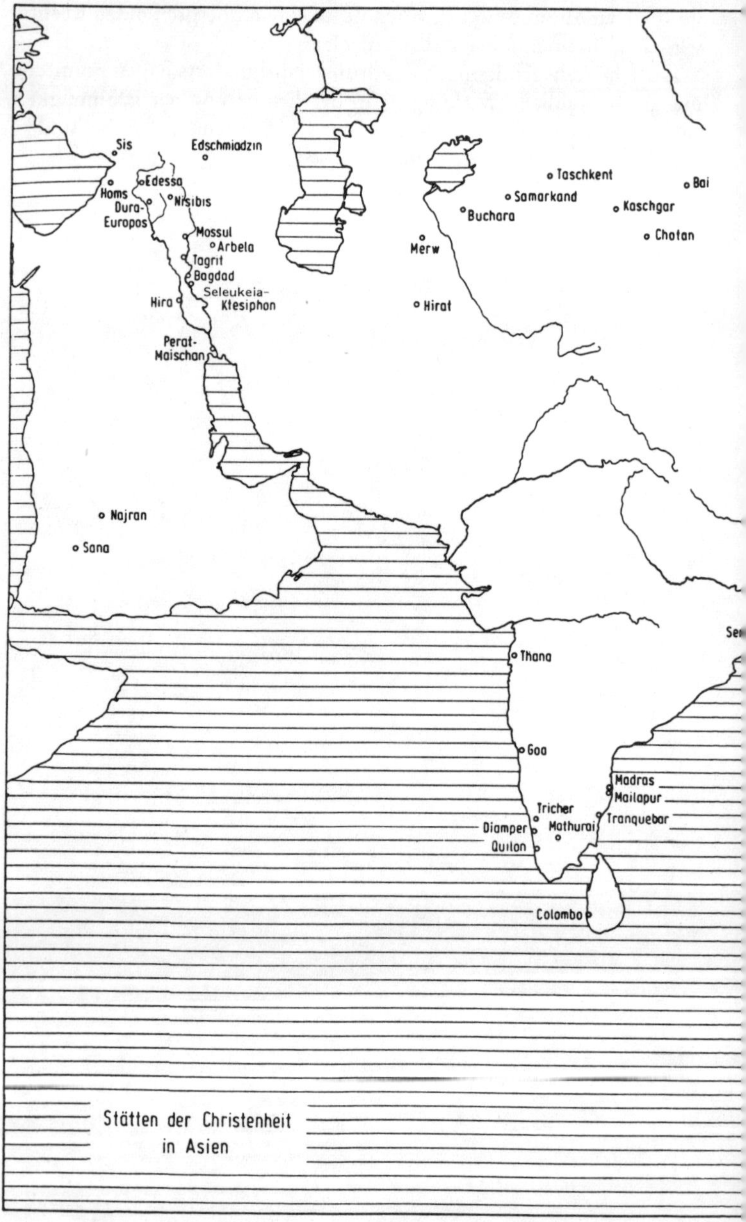
Sis
Edschmiadzin
Homs
Edessa
Dura-
Europos
Nisibis
Mossul
Arbela
Tagrit
Bagdad
Seleukeia-
Ktesiphon
Hira
Perat-
Maischan
Taschkent
Samarkand
Buchara
Merw
Hirat
Kaschgar
Chotan
Bai
Najran
Sana
Thana
Goa
Madras
Mailapur
Tricher
Tranquebar
Diamper
Mathurai
Quilon
Colombo
Stätten der Christenheit
in Asien

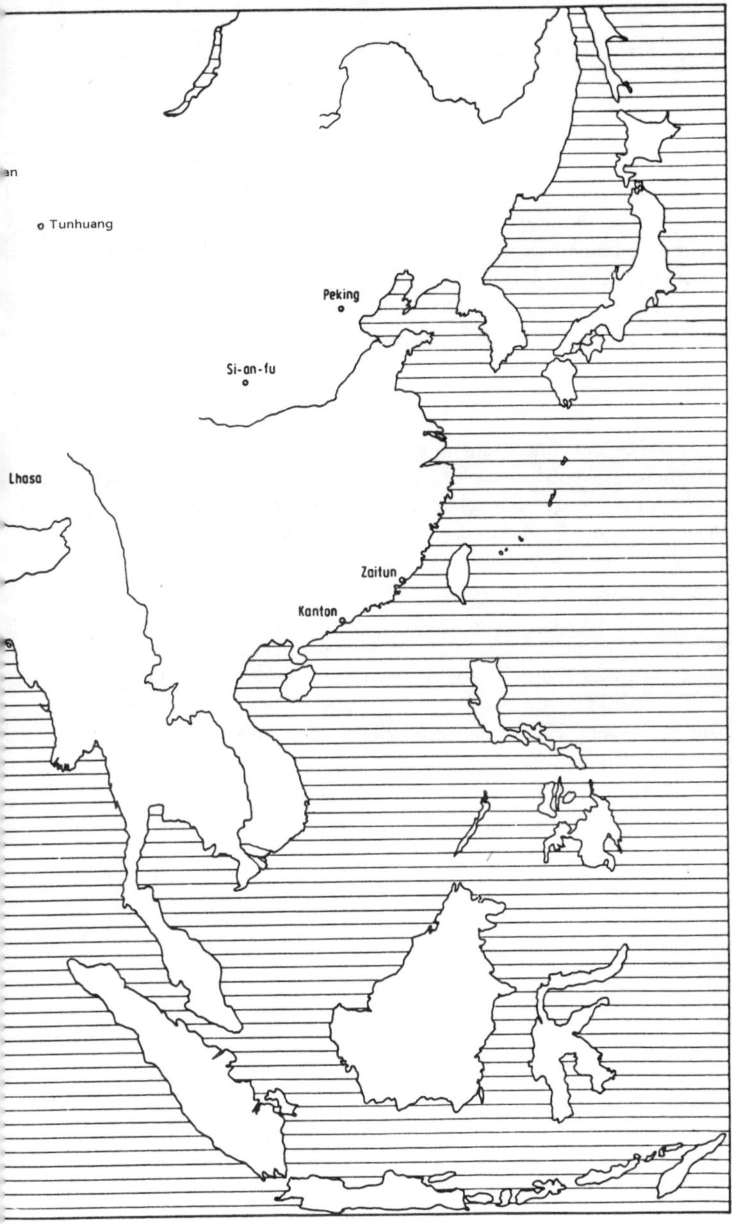
an
Tunhuang
Peking
Si-an-fu
Lhasa
Zaitun
Kanton

VIII. Der Manichäismus

Im dritten Jahrhundert entsteht in Persien eine neue Weltreligion, die sich in den rund tausend Jahren ihres Bestehens bis nach China hin ausbreitet. Ihr Stifter Mani soll eine Reise nach „Indien“ unternommen haben, und er versteht seine Prophetien als die abschließende Offenbarung für die Religionen des Buddhismus, des persischen Zoroastrismus und des Christentums. Zeugnisse dieser neuen Religion haben sich seit dem Beginn unseres Jahrhunderts mehrfach finden lassen, in der Turfan-Expedition der Jahre 1902–1914, die aus China manichäische Texte in türkischer und chinesischer Sprache mitbringt, dann durch die Funde in Tunhuang in der Provinz Kansu – ebenfalls Texte manichäisch-chinesischen Ursprungs – und schließlich 1930/31 die Schriften in Medinet Madi im Fajum/Ägypten, koptische Übersetzungen des 4. Jahrhunderts von syrischen Schriften des Manichäismus, die in die Anfangszeit dieser Religion zurückreichen.

Der Manichäismus berührt auch die frühkatholische und die Reichskirche. Diokletian richtet sein erstes Verfolgungsedikt gegen die Manichäer, Konstantin und Theodosius wiederholen es. In vielen katholischen Gemeinden vorab in Nordafrika und in Rom, können die Manichäer Fuß fassen. Noch Augustin ist über zehn Jahre lang Hörer (auditor) bei ihnen, die ihm die Welterklärung versprechen, von deren mangelnder Bildung er sich aber dann doch enttäuscht abwendet.

Erstaunlicherweise breitet sich der Manichäismus schnell in das Imperium hinein aus, obschon die Römer ihn als Religion des Feindes ablehnen. In christlichen Gemeinden scheint er mit seinen mancherlei prophetisch-gnostischen Elementen Raum zu gewinnen, ähnlich dem Mithras-Kult, der als Kampfreligion sich besonders unter den Soldaten ausbreitet.

Im Jahr 226 wird die Dynastie der Arsakiden in Persien gestürzt, und an ihre Stelle treten die Sassaniden unter den Herrschern Ardaschir (224–242) und Schapur I. (242–273). Dieser Regierungsumschwung bedeutet für das römische Reich erhöhte Gefahr, zumal die persischen Truppen über eine bewegliche Reiterei verfügen, die den römischen Legionen überlegen ist. Auch diese persischen Herrscher suchen nach einer Einheitsreligion. Die alten Magier- und Priesterkasten des Zoroasterkultes aus dem (vermutlich) 8. vorchristlichen Jahrhundert arbeiten an der Erneuerung dieser Religion.

Mani tritt als Prophet auf (216–276). Er empfängt in Seleukia-Ktesiphon zwei

Visionen und beginnt in den Jahren 228/9 und 240/1 mit der Gründung von Gemeinden, die seine Lehre mit großem missionarischen Eifer verbreiten. Trotz anfänglicher Förderung durch die neuen Herrscher, fällt er den Priestern zum Opfer, wird gefangen gesetzt und stirbt unter Bahram I. (274–277) im Gefängnis.

Der Manichäismus predigt den ewigen und ursprünglichen Gegensatz von Licht und Finsternis. In dem oberen Lichtreich herrscht der Vater der Größe, der Gott des Lichtes und des Paradieses. Im unteren Reich herrscht der Gott der Finsternis. Beiden Göttern sind Untermächte beigegeben. So gliedert sich das Lichtreich in fünf Hypostasen: Vernunft, Denken, Einsicht, Sinnen und Überlegung, das untere Reich der Finsternis in die ebenfalls fünf Äonen: Rauch, Finsternis, Feuer, Wasser und Wind. Diese beiden Reiche stehen in einem unaufhebbaren Kampf widereinander, in den auch die Menschen einbezogen sind. Ähnlich wie in der Gnosis kennt der Manichäismus eine kämpfende Mittlergestalt des Lichtreiches, einen Urmenschen, der in der Weise von oftmals undurchschaubaren mythischen Verwicklungen den Kampf gegen die Finsternis bestreitet.

Der Manichäismus ist eine Mischung aus Kosmogonie und Mythos. Er will mehr als nur die Erlösung der Seele verkündigen; er will die Welt als ein Gesamtgeschehen erklärbar machen. Er ist dabei eine Kampfreligion. Seine beiden Götter signalisieren den Kampf zwischen dem guten und dem bösen Prinzip, der allem Dasein zugrundeliegt.

Mani hat eine Reihe von Schriften hinterlassen. Was der Inhalt des Urmanichäismus gewesen ist, in welchem Verhältnis er zu den persischen Vorstufen, in welchem Verhältnis er vor allem zur Gnosis und zu den vielerlei hellenistischen Sprachelementen steht, danach wird gefragt. Im Ursprung der Welt sind Licht und Finsternis geschieden. Doch kommt es zu Mischungen beider, weil die Finsternis gierig nach dem Glück des Lichtreiches verlangt und es zu vernichten droht. Die Erlösung ist ein Weltvorgang kosmischer Art: Die in der Materie gefangenen Lichtfunken werden wieder befreit, auf Bahnen des Aufstiegs zum Mond, von dort wieder zur Sonne geleitet. Es ist ein Prozeß der „kosmisch-mechanischen Lichtausläuterung“. Die Heilsgemeinde auf der Erde beschreitet bereits stufenweise diesen Weg der Rückkehr zum Licht.

Im „Buch der Giganten“ wird der Dualismus durch den nach Norden, Osten und Westen sich ausdehnenden Baum des Lebens und den nur nach Süden ausgerichteten Baum der Finsternis vorgestellt. Durch Begierde und Unverständnis kommt es zum Aufstand der Mächte aus dem Süden. Um sie zu bekämpfen, werden diesen Mächten Lichtteile entgegengesandt, die sich mit ihnen vermischen. Die Rückführung dieser Lichtteile, die Entmischung ist der Sinn der manichäischen Erkenntnis.

94 *Severus, Patriarch von Antiochien (512–518), 123. Homilie berichtet über Manis Buch der Giganten:* ... Es gibt zwei Prinzipien, das Gute und das Böse. Jedes einzelne von ihnen ist ungeschaffen und ohne Ursprung. Und das Gute, welches das Licht ist, und das Böse, welches die Finsternis und auch die Materie ist, haben nichts miteinander gemeinsam. Das Gute – das sie auch als „Licht" und „Baum des Lebens" bezeichnen – hat die Gegenden gegen Osten, Westen und Norden inne, diejenigen des Südens und des Mittäglichen dagegen der Baum der Todes...

Aber der Anlaß dazu, aufzusteigen bis zu den Welten (Äonen) des Lichtes, kam aus der Empörung. Denn wahrlich diese Glieder des Todesbaumes kannten sich gegenseitig nicht; ein jeder hatte seinen eigenen Sinn. Denn jeder einzelne von ihnen kannte nichts weiter als seine eigene Stimme, und sie sahen (nur), was vor ihren Augen war. (Nur) wenn einer schrie, hörten sie (ihn), und bei dieser Wahrnehmung wandten sie sich mit Ungestüm zu der Stimme hin. Etwas anderes aber erkannten sie überhaupt nicht. Und also wurden sie erregt und gegenseitig angestachelt, bis daß sie zu den Grenzen des Landes der Herrlichkeit des Lichtes aufbrachen. Und als sie dann den wunderbaren und schönheitstrahlenden Anblick sahen, der so sehr viel besser war als ihr eigener, da versammelten sie sich – die Materie der Finsternis nämlich – und ratschlagten gegen das Licht, wie sie sich mit ihm vermischen könnten... Und es erhoben sich alle Glieder des Baumes der Finsternis, der die verderbenbringende Materie ist, und stiegen mit zahlreichen Kräften, deren Zahl nicht auszusagen ist, hinauf...

Und nach ihrer Erhebung stieg die gesamte Materie hinauf mit ihren Winden, (ihren) Stürmen, (ihrem) Wasser, (ihrem) Feuer, ihren Dämonen, den Geistererscheinungen, den Fürsten und Gewalten, so wie sie in der Tiefe gewesen waren, damit sie gegen das Licht andrängen. Und wegen dieses Ansturms, der aus der Tiefe gegen das Land des Lichtes vorbereitet wurde, mußte sich ein Teil des Lichtes in diese Bösen (diese Substanzen) hineinmischen, damit die Feinde vermittelst der Mischung gefesselt würden, (sanfte) Stille für die Guten entstünde und die Wesenheit des Guten bewahrt würde, indem die gesegnete Wesenheit aus dem Feuer der Materie und dem Wurm der Zerstörung gerettet würde. Desgleichen sollten die Erleuchteten (die ‚Lichtsubstanzen') herausgezogen werden aus der Materie, (und zwar) durch dieselbe Macht, die (sie) hineingemischt hatte, damit die Materie beseitigt würde und der Baum des Lebens zu einem Gott würde in allem und über alles...

Gleichwie eine Lockspeise der Schmeichelei und des Trugs ist der Materie dieser Teil gegeben worden, damit danach diese Vermischung aufgelöst, das Licht mehr und mehr rein dargestellt und nach der Auflösung (der Vermischung) die Materie endgültig der Zerstörung überlassen würde...

IX. Die Religionspolitik des frühbyzantinischen Staates

1. Restauration und Verfolgungen unter Diokletian

Im Jahr 285 wird Diokletian von den illyrischen Truppen zum Augustus ausgerufen, und mit ihm beginnt die Geschichte des frühbyzantinischen Staates. Unter seiner Herrschaft kommt es wie ein letztes Aufbäumen zu den umfassendsten Christenverfolgungen.

Er ist ein Mann der Organisation, der Tat, der Pflichtergebenheit, ein Mann der Truppen. Er steht ganz auf der Linie der altrömischen Traditionen, die er durch eine langfristige Verfolgungspolitik fremder Kulte wieder in den Mittelpunkt der Reichseinheit stellen will. Unter ihm formiert sich das Konzept des Zentralstaates, der in Verwaltung, Militär und Religion die kaiserliche Vormacht nach orientalischen Vorbildern sichern und behaupten soll.

Die übergroßen Aufgaben innen- wie außenpolitisch gedenkt Diokletian dadurch zu lösen, daß er schon im Jahr seines Regierungsantritts den illyrischen Offizier Maximian zum Caesar im Westen und im Jahr 286 sogar zum Mitaugustus über die westliche Reichshälfte beruft.

Durch Adoption und Einsetzung zweier weiterer caesares entsteht im Jahr 293 die erste Tetrarchie, mit der die Reichsgewalt geteilt wird. Es regieren als Augustus im Osten Diokletian mit seinem Caesar Galerius, als Augustus im Westen Maximian mit dessen Caesar Konstantius (I.), dem Vater Konstantins.

Innerhalb dieser Tetrarchie ist Diokletian kraft seiner Person und Stellung der leitende Kopf. Seine hervorgehobene Stellung bekundet er darin, daß er sich und sein Haus vom Jupiter optimus maximus herleitet (die Linie der Jovier), Maximian hingegen von dem niederrangigen Herkules her (die Linie der Herkulier).

Mit diesen illyrischen Offizieren und ihrem altrömischen Religionsprogramm tritt nach der Phase des Sonnenkultes die römische Religionspolitik in eine neue Phase hinein. Die römischen Gottheiten sollen erneut in den Mittelpunkt des Staatskultes treten. Der Kaiserkult, offiziell noch praktiziert, hat zu dieser Zeit bei breiten Schichten der Bevölkerung und der regierenden Kreise weithin seine Bedeutung eingebüßt. Immerhin werden alle vier Tetrarchen noch kultisch verehrt. Die kaiserliche Religionspolitik erstrebt den zwangsweisen Aufbau einer reichseinheitlichen Religion mit der Absicht einer Art Endlösung der religiösen Frage.

Diokletian hat runde zwanzig Jahre damit gewartet, sein religiöses Programm in die Tat umzusetzen. Zunächst wendet er sich der militärischen und politischen Sicherung des Reiches zu. Das geschieht dadurch, daß es den Herrschern im Westen gelingt, bis 296 Britannien und Germanien zu befrieden und die Usurpatoren dort niederzuwerfen, daß auch im Donauraum, in Afrika, Ägypten, ja sogar in Mesopotamien gegen die Perser grenzsichernde Siege erfochten werden. Gerade in den Kämpfen gegen die Perser hat sich der Ost-Caesar Galerius besonders ausgezeichnet (297).

Der nächste Schritt ist die politische und verwaltungstechnische Gliederung des Reiches zum Zweck einer rationalisierten Finanzverwaltung und Lenkung. Dazu wird das Reich in geographische Verwaltungskreise, die 12 Diözesen, und diese wiederum in 96 Provinzen gegliedert. Es sind Verwaltungseinheiten, denen Prokonsules, Konsulare oder Korrektoren aus senatorischem Stand oder Praesiden aus dem Ritterstand vorstehen. An der Spitze der Diözesen steht jeweils ein Vikar mit dem Titel praefectus praetorio. Mit dieser Einteilung wird die Staatsflucht des Adels und der Senatoren aufgehalten; es wird eine neue mittlere Schicht der Herrschaft gebildet und eng dem kaiserlichen Willen untergeordnet. Der Kampf zwischen Senat und Prinzipat findet damit jedenfalls im Blick auf das Ganze des Reiches sein Ende. Diese Diözeseneinteilung gewinnt später auch für die kirchlichen Gliederungen Vorbildcharakter.

Die mit der Verwaltungsreform sich einstellenden Belastungen der Staatskasse werden durch eine Steuerreform ausgeglichen, die nicht nur Kopfsteuer, sondern zugleich auch Leistungssteuer ist, die capitatio-jugatio. Durch sie werden die unteren Schichten besonders belastet, vor allem die Bauern und die kleinen Gewerbetreibenden, die noch zudem unter Zunftzwang stehen, aber sie wird auch die Grundlage für die finanzielle Gesundung des Reiches und für die Stabilisierung seiner Währung, und zwar auf Jahrhunderte hin.

Zudem beendet Diokletian das Machtringen zwischen dem Militär und dem Prinzipat dadurch, daß er die Zivilverwaltung von der militärischen Macht trennt. Das Heer verpflichtet er vor allem auf strikte Befolgung des Kaiserkultes. Im Jahr 297 befiehlt er allen Soldaten den Vollzug der Götteropfer. Diejenigen, die als Christen oder wegen der Zugehörigkeit zu anderen Kulten diese Opfer nicht mitvollziehen, werden aus dem Heer ausgestoßen. Damit ist die militärische Macht auch religiös vereinheitlicht. Von diesen Grundlegungen her beginnt Diokletian seine Säuberungspolitik.

Sie beginnt im Jahr 297 mit einem Edikt gegen die Manichäer. Die dazu herangezogenen Argumente können ebenso auch auf die Christen bezogen werden. Sie lauten, daß der römische Staatskult fremde Kulte nicht dulden kann. Da der Manichäismus als superstitiös (götzendienerisch), unvernünftig und staatsschädlich eingestuft wird, kann ihm nicht mehr erlaubt werden, die alte römische Religion seinerseits zu diskreditieren und herabzusetzen. Vielmehr haben die alten Götter gesagt, was gut und böse sei, und die Geschichte hat seitdem auch die Wahrheit dessen erwiesen, was die Alten einstmals festgesetzt haben. Dieser altrömische Traditionalismus verläßt die bisherige Toleranzlinie und wird zum Vorbild der Ketzergesetzgebung auch der späteren christlichen Kaiser bis in das hohe Mittelalter hinein.

Gegenüber den Christen schließt sich Diokletian zunächst dem Gallienus-Reskript aus dem Jahr 260 an. Ohnehin werden die Christen zu dieser Zeit nicht mehr als Menschen angesehen, die dem Staat gefährlich werden könnten oder wollten. Auch die christlichen Gemeinden haben sich inzwischen auf eine Erwartung des Friedens mit dem römischen Staat eingestellt.

Neuere Forschungen haben Zweifel daran gesetzt, daß Diokletian selbst es gewesen sei, der die Christenverfolgungen veranlaßt habe. Diokletian scheint einer längerfristigen Lösung der Christenfrage zugeneigt zu haben, also der Abschnürung der Gemeinden und ihrer Leiter ohne die Gefahr eines Bürgerkrieges. Galerius hingegen bevorzugt eine gewaltsame und schnelle Lösung. Er ist der strikte Vertreter der Truppen und der altrömischen Religion; er gilt als der Held des Reiches, und er scheint eine Krankheit Diokletians ausgenutzt zu haben, um im Jahr 303 das erste Edikt gegen die Christen zu erlassen.

Hinzu kommt, daß sich die neuplatonische Philosophie dieser Jahre mit Vehemenz gegen das Christentum wendet. Plotin selbst hat zwar nie gegen die Christen geschrieben, wohl aber sein Schüler Porphyrius (ca. 232–305) in seinem Werk „Gegen die Christen" ca. aus dem Jahr 270. Er macht darin den Versuch, den Neuplatonismus und die altrömischen Kulte miteinander zu einer neuen Staatsreligion zu vereinen. Die Situation der römischen Kultstätten im Reichsgebiet schildert Laktanz so, daß auf dem flachen Land und in den Städten die Tempel leer bleiben und verspottet werden.

Auch ist vermutet worden, daß die Auslösung der diokletianischen Verfolgungen dem Treiben des neuplatonischen Statthalters von Bithynien, Hierokles, zugeschrieben werden müsse. Daraus, daß die sogenannten Pilatus-Akten in den Schulen gelesen werden müssen – eine Schrift, die unter dem Vorwand der Offizialität berichtet, daß Jesus der Abkömmling einer Jüdin und eines römischen Soldaten gewesen sei –, ist zu schließen, daß es eine gelenkte Propaganda im Vorfeld der Verfolgungen gegeben hat.

Am 23. Februar 303, dem Fest des Grenz-Gottes Terminus, macht die kaiserliche Leibgarde in Nikomedia, der Kaiserstadt, die dem Palast des Kaisers gegenüber liegende christliche Kirche dem Erdboden gleich.

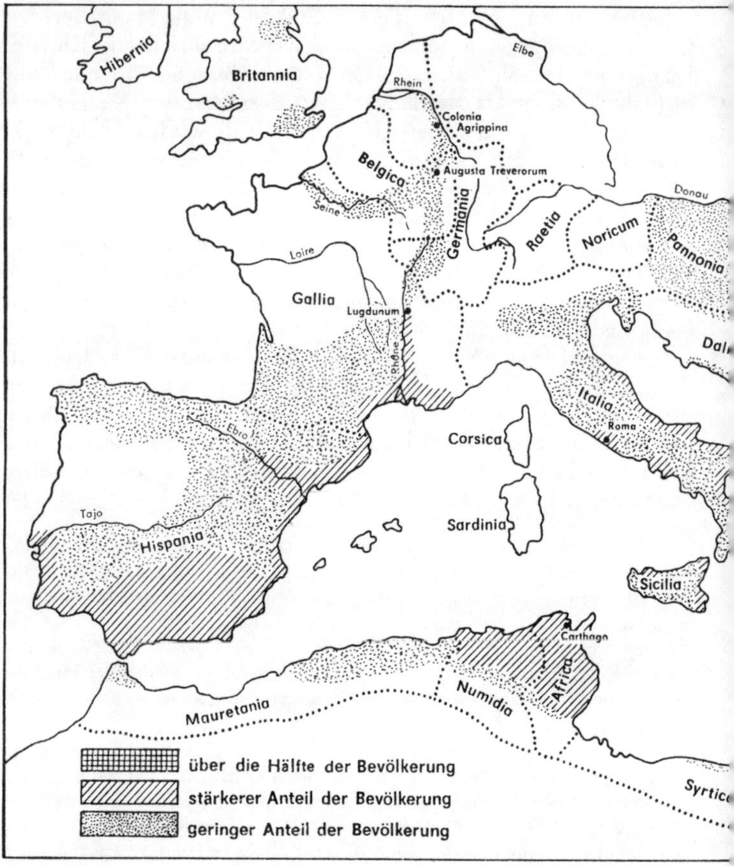
Hibernia
Britannia
Elbe
Rhein
Colonia
Agrippina
Belgica
Augusta Treverorum
Seine
Germania
Raetia
Noricum
Pannonia
Donau
Loire
Gallia
Lugdunum
Rhône
Ebro
Tajo
Hispania
Corsica
Sardinia
Italia
Roma
Sicilia
Carthago
Africa
Numidia
Mauretania
über die Hälfte der Bevölkerung
stärkerer Anteil der Bevölkerung
geringer Anteil der Bevölkerung

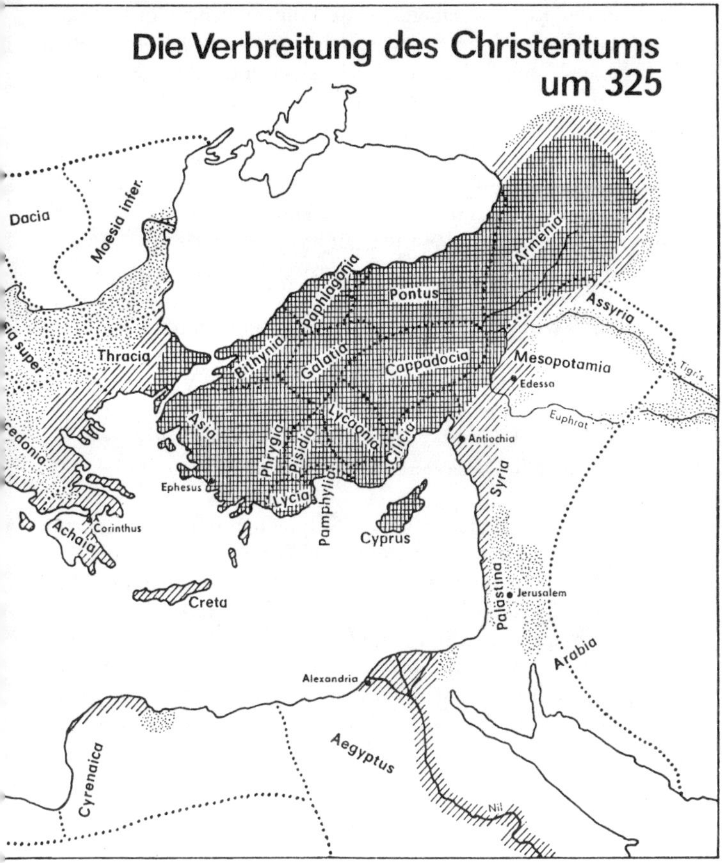

Die Verbreitung des Christentums um 325

Das am nächsten Tag erscheinende erste Edikt befiehlt: Auslieferung der heiligen Schrift und Geräte, Verbot der Gottesdienste, Verdrängung der Christen aus Adel, Senat, ihre Versetzung in den Sklavenstand.

Kurz darauf brechen im Kaiserpalast zwei Brände aus. Dafür werden die Christen verantwortlich gemacht. Das zweite Edikt vom Frühsommer 303 ordnet darum an, alle Kirchenführer auf unbestimmte Zeit gefangen zu setzen.

Anfang des Jahres 304 nimmt Galerius eine Krankheit Diokletians zum Vorwand, den Vollzug der Opfer für das ganze Reich anzuordnen. Damit beginnt die Verfolgung. Bei Weigerung des Opfervollzugs werden die Todesstrafe oder die Deportation in die Bergwerke festgesetzt.

Während die Verfolgung im Osten blutig verläuft, werden in Britannien und Gallien lediglich die kirchlichen Gebäude eingerissen. In Italien, Nordafrika und Spanien wird durch Maximian die Verfolgung voll und blutig durchgeführt. Kleinasien ist das Zentrum der staatlichen Maßnahmen. Erneut kommt es unter den Christen zu Hinrichtungen und zum Massenabfall. Diese erste Verfolgungswelle klingt im Jahr 305 ab.

Vertragsgemäß, aber auch zugleich gedrängt durch Galerius, tritt Diokletian zusammen mit Maximian im Jahr 305 aus dem Amt der Augusti zurück. Galerius bestimmt, wer die Nachfolger werden. Nachfolger werden nicht die Söhne der beiden bisherigen Caesaren, Konstantin als Sohn des Konstantius Chlorus und Maxentius als Sohn des Maximian, sondern zwei Offiziere seiner Wahl, nämlich Maximinus Daja für den Osten und Severus für den Westen. Konstantius wird zwar für kurze Zeit Augustus im Westen, aber schon im Jahr 306 stirbt er, und damit wird für Galerius das Ziel sichtbar, als Alleinherrscher aufsteigen zu können.

Der junge Konstantin steht in der Linie seines Vaters. Er wird unter Diokletian am nidekomedischen Hof erzogen, mehr als Geisel gehalten, aber es gelingt ihm, von dort zu fliehen und wird im Jahr 306 von den britannischen Truppen in York zum Augustus des Westens ausgerufen, als Nachfolger seines Vaters.

Auch der Sohn des Maximian, Maxentius, wird zum Augustus ausgerufen, und zwar in Rom. Die übrigen Kaiser behandeln ihn als Usurpator, aber der eigentliche Gegensatz zu ihnen besteht darin, daß Maxentius in Rom eine christenfreundliche Politik treibt. Er bringt es fertig, sowohl den Senat als auch die Christen der Stadt hinter sich und seine Nominierung zu bringen. Er greift auch in die römische Gemeinde ein, als dort eine Doppelwahl zum Bischof erfolgt, und setzt schließlich Bischof Miltiades 311 in sein Amt ein. So ergibt sich im Westen in der Frage der Augustus-Nachfolge die Situation, daß der Usurpator Maxentius bereits die Richtung einer Tolerierung des Christentums vorwegnimmt. Den Augustus Severus, den die Altkaiser ihm entgegensetzen, kann er zudem noch militärisch überwältigen. Für diesen Severus rückt dann Licinius nach, so daß in den entscheidenden Jahren im Osten Galerius und Maximinus Daja, im Westen Licinius und Konstantin sowie eben Maxentius in Rom regieren.

Im Osten kommt es unter Maximinus Daja und Galerius noch in den Jahren 306 bis 308 zu neuerlichen Verfolgungswellen. Gerade hier setzt eine Welle heidnischer Kulterneuerung mit einem Edikt des Jahres 310 ein.

2. Der Umschwung zur Toleranzpolitik

Der Umschwung, der zur Beendigung der Verfolgungen hinführt, leitet sich 311 mit einem Edikt ein, das die drei Kaiser Galerius, Konstantin und Licinius unterschreiben und in Sardika erlassen wird, wo der todkranke Galerius auf sein Ende wartet, ein Edikt, in dem zunächst die Christen als halsstarrig beschimpft werden, das ihnen dann aber Toleranz gewährt. Dieses Edikt ist in seinem entscheidenden Teil von Laktanz überliefert.

95 *Das Toleranzedikt von Sardika (311), Laktanz, Von den Todesarten der Verfolger 34:* [Nach der Begründung der bisherigen Christenverfolgung heißt es weiter:] Als wir schließlich ein Edikt mit dem Inhalt erließen, daß sie [die Christen] sich den Bräuchen der Alten anschließen sollten, gerieten viele in Gefahr, und viele sind sogar völlig verstört worden. Und da so viele an ihrem Vorsatz festhielten und wir sahen, daß sie den Göttern nicht die Verehrung und Ehrfurcht erweisen, die ihnen zukam, und auch nicht den Gott der Christen verehrten, sind wir auch in Anbetracht unseres außerordentlich milden Wohlwollens und unter Berücksichtigung unserer unveränderlichen Gewohnheit, wonach wir allen Menschen Gnade zu erweisen pflegen, zu der Ansicht gelangt, daß unsere Nachsicht auf die sichtbarste Weise auch diese umfassen soll, weshalb sie wieder Christen sein und ihre Versammlungen ausrichten können, jedoch so, daß sie nichts gegen die öffentliche Ordnung unternehmen; in einem anderen Schreiben werden wir den Provinzgouverneuren Anweisungen geben, was sie zu tun haben. Deshalb sollen sie in Übereinstimmung mit unserem Wohlwollen für unser, des Staates und ihr eigenes Heil beten, damit der Staat in jeder Weise unerschüttert bleibe und sie an ihren Plätzen in Sicherheit leben können.

Ob Galerius der eigentliche Betreiber dieses Ediktes gewesen ist, wird gefragt; denn Laktanz berichtet in der Schrift „Von den Todesarten der Verfolger“ (35), er habe vor seinem Tod unter Gewissensqualen den Wiederaufbau der Kirche in Nikomedia gelobt. Möglicherweise ist Licinius als der Betreiber dieser Wende anzusehen, jedenfalls kaum, wie die christlichen Überlieferungen es darstellen, Konstantin. Ob das Edikt von Sardika christlich motiviert ist, muß man ebenfalls fragen. Der Tenor lautet ja, daß die Christen verhindert worden sind, für den Staat bei ihrem Gott einzukommen. Das soll ihnen ermöglicht werden. Es ist das Programm der römischen Staatsräson nach dem Grundsatz des do ut des.

Kaiser Galerius stirbt 311 an Krebs. Maximinus wird der neue Augustus des Reiches. Sein Gebiet sind Kleinasien und der Orient. Zwar führt er das Galerius-Edikt durch, aber zugleich treibt er auch heidnische Gegenpropaganda, die ortsweise zu neuen Bedrängnissen der Kirchen im Osten führt.

Auf dem Balkan tritt Licinius in die Augustus-Stellung ein, und es gibt Anzeichen dafür, daß Konstantin vertragsmäßig neben Gallien noch der spanische Bereich zugesprochen wird. Maxentius macht im Jahr 312 Truppenbewegungen, die darauf zielen, von Rom aus den norditalischen Bereich und das Gebiet um Aquileja einzunehmen, wohl um dem Licinius den Zugang vom Balkan her nach Rom unmöglich zu machen.

In dieser Situation wird nun Konstantin aktiv. Über seine frühe Stellung zum Christentum aus der Zeit zwischen 306 und 312 erfahren wir aus seinen nachgelassenen Briefen nichts. In der gallischen Region stehen der Sol-Kult und der des Apollon in Blüte. Ob und wieweit Konstantin bereits vor 313 mit Christen enger zusammen gekommen ist, bleibt dunkel. Vielleicht gehört er zu jenen Christen, die sich nur lose der Gemeinde anschließen und sich erst, wie ja bei ihm geschehen, kurz vor dem Tod taufen lassen, ein Vertreter eines „außerkirchlichen Christentums" (Kraft). Jedenfalls stammt er aus einer Gottesanschauung und Religiosität, die sich aus dem Raum des mittleren Platonismus speist, für den die Welt Abbild eines transzendenten Urbildes ist und in ihrer Geschlossenheit auf die Einheit des göttlichen Urgeistes zurückweist. Von hier aus sind Übergänge zum christlichen Glauben ohne weiteres möglich.

Konstantin führt gegen alle militärischen Ratschläge mit den aus den germanischen Grenzgebieten abgezogenen Truppen im Frühjahr 312 einen Feldzug über die Alpen hinweg nach Norditalien, bleibt im Kampf um mehrere Städte gegen Maxentius siegreich und kann sich damit gleichsam zwischen Licinius und Maxentius schieben. Diese Erfolge machen es ihm möglich, gegen das befestigte Rom zu marschieren und die Entscheidung gegen Maxentius zu suchen.

Die Schlacht an der milvischen Brücke am 28. Okt. 312 geht um eine Schiffsbrücke an der rubra saxa, die Maxentius anstelle einer Steinbrücke errichten läßt und die er beim Herannahen des Feindes schnell abreißen will. Ein Orakel hat ihm Sieg vorausgesagt. Konstantin umgeht diese Brücke und kann in die an sich gut bevorratete und hervorragend ummauerte Stadt Rom einziehen.

Die Schlacht an der milvischen Brücke wird von der christlichen Geschichtsschreibung als Sieg des christlichen Glaubens Konstantins geschildert. Sowohl Euseb als auch Laktanz berichten von Aussagen des Kaisers, daß er vor der Schlacht im Traum die Weisung von Christus erhalten habe, das Kreuzzeichen an die Standarten des Heeres anheften zu lassen. „In diesem Zeichen" sei ihm der Sieg verheißen worden.

Es handelt sich offensichtlich um zwei ineinander gearbeitete Traumberichte. Möglich scheint es, daß Konstantin schon in Gallien so etwas wie eine Weisung erfahren hat, was auf eine vorherige Entscheidung für die christliche Linie schließen läßt. Dann wäre die Anordnung, das Zeichen Christi, das Chi-Rho (☧), auf die Standarten zu setzen, eine Entscheidung, die Konstantin unmittelbar vor Rom im Blick auf das Heer getroffen hat.

Euseb gibt in seinem „Leben Konstantins" (nach Eusebs Tod 338 posthum herausgegeben 339) nähere Angaben dazu (I, 28–31). Konstantin selbst habe sich für den Bericht eidlich verbürgt. Während des Gebetes zum Gott seines Vaters geschieht danach dieses:

96 *Euseb, Leben Konstantins I, 28–29:* ... (28) Um die Stunde der Mittagszeit, da sich der Tag schon neigte, habe er, so sagte der Kaiser, mit eigenen Augen oben am Himmel über der Sonne das Siegeszeichen des Kreuzes, aus Licht gebildet, und dabei die Worte gesehen: „Durch dieses siege!" Staunen aber habe bei diesem Gesicht ihn und das ganze Heer ergriffen, das ihm eben auf dem Marsche, ich weiß nicht wohin, folgte, und dieses Wunder schaute. (29) Da sei er nun in Verlegenheit gewesen, was doch diese Erscheinung bedeute. Während er aber dieses erwogen und noch lange darüber nachgedacht habe, habe ihn die Nacht überrascht. Da habe sich ihm nun im Schlafe der Christus Gottes mit dem am Himmel erschienenen Zeichen gezeigt und ihm aufgetragen, das am Himmel geschaute Zeichen nachzubilden und es bei seinen Kämpfen mit den Feinden als Schutzpanier zu gebrauchen...

Der kaiserliche Bericht zielt auf eine Berufung zum Sieg und zur Herrschaft. Der Kaiser läßt eine Standarte mit den Buchstaben Chi und Rho sowie einen Lanzenschaft mit einer Querstange oben, in Gestalt eines Kreuzes anfertigen, an dem auch die Brustbilder des Kaisers und seiner Söhne befestigt sind. Konstantin selbst trägt zudem noch das Chi-Rho auf dem Helm, als „Schutzmittel gegen jede Macht, die sich ihm feindlich entgegenstellte", wie Eusebs Bericht weiter sagt, „und er befahl, daß das Abbild desselben allen seinen Heeren vorangetragen werde..." Diese mit großer Vorsicht zu verwendende Quelle aus christlicher und kaiserlicher Sicht läßt noch den mantischen Charakter dieser Zeichengebung ahnen, ebenso die Sprache des heiligen Krieges. Deutlich wird auch, daß Konstantin das Sonnensymbol mit dem Christuszeichen verbindet. Der Kaiser versteht Christus als den bisherigen sol invictus.

Zu dieser Zeit führt er in seinem Heerlager wohl schon den spanischen Bischof Hosius von Cordoba mit sich. So kann man fragen, ob nicht auch durch Hosius einer religiösen Klärung der Entscheidungen Konstantins vorgearbeitet worden ist. Wie hoch die Zahl der Christen in Konstantins Heer ist, läßt sich nicht sagen.

Konstantin wird in Rom vom Senat zum Augustus Maximus ausgerufen, und mit diesem Gesetzgebungsrecht für das ganze Reich erwirbt er die zentrale kaiserliche Würde. Er bringt sowohl den Senat als auch die Christen in Rom hinter sich. Bereits im Jahr 312 erläßt er in Fortsetzung der allgemeinen Religionsfreiheit des Galerius-Ediktes ein weiteres Edikt, daß die gegen die Christen gerichteten Hemmnisse abgelegt werden, die Christen den Kulten gegenüber loyal sein und wiederum alle Menschen Freiheit haben sollen, den Kult auch der Christen zu befolgen und zu erwählen. Auch hier spricht Konstantin nicht von Christus, sondern nur von der höchsten Gottheit. Dennoch ist dieses Edikt von 312 so aufzufassen, daß sich der oberste Augustus offiziell von der heidnischen Religion lossagt und mit seinem Ansehen hinter den christlichen Kultus stellt.

Konstantin kann durch Werbung und Diplomatie Maximinus Daja im Osten an seine Seite bringen, und mit Licinius hält er im Frühjahr *313* in *Mailand* einc *Zweikaiserkonferenz* ab, auf der Licinius ihn als den neuen Augustus maximus anerkennt, ihm das Recht auf den Westen zugesteht – Maximinus Daja kann ohnehin nicht in den Westen eingreifen – und die neue religionspolitische Linie Konstantins im sogenannten Mailänder Edikt bestätigt. Das Edikt wird zugleich auch formal im Namen des Maximinus Daja erlassen.

Das von Konstantin und Licinius abgefaßte Gebet dieser Konferenz hat noch einen vor-christlichen Wortlaut:

97 *Laktanz, Von den Todesarten der Verfolger 46:*
Höchster Gott (summe deus), wir rufen dich an!
Heiliger Gott (sancte deus), wir rufen dich an!
Wir übertragen dir die Sorge für alle Gerechtigkeit,
wir übertragen dir die Sorge für unser Heil (salus),
wir übertragen dir die Sorge für unsere Herrschaft.
Durch dich leben wir, durch dich sind wir Sieger und glücklich.
Höchster, heiliger Gott, erhöre unsere Gebete!
Wir strecken unsere Arme aus zu dir.
Erhöre uns, heiliger, höchster Gott.

Das Mailänder Edikt beginnt bereits die Politik der Rückerstattung der den Christen und Gemeinden abgenommenen Würden und Güter. Mit ihm beginnt eine gezielte Politik der *Privilegierung der christlichen Kir-*

che durch Konstantin. Die von Euseb überlieferte Fassung des Mailänder Ediktes hat folgenden Wortlaut:

98 *Euseb, Kirchengeschichte X, 5, 2–3:* (2) In der Erkenntnis, daß die Religionsfreiheit nicht verwehrt werden dürfe, daß es vielmehr einem jeden gemäß seiner Gesinnung und seinem Willen verstattet sein solle, nach eigener Wahl sich religiös zu betätigen, haben wir bereits früher Befehl erlassen, auch den Christen das Schutzversprechen für ihre Gemeinschaft und ihren Kult sorgfältig angedeihen zu lassen. (3) Da aber in jenem Reskripte, worin ihnen diese Freiheit zugestanden wurde, viele und verschiedenartige Bedingungen ausdrücklich beigefügt erschienen, so ließen sich vielleicht manche von ihnen nach kurzer Zeit von solcher Beobachtung abdrängen. Da wir, ich, Konstantinus Augustus, und ich, Licinius Augustus, durch glückliche Fügung nach Mailand gekommen und all das, was dem Volke zu Nutz und Vorteil gereiche, erwogen, so haben wir unter den übrigen Verfügungen, die dem Interesse der Allgemeinheit dienen sollten, oder vielmehr zuvörderst, den Erlaß jener Verordnungen beschlossen, die sich auf die Achtung und Ehrung des Göttlichen beziehen, um den Christen und allen Menschen freie Wahl zu geben, der Religion zu folgen, welcher immer sie wollten. Es geschah dies in der Absicht, daß jede Gottheit und jede himmlische Macht, die es je gibt, uns und allen, die unter unserer Herrschaft leben, gnädig sein möge...

Es folgen danach Bestimmungen, die die Rückerstattung derjenigen Gottesdienststätten, Gebäude und Liegenschaften zum Ziel haben, die den Christen in der Zeit der Verfolgung genommen worden sind, Regelungen, die auch die Ansprüche derer betreffen, die für diese Rückerstattung von der Staatskasse entschädigt werden müssen. Es werden nicht nur die Ansprüche einzelner Christen berücksichtigt, sondern ausdrücklich auch die der Gemeinden und Körperschaften. Das oberste Ziel ist dabei die öffentliche Ruhe.

99 *ebd. 12 und 13:* (12) Bei all dem sollst du deine Aufmerksamkeit nach besten Kräften der genannten Körperschaft der Christen zuwenden, damit unser Befehl schleunigst durchgeführt und so durch unsere Milde auch nach dieser Richtung für die allgemeine und öffentliche Ruhe gesorgt werde. (13) Auf diese Weise möge uns, wie oben gesagt, das göttliche Wohlwollen, das wir schon bei vielen Gelegenheiten erfahren, für alle Zeit fest erhalten bleiben! ...

3. Konstantins Weg zur Alleinherrschaft

Mit dem Sieg über Maxentius und der Erhebung zum Augustus maximus betritt Konstantin den Weg zur alleinigen Herrschaft im Westen und im Osten. Zur Erinnerung an das Traumzeichen läßt er sein Standbild mit dem christlichen Kreuz in der Hand in Rom aufrichten. Der Senat wiederum errichtet ihm den Konstantinsbogen als Zeichen des

Triumphes. Das Christusmonogramm wird zum Bekenntnissymbol der Truppen; es ziert die kaiserliche Standarte, das Labarum.

Dadurch, daß es Licinius gelingt, durch die Schlacht auf dem campus serenus am 30.4.313 Kaiser Maximinus Daja und seine antichristliche Politik im Osten auszuschalten, wird der Weg zu einer Zweikaiserphase frei. Maximinus Daja stirbt bald darauf, nachdem er übrigens doch noch ein Toleranzedikt für den Osten erläßt. Auch Licinius veröffentlicht nach dem Ausscheiden Maximins die Mailänder Konstitution im Osten. Dort hören erst nach dem 13. Juni 313 die Verfolgungen endgültig auf.

Die politischen Spannungen zwischen Konstantin und Licinius entladen sich in der Schlacht am 8. Oktober 314 (316?) bei Kibalä (Pannonien) und in der zwischen Philippopolis und Adrianopolis (Thrakien) desselben Jahres. Konstantin drängt Licinius zurück. Dadurch wird ein zwischenzeitlicher Friede der beiden Kaiser möglich. Am 3.12.316 stirbt auch der greise Diokletian, dessen Familie Licinius inzwischen ausgerottet hat.

Konstantin, dessen Gesetzgebung eine Annäherung an das hellenische Polis-Recht nachgesagt wird, orientiert sich am Großreich Alexanders des Großen. Sein Mitkaiser Licinius, der sich durchaus an die Mailänder Konstitution hält, erneuert aber im Sinne der *allgemeinen* Toleranz die Sol-invictus-Verehrung. Er beginnt damit, die christlichen Gemeinden erneut mit Schikanen zu belegen oder aber sie in die Linie des allgemeinen religiösen Rechts aller Kulte zurückzudrängen. Es kommt in seinem Bereich zu gelegentlichen Hinrichtungen von Christen, so daß die christliche Öffentlichkeit von einer neuen Verfolgung spricht und Euseb ihn sogar als neuen Diokletian, als Feind des Christengottes schildert. Licinius sucht die Zustimmung der heidnischen Kreise, die häufig genug den Schutz der kaiserlichen Macht vor den aufsteigenden Ansprüchen der Christen anrufen müssen.

Hierin agiert Konstantin anders. Auch er muß die Tatsache einer noch überwiegend heidnischen Öffentlichkeit politisch berücksichtigen. Doch er stellt sich persönlich und den Hof eindeutig in die Linie einer Begünstigung und Privilegierung der christlichen Kirche.

Der religionspolitische Konflikt beider Kaiser verschärft sich, als im Donauraum des Licinius gotische Truppen eindringen. Konstantin rückt gegen die Goten und Licinius vor und drängt den Mitkaiser auf das kleinasiatische Gebiet zurück. In zwei militärischen Treffen am 3. Juli 323 bei Adrianopolis und am 18. September 323 bei Chrysopolis siegt Konstantin endgültig über Licinius, dem er auf Ehrenwort hin Thessalonich als Aufenthaltsort zuweist. 324 läßt er Licinius auf Senatsbeschluß unter dem Vorwand hinrichten, Licinius habe eine Revolte gegen ihn versucht. Konstantin ist damit Alleinherrscher.

Mit dem Tod des Licinius verliert das Heidentum unter Konstantin seine politische Vertretung. Es wird als die Mehrheit – die es doch immer noch ist – eine politische Minderheit.

In jenen Jahren, in denen sich nach den Darstellungen der Forschung die Übernahme christlicher Symbolik, etwa in der Münzprägung Konstantins, mehrt und er auch selbst bereits aktiv in die Kirchenpolitik eingreift, läßt er zur Erhaltung seiner Machtstellung seinen eigenen, von einer früheren Konkubine stammenden Sohn Crispus und seine ehemalige Frau Fausta – beiden wird ein Unzuchtsverhältnis zur Last gelegt – ebenfalls hinrichten. Im Jahr 336 verurteilt er auch noch den Sohn des Licinius zum Tod.

4. Konstantins frühe Kirchenpolitik

Noch im Jahr 312 greift Konstantin aktiv in die Religionspolitik ein, indem er die Privilegierung der christlichen Kirche, zunächst im Zuge einer Politik der Wiedergutmachung, beginnt. An den nordafrikanischen Präfekten Anylinus ergeht 312 ein solches von Euseb überliefertes Schreiben.

100 *Konstantin an den Prokonsul Anylinus, Euseb, Kirchengeschichte X, 5, 15–17:* ... (15) Sei gegrüßt, hochgeschätzter Anylinus! Es entspricht dem Wesen unserer Liebe zum Guten, hochgeschätzter Anylinus, daß gemäß unserem Willen das, was einem anderen rechtlich gehört, nicht nur nicht angetastet, sondern auch zurückerstattet werde. (16) Daher befehlen wir, daß du nach Empfang dieses Schreibens dafür sorgst, daß jene Güter, welche der katholischen Kirche der Christen in den einzelnen Städten oder an anderen Orten gehörten, nun aber sich im Besitze von Bürgern oder anderen Personen befinden, alsbald eben den Kirchen zurückgegeben werden; denn es ist unser Wunsch, daß das, was diese Kirchen früher besessen haben, ihrer Gerechtsame wieder zuerkannt werde. (17) Da nun deine Ergebenheit sieht, daß die Anordnung dieses unseres Befehls klar und bestimmt lautet, so trage Sorge, daß Gärten und Häuser und alles, was sonst noch zum rechtlichen Besitz der Kirche gehörte, ihnen samt und sonders so schnell wie möglich zurückerstattet werde, damit wir erfahren mögen, daß du dieser unserer Anordnung eifrigsten Gehorsam geleistet. Lebe wohl, hochgeschätzter und teuerster Anylinus.

Über die Rückerstattung hinaus geht Konstantin dazu über, in direkten Anweisungen an christliche Bischöfe für Geldzuwendungen an die Kirchen zu sorgen. Schon zu dieser Zeit führen diese Geldzuwendungen des Kaisers zu Spannungen zwischen den katholischen und den donatistischen Kirchengemeinden in Nordafrika, und Konstantin reagiert darauf so, daß er die staatlichen Provinzialverwaltungen anweist, gegen die Spaltungstendenzen der Donatisten mit Hilfe der weltlichen Gerichtsbarkeit vorzugehen. Die Einheit der Kirche soll unter allen Umständen gewahrt bleiben. Ebenfalls noch im Jahr 313 verfügt Konstantin die Befreiung des katholischen Klerus von den üblichen Steuerlasten (Immunität).

101 *Konstantin an den Prokonsul Anylinus, Euseb, Kirchengeschichte X, 7, 1 und 2:* (1) Sei gegrüßt, hochgeschätzter Anylinus! Da aus einer Reihe von Tatsachen offenbar ist, daß die Mißachtung der Religion, in der die höchste Ehrfurcht vor der heiligsten, himmlischen Macht gehegt wird, für den Staat große Gefahren hervorgerufen, ihre gesetzliche Wiederherstellung und Pflege dagegen dem römischen Namen größtes Glück und in alle menschlichen Verhältnisse durch Wirkung der göttlichen Gnade besonderen Segen gebracht hat, so erschien es gut, hochgeschätzter Anylinus, daß jene Männer, die mit der schuldigen Heiligkeit und in Befolgung dieses Gesetzes ihre Dienste der Pflege der heiligen Religion widmen, Entlohnung für ihre Arbeit empfangen sollen. (2) Es ist darum mein Wille, daß jene Männer, die innerhalb der dir anvertrauten Provinz in der katholischen Kirche, der Caecilianus vorsteht, ihre Dienste dieser heiligen Religion widmen, und die sie Kleriker zu nennen pflegen, von allen staatlichen Dienstleistungen ein für allemal völlig frei bleiben sollen, damit sie nicht durch einen Irrtum oder eine unheilige Entgleisung von dem der Gottheit schuldigen Dienste abgezogen werden, sondern ohne alle Beunruhigung nur ihrem eigenen Gesetze Folge leisten. Bringen sie doch sichtlich dadurch, daß sie ihres höchsten Amtes gegenüber der Gottheit walten, unermeßlichen Segen über den Staat. Lebe wohl, hochgeschätzter und teuerster Anylinus!

5. Die donatistische Frage

Mit der Zuweisung jener 3000 Folles greift der Kaiser in die Streitigkeiten der nordafrikanischen Kirche zugunsten der katholischen, bischöflichen Partei ein. Noch während und infolge der Verfolgungen tritt das schon aus dem novatianischen Schisma bekannte Problem, bei wem die eigentliche, die reine Kirche sei, wieder in den Vordergrund, aber in verschärfter Weise. Der Gegensatz zwischen der episkopalen, katholischen und der von den Konfessoren und Rigoristen bestimmten Kirche prägt nach wie vor das kirchliche Ringen in Nordafrika.

Die Linie der Märtyrer- und Konfessorenkirche wird durch den Presbyter Sekundus vertreten. Die mehrheitliche, die „katholische" Gruppe wird durch Bischof Mensurius von Karthago vertreten, der in der Verfolgung Kompromisse eingegangen ist dadurch, daß er, wie ihm vorgeworfen wird, die Schriften und Geräte zwar nicht ausgeliefert, aber doch indirekt den Verfolgern überlassen hat, indem er sie liegen ließ, was den Behörden genügt hat. Nach dem Ende der Verfolgung 311 und dem Ableben des Mensurius kommt es in der Sedisvakanz zum Streit über die Nachfolge auf dem bischöflichen Stuhl von Karthago. In diesem

Ringen spielen auch nationale und schichtenspezifische Fragen eine Rolle, die sich im Verlauf des Jahrhunderts zum regelrechten nationalen Widerstand der Konfessorenkirche gegen die römische Besatzung und die katholische Kirche entwickeln. Der Bischofsverweser *Donatus,* Bischof von Casae nigrae, setzt im Einklang mit den numidischen Bischöfen den rigorosen Bischof Majorinus in Karthago ein. Die Kompromißrichtung hingegen bestimmt *Caecilian* zum Bischof und läßt ihn auch sogleich weihen. Der zunächst persönliche Konflikt gewinnt grundsätzliche Züge. Die 311 einberufene Synode von Karthago bringt einen Ausgleich nicht zustande.

Es sind die Donatisten, die sich an die gallischen Bischöfe mit der Bitte um einen Schiedspruch wenden. Die finanzielle Begünstigung Caecilians durch den Kaiser läßt sie den weiteren Schritt tun, sich unmittelbar auch an den Kaiser mit einer Petition zu wenden. Damit wird der Kaiser erstmals auch von seiten der Kirche zur Schlichtung und zum innerkirchlichen Eingreifen aufgerufen.

Konstantins Kirchenpolitik ist – auch in seinen späteren Erlassen – sowohl aus pragmatischen als auch aus religiösen und philosophischen Gründen an der Einheit interessiert. Darin liegt beides: sowohl eine Fortsetzung des antiken, auch in Rom verfolgten Gedankens der religiösen Widmung des Staates an die oberste Gottheit im Sinne des Staatsnutzens (do ut des) als auch eine Konsequenz dessen, was im Sinne der johanneischen Verkündigung (Joh 17) die Einheit der Christen ist und sein sollte.

Konstantin beauftragt den römischen Bischof mit der Abhaltung einer Untersuchung, nicht in Respektierung einer römischen Oberaufsicht, sondern mit klarer Anweisung, wie er diese Untersuchung durchgeführt wünscht. Bischof Miltiades von Rom hingegen versteht den kaiserlichen Auftrag kirchlich und beruft eine römische Synode ein (313). Auf ihr erscheinen Caecilian, weitere italische und gallische Bischöfe sowie donatistische Abgesandte. Den Donatisten wird dabei vorgeworfen, sie hätten wiedergetauft und Traditorenbischöfe noch einmal geweiht, was ja nach den Vorgängen des novatianischen Schismas ein offenes Problem geblieben ist (s. o. S. 149 ff.). Rom entscheidet nunmehr in seiner eigenen Linie, verwirft die Donatus-Partei und bestätigt Caecilian.

Die Beschwerde der Donatisten an den Kaiser, die römischen Verhandlungen seien parteiisch und unvollständig in der Aktenführung, veranlaßt Konstantin, eine *Synode in Arles August 314* anzuordnen. In den arelater Verhandlungen geht es zudem noch um die Person des Bischofs Felix von Aptunga, dem zu Unrecht vorgeworfen wird, er sei traditor (Auslieferer der heiligen Schriften) gewesen.

Die erstmaligen Eingriffe des Kaisers in die innerkirchlichen Entscheidungsabläufe dokumentiert der Brief Konstantins an Miltiades.

102 *Konstantin an den römischen Bischof Miltiades, Euseb, Kirchengeschichte X, 5, 18–20:* (18) Konstantinus Augustus an Miltiades, den Bischof der Römer, und an Markus [Archidiakon in Rom]. Da von Anylinus, dem erlauchten Prokonsul Afrikas, mehrere derartige Schriftstücke mir zugesandt wurden, aus denen hervorgeht, daß Caecilianus, der Bischof der Stadt der Karthager, von einigen seiner Amtsgenossen in Afrika vieler Dinge beschuldigt werde, und da es mir als äußerst schwerwiegende Sache erscheint, daß in diesen sehr bevölkerten Provinzen, welche die göttliche Vorsehung meiner Ergebenheit ohne mein Zutun anvertraut, das Volk, in Spaltung begriffen, auf schlimmem Wege sich befindet und die Bischöfe unter sich uneins sind, (19) so dünkte es mich gut, daß Caecilianus selbst mit zehn Bischöfen aus den Reihen seiner Ankläger und zehn anderen, die er nach eigenem Urteil für seine Sache als nötig erachtet, sich nach Rom einschiffe, auf daß er dort vor euch sowie vor Reticius [Bischof von Autun], Maternus [Bischof von Trier und Köln] und Marinus [Bischof von Arles], euren Amtsgenossen, denen ich Befehl erteilte, zu diesem Zweck nach Rom zu eilen, einem Verhör unterzogen werde. Ihr sollt genauen Einblick gewinnen, um dem verehrungswürdigen Gesetz zu entsprechen. (20) Damit ihr euch aber über die ganze hier vorliegende Frage vollkommen unterrichten könnt, habe ich Abschriften der von Anylinus mir zugeschickten Schriftstücke meinem Brief beigefügt und sie an eure oben genannten Amtsgenossen abgesandt. Wenn eure Strenge sie liest, wird sie ermessen, auf welche Weise die erwähnte Streitsache gewissenhaft zu untersuchen und nach Gerechtigkeit beizulegen sei. Denn eurer Sorgfalt ist es keineswegs verborgen, welch große Ehrfurcht ich der anerkannten katholischen Kirche zolle und daß ich daher nicht will, daß auch nur eine Spur von Spaltung oder Uneinigkeit an irgendwelchem Ort durch euch belassen werde. Die Göttlichkeit des großen Gottes möge euch, Hochgeehrter, erhalten auf viele Jahre!

Die Synode von Arles beschließt im canon 8, daß bei Wiederaufnahme in die Gemeinde die römische Praxis der Handauflegung genügt, und in canon 13, daß auch eine von Traditoren vollzogene Weihe gültig sein soll (Text oben S. 152).

Weder nehmen die Donatisten diesen Spruch an, noch erscheint Caecilian von Karthago befehlsgemäß am Hof des Kaisers. Da auch eine Synode in Nordafrika den Streit nicht schlichten kann, verfügt Konstantin die Ausweisung beider Bischöfe, Caecilians und Donatus', aus Nordafrika. Mit Gewalt werden die Kirchen der Donatisten geräumt. Erstmals wird dabei Blut vergossen. Das steigert den Haß beider Gruppen gegen den Kaiser. „Was hat der Kaiser mit der Kirche zu tun?", fragt später Donatus. Ab 321 dürfen die verbannten Bischöfe zwar zurückkehren. Die Gemeinden bleiben aber feindlich geschieden. Der Besitzanspruch der Kirchen wird im Einzelfall durch Neubauten geregelt. Eine Verfügung aus dem Jahr 326 besagt, daß die Wiedergutmachungen allein der katholischen Gruppe zukommen sollen. Nach Jahrzehnten des Streites gelingt es erst Augustin auf der Synode von Karthago 411, den Donatismus theologisch zu „besiegen". Auch er muß letztlich staatliche Gewalt dabei zu Hilfe nehmen.

6. Konstantins Gesetzgebung

Konstantins Gesetzgebung zeigt, daß er über eine bloße Bevorzugung der Kirche hinaus christliche Gedanken in das römische Recht einfügt. Die heidnische Geschichtsschreibung, beispielsweise die des Zosimus, hat ihm das verdacht. Auch die Bischöfe und Kirchen seiner Zeit spüren alsbald, daß die Anlehnung an den Kaiser für sie kirchenpolitische Repressionen mit sich bringt. In der Gesetzgebungspolitik Konstantins wird schon grundsätzlich die Frage offenbar, ob und wieweit ein christlich verstandenes Sittengesetz in den Raum staatlicher Gesetzgebung aufgenommen werden kann.

Die Gesetzgebung Konstantins ist rekonstruierbar aus dem ,,Leben Konstantins" seines Hoftheologen Euseb, aus der Kirchengeschichte des Heiden Sozomenos, durch eine Reihe weiterer heidnischer Schriften und vor allem durch die *theodosianische Gesetzessammlung* (codex theodosianus) aus dem Jahr 438, die im Buch XVI 150 Bestimmungen Konstantins zu religiösen und kirchlichen Fragen gesammelt hat und der erste, in seiner Wirkung bis ins 19. Jahrhundert reichende Versuch einer Kodifizierung des kaiserlichen Spruchrechts (Reskripte) ist.

Die Gesetzgebung Konstantins bewegt sich in der Tradition des römischen Rechts, zeigt jedoch eine deutliche Neigung zum hellenischen Polis-Recht. Er versteht sich selbst von Alexander und von Augustus her: Er ist Herrscher eines Großreichs, der von Gott gesandte und unterstützte Universalherrscher. Sein Rückgriff auf das hellenistisch-stoische Rechtsdenken besteht darin, daß er nicht die positive Rechtssatzung in den Vordergrund rückt, sondern die dahinter stehende ,,Gerechtigkeit" und ,,Billigkeit" des Rechts. Das Recht ist in der kosmischen Gerechtigkeit Gottes begründet, nicht in der staatlichen Legitimation. Von daher gewinnt Konstantin Zugang zum christlichen Verständnis des ,,Gesetzes" (lex christiana). So rückt überhaupt das göttliche Sittengesetz in den Mittelpunkt seiner Gesetzgebung. Die Kirche wird davon unmittelbar berührt: Sie ist für ihn die Hüterin des Gesetzes Gottes und Christi. Damit wird in der Sicht des Kaisers Christus zum Gesetzeshüter der Welt und des Staates.

Das bringt nur bedingt eine Humanisierung des Rechts im heutigen Sinne mit sich. Konstantin erläßt seine Bestimmungen in autokratischer Weise. Zuweilen tragen sie Bemerkungen über den Sinn des Rechts und über den Glauben an sich.

312 beginnt, wie gesagt, seine Wiedergutmachungsgesetzgebung. Auch vordem entlassene und verurteilte Hofbeamte und Offiziere werden in ihre früheren Ämter und Pensionen wieder eingesetzt.

Die neue Rechtsgesinnung des Kaisers ist in dem Gesetz vom 15. Mai 314 (Cod. Theod. III, 1, 8) ausgesprochen: In allen Dingen sollen Gerechtigkeit und vernünftige Rechtsanwendung (aequitas) vor dem Buchstaben des Rechts (jus strictum) Vorrang haben. Noch einmal heißt es unter dem April 319 (cod. theod. V, 27, 1): „Gewohnheit und langer Brauch haben keine geringe Autorität, gelten aber nicht soviel, daß sie auch Vernunft oder Gesetz besiegen."

Die *Sklavengesetzgebung* hebt Konstantin nicht auf. Auch der Kirche dieser Zeit erscheint die Sklavenhaltung als normal, wenn man sich auch der Schwere dieses Loses bewußt ist. Konstantin bewahrt absichtlich die soziale Schichtung des Reiches und zwingt zu berufsständischen Korporationen, denen auch die Kinder oftmals schon eingegliedert werden. Diejenigen, die während der Verfolgung versklavt worden sind, erhalten ihre Freiheit zurück (April 314). Die eheliche Verbindung zwischen einem Sklaven und einer Freien bleibt nach wie vor verboten (April 314). Zu den Barbaren übergelaufene Sklaven verlieren einen Fuß und werden ins Bergwerk geschickt (April 314).

In der Sklavengesetzgebung von 315 verbietet Konstantin die Brandmarkung der Verurteilten im Gesicht, weil das Antlitz des Menschen Abbild der himmlischen Schönheit ist, und gebietet dafür die Brandmarkung an Armen und Beinen. Allerdings erleichtert er die Freilassung (manumissio) der Sklaven durch Kleriker und an besonderen kirchlichen Festtagen. Auch verschärft er die Vorschriften zum Schutz der Sklaven gegen Züchtigungen durch deren Besitzer. Das Züchtigungsrecht der Herren läßt keinen Mord oder barbarische Grausamkeit zu (319). Die Sklaven gewinnen ein Klage- und Denunziationsrecht, aber – wie ein späteres Edikt ausführt – nur unter erschwerten Bedingungen der Beweisführung und unter Androhung hoher Strafen, wenn die Beweisführung nicht gelingt. Im Jahr 321 bestimmt ein Erlaß, daß die Freigabe von Sklaven, auch wenn sie nur mündlich vor dem Bischof oder einem Kleriker erfolgt, als eine Frömmigkeitsübung Rechtskraft erhält.

In den Erlassen an den römischen Stadtpräfekten Maximus vom Februar und Mai 319 verbietet Konstantin die *privaten Haruspizien,* die Zukunftsschau aus den Eingeweiden geopferter Tiere. Die mehrfache Wiederholung dieses Verbotes zeigt, daß es nicht ohne weiteres gelingt, die Haruspizien zu verbieten. Deren öffentliche Begehungen sind ohnehin weiter gestattet.

Zur selben Zeit entzieht er den heidnischen Tempeln das Kaiserbildnis. Das bedeutet das *Ende des Kaiserkultes.* Die Münzgestaltung zeigt noch bis zum Jahr 317 die Symbole der alten Götter. Danach werden sie entweder neutral oder ins Christliche abgewandelt, wie das vor allem beim Sol invictus der Fall ist, der ab 324 vollends verschwindet. An seine Stelle tritt das Victor- (Sieges-) Zeichen Christi. Als um 319 die Provinz Umbria/Italien den Kaiser ersucht, einen neuen Tempel in Hispellum errichten zu dürfen, genehmigt Konstantin dieses Vorhaben, jedoch nicht die Aufstellung des Kaiserbildes, weil mit dem Tempel keine zum Aberglauben hinlenkende Götzenverehrung verbunden sein dürfe. 326 verbietet er, verfallene Tempel wieder aufzurichten und neue Götterstatuen zu erstellen. Kurz vor seinem Tod verbietet er bei Androhung der Todesstrafe die Durchführung heidnischer Opfer generell.

In restriktiver Weise geht er auch mit dem *Judentum* um. Er droht den Juden strenge Bestrafung an, wenn sie christliche Sklaven beschneiden. Diejenigen, die zum Judentum übertreten, sollen dann auch nach den Anweisungen aus Trajans Zeit die gegen die Juden gerichteten Bestrafungen mit erleiden. Der Übertritt zum Christentum wird hingegen erleichtert. Schon im Oktober 315 schränkt Konstantin die jüdische Rechtspflege ein: Sie dürfen Konvertiten zum Christentum nicht mehr nach eigenem Recht bestrafen. Im November 330 wird freilich den jüdischen Patriarchen und Ältesten die Freiheit von persönlichen Dienstleistungen zugestanden. Damit werden sie dem Rang und der Stellung nach den christlichen Klerikern angeglichen. Ein von einem Juden gekaufter und beschnittener christlicher oder heidnischer Sklave soll frei sein (Okt. 336).

Schon im Mai 315 wendet sich der Kaiser gegen die Kindesaussetzung. Die Eltern sollen keine Kinder mehr aussetzen. Wo die Not so groß ist, sollen der Fiskus und die kaiserliche Privatschatulle unbegrenzt zur Verfügung stehen.

In den Jahren 317–319 verbietet er die magischen Künste, also die Schadens- und Liebeszauber, allerdings mit Ausnahme von Heilmitteln, von Regen- und Hagelzaubern. Der Kaiser unterscheidet zwischen „schwarzer" und „weißer" Magie, wie er ja auch die öffentlichen Haruspizien dann ausdrücklich fordert, wenn es sich um Brand- und Schadensfälle an kaiserlichen oder öffentlichen Bauten handelt. Unter den späteren Kaisern Konstantius II. und Valens werden die Haruspizien mit der schwarzen Magie auf eine Stufe und jede Form einer mantischen Befragung des Schicksals oder der Orakel unter Strafe gestellt.

Im Juni 320 wird verfügt, daß die Strafvollzüge humanisiert werden: schnelle Abwicklung der Verfahren, Verbot der engen Fesselung, der Dunkelhaft und der Hinrichtungsverzögerung. Es darf nur eine scharfrichterliche Bestrafung geben, keine Gefangenschaftsverwahrlosung.

Im Juli 320: Kein zu öffentlichen Munizipallasten finanziell Fähiger darf aus Gründen des Pflichtenentzugs Kleriker werden. Das Gesetz sieht sogar eine Rückversetzung in den öffentlichen Stand vor. Auch die Juden werden Dezember 321 zur Kurie und deren Verpflichtungen einberufen, um an den Munizipallasten teilzunehmen.

Zur frühen Gesetzgebung Konstantins gehören die besonderen Bestimmungen für die katholische Kirche und die Kleriker. Schon im Juni

318 anerkennt Konstantin die *bischöfliche Anhörung* in der Kirche, die *audientia episcopalis.*

Nach römischem Recht besitzen religiöse Gemeinschaften, auch die jüdischen, Selbstgerichtsbarkeit. Diese Übung hat sich in der Kirche bereits für die christlichen Gemeinden Kleinasiens unter Paulus nach 1. Kor 6, 1 ff. ergeben. Die kirchliche Bußgerichtsbarkeit des dritten Jahrhunderts hat diesen Grundsatz noch vertieft.

Konstantin stattet nun diese schiedsgerichtliche Gewalt der Bischöfe und Kleriker mit der Vollmacht aus, auch in privatrechtlichen Fällen Recht sprechen zu können. So gewinnt das Verfahren der bischöflichen Anhörung auch für das weltliche Leben außerhalb der Kirche Bedeutung. Kleinere Fälle können von Diakonen und Presbytern, schwerere Fälle nur von Bischöfen entschieden werden. Konstantin weitet das sogar zu einer bischöflichen Gerichtsbarkeit aus, wenn er in den Jahren 321 und dann noch einmal 333 im Zutrauen auf die Weisheit und Heiligkeit der Bischöfe, deren Spruch selber keines Zeugnisses bedarf, das Anhörungsverfahren vor den Bischöfen so gestaltet, daß es von Rechtsnormen frei und in seinen Urteilen unanfechtbar sein solle, daß sogar weltliche Prozesse, wenn eine Partei sich nicht gerecht beurteilt fühlt, durch Appellation vor den Bischof gelangen können. Die weltlichen Behörden haben das Urteil der Bischöfe zu vollstrecken.

Kaiser Arcadius wird 398 im Osten, Kaiser Honorius 408 diese Regelung im Westen wieder aufheben. Aber durch die konstantinsche audientia episcopalis ist dem bischöflichen Amt ein Rechtscharakter zugesprochen. Das wirkt in der Kirche fort. Die größeren Bischofssitze, vor allem Rom, ahmen die kaiserliche Gesetzgebung für ihren Amtsbereich nach, so daß sich eine kirchliche Jurisdiktion in Analogie zur kaiserlichen entwickelt und die von Cyprian noch als Liebeskirche gedachte christliche Gemeinschaft auch von dieser Seite her zu einer Rechtskirche wird.

In bestimmten Gegenden wie Nordafrika bewirkt diese Regelung, daß die Bischöfe als Funktionäre der weltlichen Gerichtsbarkeit erscheinen. Es ist angesichts der dortigen nationalen Einstellungen gefragt worden, ob nicht die audientia episcopalis auch etliches dazu beigetragen hat, das Christentum Nordafrikas vom römischen Reich zu entfremden und das eschatologische Wissen um gut und böse so zu schwächen, daß diese Gebiete später widerstandslos in den Islam hinein übergehen.

Früh ergeben sich Ansätze für ein staatliches *Klerikerrecht:* Im Januar 320 wird verfügt, daß die Ehelosen (Asketen) und Kinderlosen von den gesetzlichen Lasten befreit sind. Der Asketenstand darf nicht benachteiligt werden. Seit Juli 321 gibt es die *Testatfähigkeit* der Kirche: Es können Testamente zugunsten der Kirche gemacht werden. Niemand darf christliche Kleriker zur Ausführung von städtischen Sühneopfern zwingen unter dem Vorwand, damit einer öffentlichen Aufgabe zu entsprechen (Mai 323). Schon das *Sonntagsgesetz* vom Jahr 321 gebietet Gerichten und Handwerkern, am Tag der Sonne zu ruhen, ausgenommen die Landleute zur Erntezeit. Das zweite Sonntagsgesetz vom Juli 321 erlaubt die Freilassung von Sklaven als Gott wohlgefälliges Werk. 325 wird der Sonntag als *allgemeiner Ruhetag* eingeführt.

Konstantin will die Heiden nicht zum Christentum zwingen. In einer Gesetzesbegründung von 319 sagt er: „Geht zu den öffentlichen Altären und Heiligtümern und begeht die Riten eures Brauchs: Wir verwehren es nicht, die Dienste des vergangenen Brauchs am hellen Tag zu vollziehen." Darin zeigt sich eine „mißbilligende Toleranz" (Dörries). Mit der Zeit aber wird die Bereitschaft Konstantins deutlicher, die Kirche zu einer „Staatskirche" zu machen (Kraft).

Seit seiner Alleinherrschaft 324 werden die Gesetze deutlicher gegen das Heidentum gerichtet: Oktober 325 wird die Abhaltung blutiger Schauspiele, wird der Gladiatorenstand verboten, desgleichen die Hinrichtung in der Form der Kreuzigung. An die Stelle der Verurteilung zu den Spielen tritt die in die Bergwerke. Im Mai 326 wird die Ehegesetzgebung zwischen Freien und Sklaven verschärft, im Jahr 331 noch einmal.

Konstantin kann die christliche Nachfolge-Ethik nicht verbindlich machen. Er kann sie nur zeichenhaft vor allem auf dem Gebiet des Kultusrechts einwirken lassen. Gleichwohl will seine Gesetzgebung das staatliche Recht unter das universale christliche Sittengesetz stellen, dem sowohl die Heiden als auch die Christen unterworfen sind.

7. Die neue Hoftheologie

Die Freude der Christen über das Ende der Verfolgung schlägt bei vielen Theologen über in eine *politische Theologie.* Konstantins Sieg wird als ein heilsgeschichtliches Ereignis gefeiert. Er ist der von Gott gesandte Befreier und Erlöser. Euseb von Caesarea überführt die frühkatholische Heilsgeschichte in einen *politischen Triumphalismus,* in dem die orientalischen Züge der Königsehrung – der irdische König als Abbild des himmlischen Königs – christlich verklärt werden.

103 *Euseb, Kirchengeschichte X, 1, 7 – 3, 3:* (1, 7) Auf die berichtete Weise wurde so das ganze Geschlecht der Gottesfeinde vernichtet und den Blicken der Menschen so plötzlich entzogen, daß wiederum ein göttliches Wort in Erfüllung ging, das da spricht: „Ich sah, wie sich der Gottlose gleich den Zedern des Libanon erhob und emporreckte. Aber als ich vorüberging, siehe, da war er nicht mehr! Und ich suchte seinen Platz, und nicht war er zu finden" (Ps 37, 35 f.). Ein freundlicher und heller, von keiner Wolke getrübter Tag leuchtete nun fortan mit

den Strahlen himmlischen Lichts auf der ganzen Erde über den Kirchen Christi. Und kein Neid verwehrte auch jenen, die außerhalb unserer Genossenschaft standen, wenn auch nicht das Vollmaß der uns von Gott geschickten Segnungen, so doch Abflüsse und Teile davon zu genießen.

(2, 1) Alle Menschen waren so von der Schreckensherrschaft der Tyrannen befreit; und von den früheren Leiden erlöst, bekannte der eine in dieser, der andere in jener Weise, daß der einzige wahre Gott der sei, der für die Frommen gestritten. Vor allem aber waren wir, die ihre Hoffnung auf den Gesalbten Gottes [den Kaiser] gesetzt, von unaussprechlicher Heiterkeit erfüllt, und eine Art göttlicher Freude leuchtete um uns alle. Sahen wir doch, wie jeglicher Ort, der noch vor kurzem von gottlosen Tyrannen zerstört daniederlag, wie aus langem und tödlichem Falle sich neu erhob und wie die Kirchen wieder von Grund aus zu unermeßlicher Höhe erstanden und viel herrlicher wurden, als die zerstörten gewesen. (2) Ja, die höchsten Kaiser [Konstantin und Licinius] erweiterten und mehrten durch fortgesetzte Gesetzgebung zugunsten der Christen die hohe Gnade, die Gott uns geschenkt, Bischöfe empfingen kaiserliche Schreiben und Ehrungen und Geldzuweisungen...

(3, 1) Da bot sich das Schauspiel, von uns allen erfleht und ersehnt: Erneuerungsfeste werden in den Städten gefeiert und die Weihe der soeben neu erbauten Bethäuser. Bischöfe kommen zusammen, aus fernen und fremden Landen sammeln sich die Menschen, Volk grüßt in Freundschaft Volk, die Glieder des Leibes Christi verbinden sich zu vollendeter Eintracht. (2) Gemäß einer Weissagung, die die Zukunft in geheimnisvoller Rede kündet (Ez. 37, 7), wurde nun Gebein an Gebein und Fuge an Fuge gerückt, und was sonst das Gotteswort in dunklen Sätzen untrüglich vorherverkündete. (3) Eine Kraft göttlichen Geistes durchdrang alle Glieder, alle waren *eines* Herzens und *eines* freudigen Glaubens, und alle sangen gemeinsam Gottes Lob. Da walteten unsere Führer der makellosen Bräuche, und die Priester vollbrachten das Opfer. Gottgefällig waren die Satzungen der Kirche, hier in Psalmengesang und Lesung der übrigen von Gott uns geschenkten Worte, dort im Vollzug göttlichen und geheimnisvollen Dienstes. Es waren die unaussprechlichen Symbole des heilbringenden Leidens [Christi] ...

Der Sonnen- und Lichtkult werden verchristlicht. Die universale Einheit aller Menschen unter Konstantin wird für Euseb zu einem geradezu pfingstlichen Ereignis. Die Verheißungen sind in Erfüllung gegangen. Gott hat in einem heiligen Krieg die Feinde vernichtet. Die konstantinsche Wende ist die Scheidung der Guten und der Bösen. Apokalyptische Dämonien sind zerstört, das Reich Christi tritt hervor: Christus ist Sieger! Konstantin ist der von Christus gesandte Kaiser zur Rettung des Gottesvolkes aus der vorherigen, verdienten Erniedrigung. Die Geschichte wird Gnadengeschehen. Aus dem Alten Testament führt Euseb in seiner Predigt, die er bei der Einweihung der neuerbauten Kirche von Tyrus hält, heilsgeschichtliche Prototypen der Erlösung wie den „Engel des großen Rates" (Jes 9, 6 LXX) oder den großen Heerführer (Jos 5, 14) heran, um zu zeigen, daß diese Wende unter Konstantin Gottes längst beschlossener Heilsgeschichte entspringt (Kirchengeschichte X, 4, 13–16). Sowohl die Überlieferung vom heiligen Krieg als auch die Theologie der Auferstehung werden ins Politische umgebogen. Euseb, der im arianischen Streit zunächst der arianischen Seite zugehört, spricht eine christliche Symbolsprache, die die große Monarchie Gottes im Himmel und auf Erden das Gottkaisertum predigt, dem die Kirche verkündigend und überhöhend zugeordnet ist.

8. Konstantins Bauten

Konstantin prägt mehr noch als durch seine Gesetzgebung das öffentliche Leben des Reiches durch die Bauten. Ab 326 wird an Stelle des alten Rom das „neue Rom" erbaut als Hauptstadt für das gesamte Reich. Er verlegt die Residenz der Ostkaiser von Nikomedia nach Byzanz, das mit einer Stadtmauer umgeben und im Jahr 330 feierlich als Konstantinopel eingeweiht wird. Das alte Rom, das schnell auch in seiner Bevölkerungszahl auf den Rang einer Provinzstadt absinkt, erscheint seitdem mit seinen dem altrömischen Denken immer noch verhafteten Senatorenkreisen als die Stadt des alten Heidentums. Das neue Rom, Konstantinopel, soll eine Stadt der christlichen Kirchen sein, in der heidnische Tempel und Opfer keine Zulassung finden.

Konstantin errichtet neben dem alten Kapitol von Byzanz rund um den Augustusplatz den Palast, das Senatsgebäude und die Sophienkirche (heute die Hagia Sophia). Vom Augustusplatz aus führt eine Arkadenstraße zum Forum auf den nächsten Hügel und von da zur Apostelkirche auf dem dritten Hügel. Schon 305 hat Diokletian in Spalato seinen Palast mit dem Reichstempel und dem Kaisergrab in Verbindung setzen lassen. So läßt auch Konstantin sein eigenes Mausoleum neben diese Apostelkirche setzen mit 12 Säulenpaaren, zwischen denen die fingierten Apostelsarkophage stehen. Er selbst sieht sich als den dreizehnten Apostel in ihrem Kreis, so scheint es. Auch die übrigen Bauten lassen sich ähnlich begreifen.

In Altrom errichtet er die Apostelbasilika, die im 6. Jahrhundert niederbrennt. Sie wird auf dem Gelände eines ehemaligen heidnischen Zömeteriums (Friedhof) errichtet, das eingeebnet wird und heute unterhalb des Petersdomes in erheblichen Teilen wieder ausgegraben ist. In der Begrenzungsmauer dieses Zömeteriums (die „rote Mauer") hat man ein Tropaion gefunden, das exakt unter der Palliennische und damit unterhalb des Altars der heutigen Peterskirche liegt. Dieses tropaion ist möglicherweise eine frühe Petrus-Verehrungsstätte gewesen. Ob es das wirkliche Grab des Petrus ist, kann nicht bislang erwiesen werden (vgl. o. S. 138).

In Rom stellt Konstantin den kaiserlichen Lateranpalast dem römischen Bischof als Amtssitz zur Verfügung. In Jerusalem wird nach 324 das „Grab" Christi wiedergefunden, darüber die Grabeskirche erbaut. Die nostalgisch nach Resten und Reliquien forschende *Kaiserin Helena* findet sogar noch einige Partikel des Kreuzes Christi und der Lanze, mit der ein Soldat in den sterbenden Jesus hineingestochen haben soll. Es erwächst ohnehin eine religiöse, schwärmerische Touristik ins heilige Land. Jerusalem wird erneut zu einem angesehenen Bischofssitz, wenn auch ohne Macht. Die Orte der Heilsgeschichte werden erforscht und geheiligt. So wird über dem Erscheinungsort Abrahams in Mamre eine Kirche erbaut, ebenso am Jakobsbrunnen. In Bethlehem wird eine fünfschiffige Basilika als Geburtskirche Jesu gebaut. Auch an einer Reihe von apostolischen Traditionsorten werden Basiliken errichtet. Die Sitze der Bischöfe und Patriarchen werden durch Repräsentanzbauten bereichert. Mit dem Bau von Kirchen für Apostel und Märtyrer (in Nikomedien, Antiochia, Konstantinopel, Jerusalem) wächst die Heiligenverehrung als eine neuerliche Form apokryphen und vulgären Christentums.

Der Kirchbau wird durch kaiserliche Architekten geleitet. Die Basilika wird der Haupttyp. Über die Herkunft dieses Haustyps gibt es bisher keine Übereinstimmung. In der Regel wird sie als Langhaus errichtet mit drei Schiffen, so daß das Licht durch die Obergaden des Mittelhauses eindringt. Der Grundriß läßt sich leicht auf fünf-, in Nordafrika sogar auf sieben- und neunschiffige Basiliken erweitern. Im Apsisraum befinden sich der Altar, der Bischofssitz (cathedra), die Presbytersitze. Die Gemeinde wird in der Regel durch eine Wand vom Klerus getrennt. Im Osten werden die Apsiden von Anbeginn nach Osten ausgerichtet, im Westen während des 4. Jahrhunderts noch nach Westen. Die Basiliken können auch als Rundbauten ausgerichtet werden. Ferner ist eine Erweiterung in Kreuzesform durch angesetzte Querschiffe, durch angefügte Halbrundbauten möglich. Die Formen sind im vierten Jahrhundert noch sehr variabel. Der wesentliche Zweck ist der einer Versammlungsstätte für große Menschenmengen für die Gottesdienste. Während die syrischen Kirchen den Altar in die Apsis rücken, steht er in der antiken Kirche gemeinhin vor der Bischofscathedra in den Raum hineingerückt zum Volk hin. Er bleibt aber innerhalb des sanctuariums, des Raumes der heiligen Handlung.

Die „Theologie" des frühbyzantinischen Kirchbaus, der schon zum Ende des vierten Jahrhunderts, vor allem in den Apsiden, mit reichen Mosaiken ausgestaltet wird, erwächst aus dem Urbild-Abbild-Gedanken: Der irdische Gottesdienst spiegelt den himmlischen Gottesdienst wieder, ähnlich wie bereits bei Ignatius von Antiochien (s. o. S. 28). In der Predigt, die Euseb selbst bei der Einweihung der Kirche in Tyrus hält (Kirchengeschichte X, 4, 60–70) erklärt er den Sinn des Kirchenbaus. Die Kirche bildet den großen Tempel des Weltalls und die himmlischen Throne und Herrschaften ab. In der Mitte steht die Eucharistie, die nun zu einem Mysterium geworden ist. Die Bischöfe und Presbyter sind Abbilder der himmlischen Throne und Herrschaften. Vor ihnen steht das Volk der Vollgläubigen, die sich dem Mysterium nähern dürfen. In den Seitenschiffen haben die Katechumenen ihren Ort. Die Ostiarier bewachen die Türen, und ein unzähliges Volk bildet draußen die äußere Umfassungsmauer. In dem obersten Vorsteher, dem Bischof, wohnt „dem Recht gemäß" Christus „in ganzer Fülle". Der Altar ist „das fleckenlose Allerheiligste der Seele des gemeinsamen Priesters aller", des Bischofs. „Ihm zur Rechten steht der große Hohepriester des Alls, Jesus selbst, der Eingeborene Gottes, und nimmt von allen den wohlriechenden Weihrauch und die unblutigen und geistigen Opfer der Gebete mit heiterem Blick und offenen Händen entgegen und übergibt sie dem himmlischen Vater und dem Gott des Alls."

9. Das Selbstzeugnis Konstantins

Konstantin läßt sich erst kurz vor seinem Tod taufen. Er bleibt trotz aller Zustimmung zum Christentum in seinen Selbstzeugnissen ein Mann, der seine religiöse Herkunft nicht ablegt. Er sieht in Christus den Gesetzgeber, die Spitze des naturhaften Kosmos, den von Gott kommenden Mittler. In sich selbst erblickt der Kaiser den Hüter und Bewahrer der Einheit des Reiches und der Religion. Er verkündet in den mancherlei Zeugnissen, die Euseb in dem „Leben Konstantins" und in der „Rede an die heilige Versammlung" der Bischöfe bewahrt hat, eine rundum natürliche Theologie, eine Reichstheologie. Sie steht im engen Zusammenhang mit der Theologie, die Euseb von Nikomedien im Verlauf des arianischen Streites vertritt.

104 *Brief des Kaisers an alle Provinzen über den Irrtum der Vielgötterei, Euseb, Leben Konstantins II, 48. 58:* (48) Alles was von den unabänderlichen Naturgesetzen beherrscht wird, läßt alle Menschen genugsam die Vorsehung und Weisheit in der göttlichen Weltregierung wahrnehmen, und es hegen auch die, deren Denken auf dem geraden Weg der Erkenntnis dem Ziel zueilt, gar keinen Zweifel darüber, daß der scharfe Blick einer gesunden Vernunft und selbst des Auges einzig unter dem Einfluß der wahren Tugend zur Erkenntnis Gottes hinführt. Darum wird auch ein verständiger Mann niemals in Verwirrung geraten, wenn er sieht, daß die meisten sich von entgegengesetzten Grundsätzen bestimmen lassen. Verborgen und nutzlos bliebe ja der Reiz der Tugend, stellte ihr nicht die Schlechtigkeit das Leben Verkehrter und Unvernünftiger gegenüber. Darum ist auch der Tugend die Siegeskrone vorbehalten, während der höchste Gott frei über das Gericht schaltet...

(58) Deine [Gottes] Werke bekräftigen dies. Deine Kraft macht uns schuldlos und gläubig. Sonne und Mond halten ihre gesetzmäßige Bahn ein und nicht umkreisen die Gestirne regellos das Gewölbe des Himmels. Der Wechsel der Jah-

reszeiten vollzieht sich in gesetzlicher Ordnung. Der Erde hat Dein Wort einen richtigen Stand gegeben, und der Wind bewegt sich nach dem auferlegten Gesetze...

Konstantin will die Einheit des Reiches, er möchte auch den Heiden Toleranz erweisen; denn Frömmigkeit und Glauben lassen sich nicht durch Gewalt erzwingen (ebd. 56). Aber seine Gleichsetzung von Frömmigkeit und Vernunft legt den Grund dafür, daß der heidnische Glaube sich nicht mehr glaubhaft darstellen läßt, weil er eben unvernünftig ist. Konstantin begründet, wie schon vor ihm Diokletian, ohne es zu wollen, ein Strafrecht für Ketzer. Für Konstantin ist die schlimmste Form der Häresie nicht die Lehrabweichung, sondern die Spaltung der Einheit.

Von besonderer Härte sind seine Auslassungen über die Juden. Als auf der nizänischen Synode von 325 unter anderem auch der Beschluß über eine reichseinheitliche Ansetzung des Osterfesttermins gefaßt wird, begründet Konstantin diese Abweichung vom jüdischen Festkalender in folgender Weise:

105 *Euseb, Leben Konstantins III, 18:* ... Zunächst schien es unwürdig zu sein, jenes hochheilige Fest [Ostern] nach dem Gebrauch der Juden zu feiern, die ihre Hände durch ihr gottloses Verbrechen befleckt haben und darum mit Recht als Menschen, auf denen Blutschuld lastet, mit Blindheit des Geistes geschlagen sind. Wir können ja, wenn wir deren Gewohnheit zurückweisen [nämlich die Ansetzung des Osterfesttermins – s. o. S. 92], in der richtigeren Ordnung, die wir seit dem ersten Tage des Leidens bis zur gegenwärtigen Stunde eingehalten haben, die Beobachtung dieses Brauches auch auf die Zukunft ausdehnen. Nichts soll uns also gemein sein mit dem verhaßten Volk der Juden! Denn wir haben vom Erlöser einen anderen Weg erhalten; vorgezeichnet ist unserer heiligsten Religion eine Bahn, die gesetzmäßig und gebührend ist, diese wollen wir einmütig einhalten und von jeder schimpflichen Gemeinschaft uns trennen, geliebte Brüder! Denn es ist in der Tat ganz widersinnig, wenn jene sich rühmen könnten, daß wir ohne ihre Unterweisung nicht imstande wären, dieses Fest zu feiern. Wie werden aber die richtig denken können, die nach jenem Mord unseres Herrn und Vaters von Sinnen gekommen sind und sich von keiner Überlegung mehr leiten lassen, sondern von unwiderstehlichem Drange dorthin gerissen werden, wohin sie eben ihr angeborener Wahnsinn treibt? ...

Konstantin hat sein Verhältnis zu den Bischöfen vor allem vom byzantinischen Hofzeremoniell her gestaltet. Die Bischöfe stehen im Rang von honestiores, von Adligen, so wie dies der jüdische Patriarch bereits seit Beginn des zweiten Jahrhunderts beanspruchen kann. Außerhalb der Hofpyramide sind sie für Konstantin „Mitbrüder". Er sieht sich selbst in einer priesterlichen Aufgabe, vor allem im Blick auf das heidnische Kultwesen. So bezeichnet er sich gelegentlich als Bischof für die außerhalb der Kirche liegenden Dinge.

106 *Euseb, Leben Konstantins, IV, 23. 24:* (23) So war er selbst Priester Gottes. Durchaus wurden dagegen für alles Volk und alle Soldaten des römischen Reiches die Tore jedes Götzentempels verschlossen, und jede Art von Opfer war untersagt. Auch an die Statthalter der einzelnen Provinzen erging in ähnlicher Weise ein Gesetz, das befahl, den Tag des Herrn zu ehren; diese feierten aber nach dem Willen des Kaisers auch die Gedenktage der Märtyrer und verherrlichten die Festzeiten durch Versammlungen... (24) Darum konnte dieser [der Kaiser] mit Recht, da er einmal Bischöfe gastlich bewirtete, sich äußern, *auch er sei ein Bischof,* und, wie wir selbst hörten, ungefähr so zu ihnen sagen: ,,Ihr seid von Gott zu Bischöfen dessen bestellt, was innerhalb des Bereiches der Kirche liegt, *ich aber wohl zum Bischof dessen, was außerhalb desselben liegt*". Entsprechend diesem Wort war auch seine Gesinnung; er war allen seinen Untergebenen gleichsam Bischof und trieb sie an, soweit es nur in seiner Macht stand, einem Gott wohlgefälligen Leben nachzustreben.

Im Jahr 336 schreibt Konstantin an den persischen König Schapur II. Er legt ihm den Wandel im römischen Imperium dar und bittet für die Kirche im persischen Bereich. Dieser Brief ist das Dokument seines religionspolitischen Programms.

107 *Konstantin an den Perserkönig Schapur II., Euseb, Leben Konstantins IV, 9:* (9) Wenn ich an dem göttlichen Glauben festhalte, werde ich des Lichtes der Wahrheit teilhaftig. Von dem Licht der Wahrheit geleitet, erkenne ich den göttlichen Glauben. Und dadurch erkenne ich wahrlich, wie die Geschehnisse es bestätigen, die heiligste Gottesverehrung. Als Lehrerin in der Erkenntnis des heiligsten Gottes habe ich, das bekenne ich offen, diese Religion. Gestützt im Kampf auf die Macht Gottes habe ich, von den äußersten Grenzen des Ozeans angefangen, der Reihe nach den ganzen Erdkreis durch sichere Hoffnung auf Rettung aufgerichtet, so daß alles, was unter so furchtbaren Tyrannen [die Kaiser vor ihm] geknechtet und tagtäglich dem Unheil preisgegeben, zugrunde gegangen war, teilnahm an der allgemeinen Vergeltung und wie infolge einer Heilung neu auflebte. Diesen Gott bekenne ich, sein Zeichen trägt mein gottgeweihtes Heer auf den Schultern, und wozu nur immer die Rücksicht auf die Gerechtigkeit es ruft, dahin zieht es, und sofort erhalte ich auch dafür in den herrlichsten Siegen den Dank. Diesen Gott ehre ich, das gestehe ich offen, und ewig denke ich an ihn; überstrahlt von seinem Licht erkenne ich in reinem und unbeflecktem Herzen, daß er in der Höhe wohnt.

Das Verhältnis von Gottesverehrung und Friedenssegnung des Reiches durch Gott, das römische do ut des, bestimmt auch Konstantin. Im Christentum sieht er den Grund für das Aufblühen auch der Kultur als dem Grund für das Zusammenleben der Menschen. Für die Christen zu sorgen und das Christentum als Schutzmacht anzunehmen, das ist es, was er dem Perserkönig Schapur II. nahelegt.

Während der Vorbereitungen zu einem Perserfeldzug erkrankt Konstantin in Kleinasien und stirbt am 22. Mai 337 in Nikomedien. Vor seinem Tod empfängt er die Taufe. Er stirbt mit dem Bekenntnis eines gläubigen Christen: „Jetzt weiß ich mich wahrhaftig glücklich; jetzt weiß ich, daß ich des unsterblichen Lebens wert, des göttlichen Lebens teilhaftig geworden bin."

Die *Würdigung* dieses Kaisers kann zu keinem einschichtigen Ergebnis kommen. Aus christlicher Sicht ist er der Befreier aus langer Unterdrückung, der von Gott gesandte Herrscher. Aus heidnischer Sicht ist er der Zerstörer menschlicher Kultur und Religiosität. Dieses Urteil bewegt auch noch manche Geschichtsschreiber der nach-christlichen Neuzeit. Eine Staatskirche hat Konstantin nicht zustande gebracht. Ob sie wirklich ihm vor Augen gestanden hat, muß man fragen. Abwegig ist es, bei ihm bereits von „Caesaropapimus" zu sprechen. Ebensowenig ist es ihm gelungen, christliche Werte und Normen in das politische und gesetzgeberische Verfahren über das hinaus einzubringen, was ehestens als zeichenhaftes Verständnis eines neuen Rechts anzusprechen wäre. Die Züge der Verchristlichung, unter denen man heute mehr die Züge der Humanisierung begreift, sind lediglich schwach entwickelt.

Das Hauptproblem seiner Regierung ist weniger das Verhältnis von Toleranz und Intoleranz, als vielmehr die Möglichkeit, die unter ihm *der Kirche* eingeräumt wird, aus ihrem Glauben und Wissen heraus eine neue Kultur, eine neue Überzeugung menschlich-gesellschaftlicher Inhalte wachsen zu lassen. Der Kaiser steht unter vielerlei Zwängen. Die Kirche hingegen bringt mit dem politischen *Triumphalismus* ihres heilsgeschichtlichen Verständnisses eine neue Haltung der *Anpassung* in die Christentumsgeschichte. Was ist dabei im ganzen die Verantwortung des Kaisers, was ist die Verantwortung der Kirchen und Bischöfe? Die Regierung Konstantins endigt in Fragen.

X. Anhang

1. Verzeichnis der benutzten Abkürzungen

(nach *S. Schwertner,* Internationales Abkürzungsverzeichnis für Theologie und Grenzgebiete, 1974 *(IATG)*): *AAWG* = Abhandlungen der Akademie der Wissenschaften in Göttingen; *AGWG* = Abhandlungen der Gesellschaft der Wissenschaften zu Göttingen; *AKG* = Arbeiten zur Kirchengeschichte; *AThANT* = Abhandlungen zur Geschichte des Alten und Neuen Testaments; *BFChTh* = Beiträge zur Förderung christlicher Theologie; *BGBH* = Beiträge zur Geschichte der biblischen Hermeneutik; *BGRK* = Beiträge zur Geschichte der Reichskirche; *BHTh* = Beiträge zur historischen Theologie; *BZNW* = Beihefte zur Zeitschrift für die neutestamentliche Wissenschaft; *EdF* = Erträge der Forschung; *EHS.T* = Europäische Hochschulschriften. Reihe 23: Theologie; *FKDG* = Forschungen zur Kirchen- und Dogmengeschichte; *FKGG* = Forschungen zur Kirchen- und Geistesgeschichte; *HAW* = Handbuch der Altertumswissenschaft; *HDThG* = Handbuch der Dogmen- und Theologiegeschichte; *HJ* = Historisches Jahrbuch; *HNT* = Handbuch zum Neuen Testament; *HUTh* = Hermeneutische Untersuchungen zur Theologie; *Hyp* = Hypomnemata; *HZ* = Historische Zeitschrift; *IdF* = Impulse der Forschung; *JBAW* = Jahrbuch der bayerischen Akademie der Wissenschaften; *KGSt* = Kirchengeschichtliche Studien; *KiG* = Die Kirche in ihrer Geschichte; *KiKonf* = Kirche und Konfession; *KlT* = Kleine Texte (für theologische und philologische) Vorlesungen und Übungen; *MBTh* = Münsterische Beiträge zur Theologie; *MThS* = Münchener theologische Studien; *NAG* = Nachrichten von der Akademie der Wissenschaften in Göttingen; *PTS* = Patristische Texte und Studien; *RÉAug* = Revue des études augustiennes; *RGG* = Religion in Geschichte und Gegenwart; *RGL* = Religionsgeschichtliches Lesebuch; *SPAW.PH* = Sitzungsberichte der preußischen Akademie der Wissenschaften, philos.-histor. Klasse 1922–1938; *SQAW* = Schriften und Quellen der alten Welt; *SQS* = Sammlung ausgewählter kirchen- und dogmengeschichtlicher Quellenschriften; *StTh* = Studia theologica; *TB* = Theologische Bücherei; *TC* = Traditio christiana; *ThA* = Theologische Arbeiten; *ThF* = Theologische Forschung; *ThLZ* = Theologische Literaturzeitung; *ThQ* = Theologische Quartalschrift; *ThW* = Theologische Wissenschaft; ThWNT = Theologisches Wörterbuch zum Neuen Testament; *TKTG* = Texte zur Kirchen- und Theologiegeschichte; *ThQ* = Theologische Quartalschrift; *TRE* = Theologische Realenzyklopädie; *TU* = Texte und Untersuchungen; *TzF* = Texte zur Forschung; *UUA* = Upsala Universitets årsskrift; *VuF* = Verkündigung und Forschung; *WdF* = Wege der Forschung; *WUNT* = Wissenschaftliche Untersuchungen zum Neuen Testament; *ZKG* = Zeitschrift für Kirchengeschichte; *ZKTh* = Zeitschrift für katholische Theologie; *ZNW* = Zeitschrift für die neutestamentliche Wissenschaft und die Kunde der älteren Kirche; *ZThK* = Zeitschrift für Theologie und Kirche.

2. Literatur in Auswahl

Allgemeine Hilfsmittel zum Studium der Kirchengeschichte

Quellensammlungen: J. Neuner/H. Roos SJ, Der Glaube der Kirche in den Urkunden der Lehrverkündigung, hg. v. K. Rahner, K.-H. Weger, 1979[10]; H. Ristow, W. Schultz, Quellen. Ausgewählte Texte aus der Geschichte der christlichen Kirche, 1963ff.; J. Leipoldt, W. Grundmann, Umwelt des Christentums, 3 Bde., 1972[3]; H. Denzinger, A. Schönmetzler, Enchiridion symbolorum Definitionum et Declarationum de Rebus Fidei et Morum, 1976[36]; C. Mirbt, K. Aland (Hg.), Quellen zur Geschichte des Papsttums und des römischen Katholizismus, Bd. 1: Von den Anfängen bis zum Tridentinum, 1967[6] (neu bearb.); *A. M. Ritter,* Alte Kirche, in: H. Obermann, A. M. Ritter, H.-W. Krumwiede, Kirchen- und Theologiegeschichte in Quellen, Bd. 1, 1985[3].
Lexika, Nachschlagewerke: Realenzyklopädie für protestantische Theologie und Kirche, hg. v. A. Hauck, 24 Bde., 1896ff.[3] (RE), (s. u. TRE); Reallexikon für Antike und Christentum (RAC), hg. v. Th. Klauser, 1950ff.; *Lexikon für Theologie und Kirche (LThK),* 10 Bde., hg. v. J. Höfer, K. Rahner, 1957[2]; Evangelisches Kirchenlexikon (EKL), 4 Bde., hg. von H. Brunotte, O. Weber, 1961[2] (In Neubearb. begriffen); Religion in Geschichte und Gegenwart (RGG), hg. v. K. Galling, 6 Bde., 9. Aufl. 1957ff.; *Der kleine Pauly.* Lexikon der Antike. Auf der Grundlage von Paulys Realencyklopädie der classischen Altertumswissenschaft... hg. v. K. Ziegler, W. Sontheimer, 5 Bde., 1964ff.; Theologische Realenzyklopädie (TRE), 1976ff., im laufenden Erscheinen begriffen; G. Heinz-Mohr, Lexikon der Symbole, Bilder und Zeichen der christlichen Kunst, 1983[7]; H. Krüger u. a. (Hg.), Ökumene-Lexikon (ÖL), 1983; B. Altaner, W. Stuiber, Patrologie. Leben, Schriften und Lehre der Kirchenväter, 1980[9]; C. Andresen, G. Denzler, Wörterbuch der Kirchengeschichte, dtv 1982; K.-D. Schmidt, G. Ruhbach, Chronologische Tabellen zur Kirchengeschichte, 1979[4], bearb. von H. Reller.
Atlanten: H. Jedin, K. S. Latourette, J. Martin (Hg.), Atlas zur Kirchengeschichte. Die christlichen Kirchen in Geschichte und Gegenwart, 1970; F. H. Littell, E. Geldbach, Atlas zur Geschichte des Christentums. Karten, Übersichten, Kommentare, 1980.

Übersichtsdarstellungen zur Geschichte der alten Kirche: A. v. Harnack, Die Mission und Ausbreitung des Christentums in den ersten drei Jahrhunderten (1924), Neudruck o. J.; K. Bihlmeyer, H. Tüchle, Kirchengeschichte, 1. Teil: Das christliche Altertum, 1958[16]; H. Lietzmann, Geschichte der alten Kirche, 4 Bde., 1961[4]; P. Carrington, The Early Christian Church, 2 Bde., 1957; K. Baus, Von der Urgemeinde zur frühchristlichen Großkirche, in: H. Jedin

(Hg.), Handbuch der Kirchengeschichte, Bd. 1, 1962^{3}; J. Danielou, H.-I. Marrou, Von der Gründung der Kirche bis zu Gregor d. Gr., in: L. J. Rogier, R. Aubert, M. D. Knowles, Geschichte der Kirche, Bd. 1, 1963; P. Kawerau, Geschichte der alten Kirche, Bd. 1, 1967; R. Kottje, B. Moeller (Hg.), Ökumenische Kirchengeschichte, Bd. 1, 1977^{2}; C. Andresen, Christliche Archäologie, KiG 1 B (1. Teil), 1971; H. Chadwick, Die Kirche in der antiken Welt, 1972; K. Baus, E. Ewig, Die Reichskirche nach Konstantin dem Großen, in: H. Jedin (Hg.), Handbuch der Kirchengeschichte, Bd. II, 1, 1973; C. Andresen, Geschichte des Christentums I: Von den Anfängen bis zur Hochscholastik, ThW 6, 1975; K. Aland, Geschichte der Christenheit, 2 Bde., 1980/82; E. Mühlenberg, Epochen der Kirchengeschichte, 1980; H. Kraft, Die Entstehung des Christentums, 1981; H. Opitz, Die Alte Kirche. Ein Leitfaden durch die ersten fünf Jahrhunderte, 1983; N. Brox, Kirchengeschichte des Altertums, 1983; G. Barraclough (Hg.), Die Welt des Christentums. Kirche und Gesellschaft in zwei Jahrtausenden, 1982; K. S. Frank, Grundzüge der Geschichte der alten Kirche, 1984; W. H. C. Freud, The Rise of Christianity, 1984; H. Jedin (Hg.), Handbuch der Kirchengeschichte, 10 Bde., Paperback-Ausgabe 1985.

Übersichtsdarstellungen zur Theologiegeschichte der alten Kirche: M. Schmaus, J. Geiselmann, A. Grillmeier, Handbuch der Dogmengeschichte, 1951 ff.; A. Adam, Lehrbuch der Dogmengeschichte, 2 Bde., 1981^{4}; B. Lohse, Epochen der Dogmengeschichte 1978^{4}; C. Andresen (Hg.), Handbuch der Dogmen- und Theologiegeschichte, 3 Bde., 1980 ff., bes. Bd. 1: Die Lehrentwicklung im Rahmen der Katholizität, 1982, mit Einzelbeiträgen von: C. Andresen, A. M. Ritter, K. Wessel, E. Mühlenberg, M. A. Schmidt; K. Beyschlag, Grundriß der Dogmengeschichte I, 1982.

Biographien von Kirchenvätern in Einzeldarstellungen: H. v. Campenhausen, Die griechischen Kirchenväter, 1981^{6}; ders., Lateinische Kirchenväter, 1965^{2}; M. Greschat (Hg.), Gestalten der Kirchengeschichte. Alte Kirche I, 1984.

I. Die apostolischen Väter

Texte, Übersetzungen: J. A. Fischer, Die apostolischen Väter, 1964^{3}; F. X. Funk, K. Bihlmeyer, W. Schneemelcher, Die Apostolischen Väter, I, SQS 2.1, 1, 1970^{3}. – *Literatur:* R. Sohm, Kirchenrecht 1, (1892) 1970^{2}; A. v. Harnack, Entstehung und Entwickelung der Kirchenverfassung und des Kirchenrechts in den zwei ersten Jahrhunderten (1910), Nachdruck 1980; W. Baur, Rechtgläubigkeit und Ketzerei im ältesten Christentum, 1934; H. v. Campenhausen, Kirchliches Amt und geistliche Vollmacht in den ersten drei Jahrhunderten, BHTh 14, 1963^{2}; H. Küng, Frühkatholizismus im Neuen Testament als kontroverstheologisches Problem, = ThQ 142 (1962) 418 ff.; H. Opitz, Ursprünge frühkatholischer Pneumatologie, = ThA 15, 1960; K. Beyschlag, Clemens Romanus und der Frühkatholizismus, BHTh 35, 1966; G. Brunner, Die theologische Mitte des ersten Klemensbriefes, Frankf. theol. Studien 11, 1972; K. H. Neufeld, „Frühkatholizismus" – Idee und Begriff, = ZKTh 94 (1972), 1 ff.; K. Hein, Eucharist and Excommunication. A Study in early Christian doctrine and discipline, EHS.T 19, 1973; H.-J. Schmitz, Frühkatholizismus bei Rudolf Sohm, Adolf von Harnack und Ernst Käsemann, 1977; F. Hahn, Das Problem des Frühkatholizismus, = EvTh 38, 1978, 340ff.; G. Kretschmar, Der Heilige Geist in der Geschichte: Grundzüge frühchristlicher Pneumatologie, = Quaestiones disputatae 85, 1979, 92ff.; T. Aono, Die Entwicklung des paulinischen Gerichtsgedankens bei den Apostolischen Vätern, EHS.T 137, 1979; E. Dassmann, Der Stachel im Fleisch. Paulus in der frühchristlichen Literatur bis Irenäus, 1979; H. Paulsen, Die Briefe des Ignatius von Antiochia und der Brief des Polykarp, HNT 18, = Die Apostolischen Väter II, 1985.

II. Römische Religiosität und Religionspolitik

F. Altheim, Römische Religionsgeschichte, 2 Bde., 1956²; K. Prümm, Religionsgeschichtliches Handbuch, 1954; U. Kahrstedt, Kulturgeschichte der römischen Kaiserzeit, 1958²; R. Freudenberger, Das Verhalten der römischen Behörden gegen die Christen im 2. Jahrhundert, dargestellt am Brief des Plinius an Trajan und den Reskripten Trajans und Hadrians, 1967; P. Wendland, Die hellenistisch-römische Kultur in ihren Beziehungen zum Judentum und Christentum, HNT 2, 1972⁴; K. Latte, Römische Religionsgeschichte (1967) 1976²; J. Bleicken, Verfassungs- und Sozialgeschichte des römischen Kaiserreichs 1/2, 1981² (UTB 838–839); A. Wlosok (Hg.), Römischer Kaiserkult, WdF 372, 1978; K. Christ, Die Römer. Eine Einführung in ihre Geschichte und Zivilisation, 1984² (Lit.); H. Bengtson, Grundriß der römischen Geschichte mit Quellenkunde, = HAW Abt. III, Bd. 5, 1982³; R. Klein, Das frühe Christentum im römischen Staat, WdF 267, 1982²; R. Bichler, „Hellenismus". Geschichte und Problematik eines Epochenbegriffs, IdF 41, 1983; R. Heinze, Die augusteische Kultur, hg. v. A. Körte (1933), 1983⁴; V. Sørensen, Seneca. Ein Humanist an Neros Hof, 1984.

Mysterien, orientalische Religionen. R. Reitzenstein, Die hellenistischen Mysterienreligionen nach ihren Grundgedanken und Wirkungen (1927³), Nachdruck 1956; D. Sänger, Antikes Judentum und die Mysterien, WUNT 2. R. 5, 1980; F. Cumont, Die orientalischen Religionen im römischen Heidentum, (1931) 1981⁸; F. Cumont, Die Mysterien des Mithra (1896–99), 1981⁵; R. Merkelbach, Mithras, 1984.

III. Entwicklungstendenzen der Kirche im zweiten Jahrhundert

Texte, Übersetzungen: E. Hennecke, W. Schneemelcher, Neutestamentliche Apokryphen, 2 Bde., (mit Einleitung), 1968⁴; O. Betz, T. Schramm, Perlenlied und Thomasevangelium (Übers.), 1985. – *Literatur:* G. Kretschmar, Das christliche Leben und die Mission in der frühen Kirche, in: H. Frohnes, H. W. Gensichen u. a. (Hg.), Kirchengeschichte als Missionsgeschichte, Bd. 1, 1974, 94ff.

Gnosis, Gnostizismus. H. Jonas, Gnosis und spätantiker Geist, 2 Teile, 1966²; R. Haardt, Die Gnosis. Wesen und Zeugnisse, 1967; K. Rudolph (Hg.), Gnosis und Gnostizismus, WdF 262, 1975; K. Rudolph, Die Gnosis, Wesen und Geschichte einer spätantiken Religion, 1980²; W. Schmithals, Neues Testament und Gnosis, EdF 208, 1984; K.-W. Tröger, Altes Testament – Frühjudentum – Gnosis, = Neue Studien zu Gnosis und Bibel, 1980.
Judentum. E. Peterson, Frühkirche, Judentum, Gnosis (1959), 1982²; I. Christiansen, Die Technik der allegorischen Auslegungswissenschaft bei Philon von Alexandrien, BGBH 7, 1969; M. Hengel, Judentum und Hellenismus, WUNT 1. R. 10, 1973²; D. Sänger, Antikes Judentum und die Mysterien, WUNT 2. R. 5, 1980; J. Maier, Grundzüge der Geschichte des Judentums im Altertum, = Grundzüge 40, 1981.
Apologeten. Texte: E. J. Goodspeed (Hg.), Die ältesten Apologeten (1914), Neudruck 1984, – Literatur: K. H. Rengstorf, Antike und Christentum, 1953; C. Andresen, Logos und Nomos, 1955; H. Karpp, Schrift und Geist bei Tertullian, 1955; A. Beck. Römisches Recht bei Tertullian und Cyprian (1930), 1967²; E. F. Osborn, Justin Martyr, BHTh 47, 1973; R. Braendle, Die Ethik der „Schrift an Diognet". Eine Wiederaufnahme paulinischer und johanneischer Theologie am Ausgang des 2. Jahrhunderts, AThANT 64, 1975; H. C. Kee, Das frühe Christentum in soziologischer Sicht, UTB 1219, 1982.
Marcion, Montanisten. A. v. Harnack, Marcion. Das Evangelium vom fremden Gott (1921), 1960²; W. Schepelern, Der Montanismus und die phrygischen Kulte, 1929; K. Aland, Kirchengeschichtliche Entwürfe I, 1960, 105 ff. 143 ff.; B. Aland, Marcion – Versuch einer neuen Interpretation, = ZThK 70, 1973, 420 ff.

IV. Die frühkatholische Kirche und Theologie

Tradition, Heilsgeschichte, Amt. E. Caspar, Die älteste römische Bischofsliste, 1926; H. v. Campenhausen, Kirchliches Amt und geistliche Vollmacht in den ersten drei Jahrhunderten, BHTh 14, 1963²; N. Brox, Offenbarung, Gnosis und gnostischer Mythos bei Irenäus von Lyon, 1966; H. Karpp, Die Buße. Quellen zur Entstehung des altkirchlichen Bußwesens, = TC 1, 1969; H. v. Campenhausen, Die Entstehung der Heilsgeschichte. Der Aufbau des christlichen Geschichtsbildes in der Theologie des ersten und zweiten Jahrhunderts, = Saeculum 21 (1970), 189 ff.; M. Hengel, Christus und die Macht, 1974; T. V. Smith, Petrine Controversies in Early Christianity, WUNT 2. R. 15, 1985; B. Studer, Gott und unsere Erlösung im Glauben der Alten Kirche, 1985.
Osterfeststreit. B. Lohse, Das Passahfest der Quartadecimaner, BFChTh 54, 1953.
Taufe. J. Jeremias, Die Kindertaufe in den ersten vier Jahrhunderten, 1958; G. Kretschmar, Die Geschichte des Taufgottesdienstes in der alten Kirche, in: Leiturgia V, 1964, 168 ff.; C. H. Ratschow, Die eine christliche Taufe, 1979² (systematisch); E. Nagel, Kindertaufe und Taufaufschub. Die Praxis vom 3. bis 5. Jahrhundert in Nordafrika und ihre theologische Einordnung bei Tertullian, Cyprian und Augustin, EHS.T 144, 1980.

Glaubensregel. A. Hahn, Bibliothek der Symbole und Glaubensregeln der alten Kirche, 1897³; F. Kattenbusch, Das apostolische Symbol, 2 Bde., 1894/1900; H. Lietzmann, Geschichte der alten Kirche, Bd. 2, 1953², 100 ff., J. N. D. Kelly, Altchristliche Glaubensbekenntnisse. Geschichte und Theologie, 1972³; Th. Schneider, Was wir glauben. Eine Auslegung des Apostolischen Glaubensbekenntnisses, 1985.
Kanon. H. v. Campenhausen, Die Entstehung der christlichen Bibel, BHTh 39, 1968; W. Schneemelcher, Neutestamentliche Apokryphen, Bd. 1, 1 ff. (Haupteinleitung), 1959³; K. Aland, Geschichte der Christenheit I, 99 ff., 1980.

V. Theologie und Philosophie in Alexandria

Philosophiegeschichte. C. Ritter, Platonismus und Christentum, 1934; G. Harder (Hg.), Plotins Schriften, 6 Bde, 1956 ff. (mit Kommentarbänden); C. Zintzen (Hg.), Die Philosophie des Neuplatonismus, WdF 436, 1977; C. Zintzen (Hg.), Der Mittelplatonismus, WdF 70, 1981; H. Dörrie, Der Platonismus in der Antike. Grundlagen – System – Entwicklung, ca. 20 Bde., 1984 ff.; S. Vollenweider, Neuplatonische und christliche Theologie bei Synesios von Kyrene, FKDG 35, 1985.
Klemens und Origines. Texte, Übersetzungen: T. Keim, Celsus, Wahres Wort, Neudruck 1969; H. Görgemanns, H. Karpp (Hg.), Origines, Vier Bücher von den Prinzipien, = TzF 24, 1976. – *Literatur:* H. v. Campenhausen, Griechische Kirchenväter, 1955 (Biographien); W. Völker, Das Vollkommenheitsbild des Origines, 1931; H. Koch, Pronoia und Paideusis. Studien über Origines und sein Verhältnis zum Platonismus, 1932; A. Lieske, Die Theologie der Logosmystik bei Origines, MBTh 22, 1938; M. Pohlenz, Klemens von Alexandreia und sein hellenistisches Christentum, NAG 1943; C. Andresen, Nomos und Logos. Die Polemik des Celsus wider das Christentum, 1955; G. Kretschmar, Studien zur frühchristlichen Trinitätstheologie, 1956, (bes. 62 ff.); A. M. Ritter, Christentum und Eigentum bei Klemens von Alexandrien auf dem Hintergrund der frühchristlichen Armenfrömmigkeit und der Ethik der kaiserlichen Stoa, in: ZKG 86, 1975, 1 ff.; G. Apostolopoulou, Die Dialektik bei Klemens von Alexandria. Ein Beitrag zur Geschichte der philosophischen Methoden, EHS R. 20, Bd. 29, 1977; P. Schwanz, Imago Dei als christologisch-anthropologisches Problem in der Geschichte der alten Kirche von Paulus bis Clemens von Alexandrien, 1979; K. Piehler, Streit um das Christentum. Der Angriff des Kelsos und die Antwort des Origines, = Regensburger Studien zur Theologie 23, 1980; W.-D. Hauschild, Der römische Staat und die frühe Kirche, TKTG 20, 1974; H.-D. Blume, F. Mann, Platonismus und Christentum. Festschrift für H. Dörrie, = Jahrbuch für Antike und Christentum, Ergänzungsbd. 10 (1983), 1985².

VI. Der Ausbau der Bischofskirche im dritten Jahrhundert

O. Schilling, Reichtum und Eigentum in der altkirchlichen Literatur, Freiburg 1908; K. Müller, Der Ursprung des Schismas zwischen Calixt und Hippolyt, =

ZNW 23, 1924, 231 ff.; Th. Brandt, Tertullians Ethik, 1929; H. Koch, Cathedra Petri, = BZNW 11, 1930; H. Elfers, Die Kirchenordnung Hippolyts von Rom, 1938; A. Hamel, Kirche bei Hippolyt von Rom, BFChTh II, 49, 1951; W. Dignath, Kirche, Krieg, Kriegsdienst, = ThF 10, 1955; J. Grotz, Die Entwicklung des Bußstufenwesens in der vornizänischen Kirche, 1955; W. Bender, Die Lehre über den hl. Geist bei Tertullian, MThS 18, 1961; H. Gülzow, Christentum und Sklaverei in den ersten drei Jahrhunderten, 1969; L. Leipoldt, Der soziale Gedanke in der altchristlichen Kirche (1952) 1970; U. Wickert, Sacramentum Unitatis, 1971; M. A. Fahey, Cyprian and the Bible, = BGBH 9, 1971; Ch. Schneisenberg, Das Verhältnis von Kirche und Theater, = EHS.T 141, 1981.

VII. Christenverfolgungen

Verfolgungen des zweiten und dritten Jahrhunderts: Texte: H. Rahner, Die Märtyrerakten des 2. Jahrhunderts (Übers.), 1954^2; R. Knopf, Ausgewählte Märtyrerakten, neu bearb. von G. Krüger, G. Ruhbach, SQS NF 3, 1965^4. – *Literatur:* A. Ehrhardt, Die Kirche der Märtyrer, 1932; H. v. Campenhausen, Die Idee des Martyriums in der alten Kirche, 1964; H.-J. Vogt, Coetus sanctorum. Der Kirchenbegriff des Novatian und die Geschichte seiner Sonderkirche, = Theophaneia 20, 1968; J. Speigl, Der römische Staat und die Christen. Staat und Kirche von Domitian bis Commodus, 1970; J. Moreau, Die Christenverfolgung im römischen Reich (1956), dt. 1971^2; H. Castritius, Materiell-ökonomische Hintergründe der Christenverfolgungen im römischen Staat, in: Castritius u. a., Herrschaft, Gesellschaft, Wirtschaft, 1973, 82 ff.; W. D. Hauschild, Der römische Staat und die frühe Kirche, TKTG 20, 1974; H. Gülzow, Cyprian und Novatian, BHTh 48, 1975; T. Christensen, Christus oder Jupiter. Der Kampf um die geistigen Grundlagen des Römischen Reiches, 1981; H. D. Stöver, Christenverfolgung von Nero bis Constantin, 1982.

Römischer Staat und Religionspolitik. M. Rostovtzeff, Gesellschaft und Wirtschaft im römischen Kaiserreich, 2 Bde., 1930; G. Ostrogorsky, Geschichte des byzantinischen Staates, = HAW 12, T. 1, 3 (1965^3) 1975; E. Peterson, Der Monotheismus als politisches Problem, 1935; L. Biehl, Das liturgische Gebet für Kaiser und Reich, 1937; H. Berkhof, Kirche und Kaiser, 1947; W. Durant, Caesar und Christus, 1959^3; M. Rosenbach, Galliena Augusta. Einzelgötter und Allgott im gallienischen Pantheon, 1958; E. Stauffer, Christus und die Caesaren, 1960^5; F. Taeger, Charisma. Studien zur Geschichte des antiken Herrscherkultes, 2 Bde., 1957–60; N. Brox, Zeuge und Märtyrer, 1961; H. U. Instinsky, Die alte Kirche und das Heil des Staates, 1963; H. Gülzow, Christentum und Sklaverei in den ersten drei Jahrhunderten, 1969; A. Wlosok, Rom und die Christen. Zur Auseinandersetzung zwischen Christentum und römischem Staat, in: Der altsprachliche Unterricht, Beiheft 1 zur R. XIII, 1970; R. Klein (Hg.), Das frühe Christentum im römischen Staat, WdF 267 (1971) 1982^2; J. Molthagen, Der römische Staat und die Christen im zweiten und dritten Jahrhundert, = Hyp 28, 1975^2; R. M. Grant, Christen als Bürger im römischen Reich, 1981; G. Alföldy, Römische Sozialgeschichte, 1984^3; N. Brockmeier, Antike Sklaverei, EdF 116, 1979.

VIII. Der Manichäismus

A. Adam, Texte zum Manichäismus, KlT 175, 1969^{2}; G. Widengren, Mani und der Manichäismus, 1969^{2}; G. Widengren (Hg.), Der Manichäismus, WdF 168, 1977; G. Widengren (Hg.), Der Mandäismus, WdF 167, 1982; J. Gernet, „Christus kam bis nach China". Eine erste Begegnung und ihr Scheitern, 1984; R. N. Frye, The History of Ancient Iran, HAW Abt. 3, 7, 1984; K. Schippmann, Grundzüge der Geschichte des sasanidischen Reiches (i. Ersch. begriffen).

IX. Die Religionspolitik des frühbyzantinischen Staates

Text: Eusebius von Caesarea, Kirchengeschichte, hg. v. H. Kraft (Text und Übers.), 1981^{2}. – *Literatur: Diokletian-Byzanz.* H.-G. Beck, Kirche und theologische Literatur im byzantinischen Reich, = Byzantinisches Handbuch im Rahmen des HAW, 2, 1, 1959; H. W. Haussig, Kulturgeschichte von Byzanz, 1960^{2}; A. A. T. Ehrhardt, Politische Metaphysik von Solon bis Augustin, Bd. II, 1959; R. Lorenz, Das vierte bis sechste Jahrhundert, = KiG Bd. 1, Lieferung C 1, 1970; G. Moravcsik, Einführung in die Byzantinologie, 1976; H. Hunger, Das byzantinische Herrscherbild, WdF 341, 1975; E. Hermann, Ecclesia in re publica. Die Entwicklung der Kirche von pseudostaatlicher zu staatlicher inkorporierter Existenz, = Europ. Forum Bd. 2, 1980.

Konstantin. E. Schwartz, Kaiser Konstantin und die christliche Kirche, 1936^{2}; H. Dörries, Das Selbstzeugnis Kaiser Konstantins, 1954; H. Kraft, Kaiser Konstantins religiöse Entwicklung, BHTh 20, 1955; H. Dörries, Konstantin der Große, Urban TB 29, 1967^{2}; K. Voigt, Staat und Kirche von Konstantin d. Gr. bis zum Ende der Karolingerzeit (1936), 1965; G. Kretschmar, Der Weg zur Reichskirche (Forschungsbericht), = VuF 13, 1968, 3 ff.; G. Ruhbach (Hg.), Die Kirche angesichts der konstantinischen Wende, = WdF 306, 1976; E. Horst, Konstantin der Große, 1983.

Konstantin und die Kirche. H. Eger, Kaiser und Kirche in der Geschichtstheologie Eusebs von Caesareas, = ZNW 38 (1939), 97 ff.; H. Berkhof, Kirche und Kaiser, 1947; Th. Klauser, Der Ursprung der bischöflichen Insignien und Ehrenrechte, 1953^{2}; A. Karatschow, Die Entstehung der kaiserlichen Synodalgewalt unter Konstantin d. Gr., ihre theologische Begründung und ihre kirchliche Rezeption, = Kirche und Kosmos. Orthodoxes und evangelisches Christentum. Studienheft hg. v. Kirchlichen Außenamt der EKD, Nr. 2, 1950, 137 ff.; H. Dallmayr, Die vier großen Konzilien, 1961; G. Kretschmar, Die Konzile der alten Kirche, in: H. J. Margull (Hg.), Die ökumenischen Konzile der Christenheit, 1961, 18 ff.; H. Rahner, Kirche und Staat im frühen Christentum, 1961 (Dokumente); K. Stürmer, Konzilien und ökumenische Kirchenversammlungen, KiKonf 3, 1962.

3. Personen-, Orts- und Sachregister

4. Kartenhinweise

S. 118/119 und 162/163 aus: Helmut Opitz, Die alte Kirche, Evang. Verlagsanstalt, DDR 1017 Berlin. S. 154/155 aus: TRE, Band IV, de Gruyter, Berlin. S. 34/35 aus: Bo Reicke, Leonhard Rost (Hg.), Biblisch-Historisches Handwörterbuch Bd. III, Vandenhoeck & Ruprecht, Göttingen.

5. Nachweise der benutzten Übersetzungen und Texte

Aus Raumgründen wird eine verkürzte Form des Nachweises gewählt. Die Nummern beziehen sich auf die vor den jeweiligen Texten stehenden Zahlen. Die bei den Texten stehenden Stellenangaben ermöglichen die Auffindung der entsprechenden Textzusammenhänge.

Joseph A. Fischer, Die apostolischen Väter, Wissenschaftliche Buchgesellschaft Darmstadt 1964: Nr. 1, 2, 3, 4, 5, 6, 7, 14, 15, 16, 17, 18.
H. Kraft (Hg.), Eusebius von Caesarea, Kirchengeschichte, Kösel-Verlag München, 2. A., 1981: Nr. 32, 34, 54, 55, 56, 82, 84, 85, 88, 98, 99, 100, 101, 102, 103.
E. Hennecke/W. Schneemelcher (Hg.), Neutestamentliche Apokryphen in deutscher Übersetzung, 3. A., Tübingen, J. C. B. Mohr (Paul Siebeck), Bd. 1 (1959), Bd. II (1964): aus Bd. 1: Nr. 26, aus Bd. 2: Nr. 27.
C. Mirbt/K. Aland (Hg.), Quellen zur Geschichte des Papsttums und des römischen Katholizismus, 6. A., J. C. B. Mohr (Paul Siebeck), Tübingen 1967: Nr. 102.
A. M. Ritter, Alte Kirche, = KThQ I, Neukirchener Verlag, Neukirchen-Vluyn, 3. A., 1985: Nr. 22, 23, 30, 31, 33, 51, 87.
R. Harder (Hg.), Plotin. Enneaden, Plotins Schriften Bd. 1, = Philos. Bibliothek 211 a und 212 a, Hamburg 1956 ff.: Nr. 61.
H. Görgemanns/H. Karpp (Hg.), Origines. Von den Prinzipien, = TzF 24, Wissenschaftliche Buchgesellschaft Darmstadt, 1976: Nr. 70, 71, 72, 73.
J. N. D. Kelly, Altchristliche Glaubensbekenntnisse, Vandenhoeck & Ruprecht, Göttingen 1972: Nr. 46, 47, 48, 50.
A. Adam (Hg.), Texte zum Manichäismus, = KlT 175, de Gruyter, Berlin 1954: Nr. 94.
J. Leipoldt/W. Grundmann, Umwelt des Christentums, Bd. 2, 3. A., Ev. Verlagsanstalt Berlin 1972: Nr. 25.
N. Wilsing (Hg.), Die römische Einheitskultur der Kaiserzeit, Stuttgart o. J.: Nr. 21.
Bibliothek der Kirchenväter, Kösel-Verlag München (ab 1958):
Bd. 5, Griechische Liturgien, übers. von *Remigius Storf:* Nr. 75, 76.
Bd. 7, Tertullian I, übers. von *Heinrich Kellner:* Nr. 77, 79.
Bd. 9, Euseb I, übers. von *Andreas Bigelmair:* Nr. 96, 104, 105, 106, 107.
Bd. 12, Frühchristliche Apologeten und Märtyrerakten, übers. von *Kaspar Julius:* Nr. 24, 28, 35, 36, 37, 38, 39, 40, 49.
Bd. 24, Tertullian II, übers. von *Heinrich Kellner:* Nr. 52, 53, 57, 74, 86.

Bd. 34, Cyprian I, übers. von *Julius Baer:* Nr. 78, 80, 81, 89.
Bd. 35, Die apostolischen Väter, übers. von *Franz Zeller:* Nr. 8, 9, 10, 11, 12, 13, 20.
Bd. 36, Laktanz, übers. von *Aloys Hartl/Anton Knappitsch:* Nr. 95, 97.
Bd. 60, Cyprian II, übers. von *Julius Baer:* Nr. 90, 91, 92.
Bd. 40, Hippolyt, übers. von *Graf von Preysing:* Nr. 29, 58.
Reihe 1, Bd. 3, Irenäus von Lyon, übers. von *Ernst Klebba:* Nr. 41, 42, 43, 44, 59, 62, 63, 64.
Reihe 1, Bd. 4, Irenäus von Lyon, übers. von *Ernst Klebba:* Nr. 45, 60, 61.
Reihe 2, Bd. 7, Klemens von Alexandrien 3, übers. von *Otto Stählin:* Nr. 67.
Reihe 2, Bd. 8, Klemens von Alexandrien 4, übers. von *Otto Stählin:* Nr. 66, 68, 69.

Zugänge zur Kirchengeschichte

Band 1: **Henning Paulsen**, Das Christentum im ersten Jahrhundert

Band 2: **Manfred Jacobs**, Das Christentum in der antiken Welt. Von der frühkatholischen Kirche bis Kaiser Konstantin

Band 3: **Manfred Jacobs**, Die Reichskirche und ihre Dogmen. Von der Zeit Konstantins bis zum Niedergang des weströmischen Reiches (bis 476)

Band 4: **Harald Zimmermann**, Das Christentum im früheren Mittelalter (476-1054)

Band 5: **Reinhold Mokrosch**, Die christliche Kultur im Hochmittelalter, ihre Spannungen und ihre Wirkungen (1054-1500)

Band 6: **Karl-Heinz zur Mühlen**, Die Kirche und die Konfessionen. Reformation und Gegenreformation – Einheit in Gegensätzen?

Band 7: **Klaus Sturm / Christof Windhorst**, Die Theologie und die Kirche im Zeitalter des Barock und der Aufklärung (bis 1789)

Band 8: **Gerhard Besier**, Religion – Kultur – Nation. Das Selbstverständnis von Staat und Kirche im gesellschaftlichen Umbruch des 19. Jahrhunderts

Band 9: **Günter Brakelmann**, Die deutsche Kirche in der Weimarer Republik und im NS-Staat

Band 10: **Reinhard Frieling**, Der Weg des ökumenischen Gedankens. Die Weltkirche zwischen Selbstbehauptung und Zukunft

Band 11: Register

Vandenhoeck & Ruprecht · Göttingen und Zürich

Theologie in der Kleinen Vandenhoeck-Reihe

1509 **Rosetta C. Musaph-Andriesse**
Von der Tora bis zur Kabbala
Eine kurze Einführung in die religiösen Schriften des Judentums. Aus d. Niederl. v. Ida Piper. 1986. 97 Seiten mit 1 Abb., kart.

1500 **Joachim Jeremias · Die Gleichnisse Jesu**
Kurzausgabe. 9. Auflage 1984. 156 Seiten, kart.

1493 **Martin Luther · Freiheit und Lebensgestaltung**
Ausgewählte Texte. Im Auftrage der Luther-Gesellschaft hrsg. und teilweise neu übersetzt von Karl-Heinz zur Mühlen. 1983. 246 Seiten, kart.

1482 **Rolf Kramer · Arbeit**
Theologische, wirtschaftliche und soziale Aspekte
1982. 148 Seiten, kart.

1480 **Friedrich Hauck / Gerhard Schwinge**
Theologisches Fach- und Fremdwörterbuch
5., neubearbeitete Auflage 1982. Mit einem Verzeichnis von Abkürzungen aus Theologie und Kirche. 252 Seiten, kart.

1445 **Eta Linnemann · Gleichnisse Jesu**
Einführung und Auslegung. Kurzausgabe. 2. Auflage 1982. 127 Seiten, kart.

1444 **Hans-Jürgen Fraas · Glauben und Lernen**
Ein theologisch-didaktischer Leitfaden für die Elementarerziehung. 1978. 92 Seiten, kart.

1443 **Wolfhart Pannenberg**
Die Bestimmung des Menschen
Menschsein, Erwählung und Geschichte. 1978. 123 Seiten, kart.

1139 **Wolfhart Pannenberg · Was ist der Mensch?**
Die Anthropologie der Gegenwart im Lichte der Theologie. 7. Auflage 1985. 114 Seiten, kart.

Vandenhoeck & Ruprecht · Göttingen und Zürich